愛為何使生物滅絕？
在野生動物瀕危的時代，檢視我們對寵物的愛
UNNATURAL COMPANIONS
Rethinking Our Love of Pets in an Age of Wildlife Extinction

推薦序

最難的就是面對自己的雙重標準

顏聖紘／中山大學生物科學系副教授

直接說結論，如果你喜歡寵物、喜歡野生動物、關切生態保育、支持動物福利，也憂心寵物與野生動物的衝突，那麼你一定要讀這本書，因為這本書把所有的問題娓娓道來，沒有控訴也沒有咒罵，也沒有要你選邊站。大家應該會有耐心看完看懂，並理解所有的觀點。

雖然我的研究領域不真的聚焦在動物福利，但因為這些年有部份的研究精力擺在野生動物的貿易監測與管理上，所以我不只接觸了幾乎所有可能在寵物市場（以及其它商業用途）流通的物種、相關社群、學者專家、以及政府相關單位。在研究與分析議題的過程中我們發現，不同社群的人們對待動物的態度差異所引起的衝突是非常多元的。

或許你曾經聽說過流浪動物權益團體和野生動物保育團體之間的爭執，例如「流浪動物不應該被餵養，應該被收容以免繼續在外傷害野生動物」。或者也有人主張「流浪動物應該被餵食，才不會去傷害野生動物，或者變得能信任人類，使之有可能被救援與收容」。乍聽之下好像都有道理對不對？但是實際上的問題比這兩造的衝突還大得多。

有些人主張人類不應該圈養甚至是接觸任何野生動物，因為人類對野生動物的禁錮會危害牠們的生命、傷害牠們的族群，還會危害棲地環境，造成動物的滅絕。這類相對極端的主張者為了讓自己的主張看來有道德高度，因此有時也會成為絕對的素食者以鞏固其「不傷害任何動物」的道德訴求。然而當我們對生物對外在環境的感知了解得更多，對非動物生物回應刺激的理解更多，甚至放寬了「行為」的定義時，這類「什麼都不要碰，也希望大家都不要消耗任何自然資源」的過高陳義就會變得過份孤高而不可行。

然而有些人則主張人類可以利用生物資源，但是對於食用（或毛皮、使役等）經濟動物、寵物，與野生動物有著完全不同且界限模糊的態度。例如一邊欣賞活蝦活魚幾吃的烹調技巧，二方面疼愛自己的小狗，但三方面又覺得獵殺知名珍稀動物很殘酷。

還有一些人則主張所有生物資源都可利用、可接觸、可圈養，無論是任何用途，其最高指導原則就是永續性與顧及動物福利，然動物福利的實踐與操作則需要基於科學證據與實務，而非情感上的依附與取捨。

大家認為是哪一類人最多呢？很可能是上述的第二類。第二類人的各種主張被分別擺在不同場域，例如餐廳吃活蝦、家裏養小狗、在社群網路上為獵殺長頸鹿掉淚或按怒，都是合理的。但是當公部門要制定法律與政策來維護生態保育與動物福利時，那個原則和細節應該要聽誰的？是現下社會中某群聲量大的群眾的情感訴求？是科學家的建言？還是各類ＮＧＯ的倡議主張？

事實上就算在各種動物愛好者的社群內也有各種衝突。好比說喜歡鳥的人就分為愛拍鳥而不養鳥，以及愛養鳥但不拍鳥的。愛拍鳥的呢，又分為討厭誘拍與認為誘拍無所謂的。愛養鳥的人呢，又分為養鳥應養在大鳥籠、養鳥可養在小鳥籠、養一養可以煮來吃，或是養鳥純粹是營利事業這樣的差異。再說到魚，有人認為魚類就是食物，所以為什麼還要顧及魚類的保育還是動物福利？網上不都說魚類記憶不超過幾秒嗎？牠們怎麼可能會有複雜情感和高智能？有意思的是，許許多多的觀賞魚，尤其是中大型魚類在原產國都是食用魚。這就好比虱目魚被小心翼翼地被運送到歐洲去養在大型水族館，是一樣的道理。若我們在歐洲的水族館中看到成群的虱目魚游泳，究竟會對其體型之美發出讚歎之聲，或希望水族館能當場提供虱目魚大餐來招攬觀光客？再說到昆蟲，對某些昆蟲愛好者來說，昆蟲就是寵物，但是對爬蟲愛好者來說，昆蟲都是寵物的食物。所以對待昆蟲當然就不必「太好」，反正牠註定會死？

所以人類之所以會親近與接觸各種動物的原因是非常多元的，絕對不會只有近觀（寵物）或遠觀（自然觀察），還有我們利用自然資源的各種需求與欲望。在這種情況之下人類究竟要對哪一種動物比較好？比較在意哪一種動物？就絕對會受到時代思維、社會氛圍、當代論述、科學發展、和某些動物在特定社會中所扮演的角色而定。也就是說這本身就是跨越時空與文化的議題，也因此我們很難使用某一個社會所發展出來的論述來宣稱其「普世性」，進而指導所有的人類社群應該怎麼同時實踐動物福利與野生動物保育。尤其當野生動物愈來愈容易因為各種需求快速進入人類社會、愈來愈容易被馴化與改造（例如分子育種），但馴養動物又愈來愈容易因為人類的不小心與蓄意而再度進入城市或野地繁衍，然後變成令人頭痛的入侵種或危險動物，甚至成為致命疾病散播的根源。

環顧整個出版市場上談論人類與動物關係、談論人類如何在情感上依附寵物、談論人類如何傷害野生動物的書真的很多很多，但是能夠揭露與分析這些議題之間的衝突，並且提出調合衝突建議的著作卻非常少。

人類因對動物的愛或需求而圈養、改變與占有動物具有長期的歷史，然後人類對各種圈養動物、馴化動物、與野生動物有著難以自圓其說的雙重標準態度實在是令人尷尬。我們每個人對各種動物都有自己的偏好與偏見，但是政策與法律卻不應該服務聲量較大群眾的偏好。因此透過此書，我們可以明瞭與面對這樣的偏好與偏見，並透視動物福利與生態保育因為「愛」而所帶來的問題。我想這的確是讓人類社會更接近善待與面對其它動物的重要一步。

導讀

在矛盾中打造環境友善的寵物文化

林思民／國立台灣師範大學生命科學院優聘教授

趕在時限之前，編輯部發信催促我為這本書寫段導讀，但原本的規劃竟然被烏龜和海豹打亂了行程！那幾天忙著「證明烏龜能算數」的記者會——我們的研究發現，台灣水族市場上最常見的斑龜，竟然能分辨九和十的數量差異。既然人類長期低估了爬行動物的智能，也非常可能低估了牠們對痛苦的感受、對環境的挑剔，以及圈養下的各種心智需求。當週高潮迭起的第二則新聞是：東北角海岸竟然出現了一隻野生海豹，在漂滿了垃圾與船隻的漁港裡悠游。事件發生之初，相關單位誤以為它是圈養下逃逸的外來種，意圖拘捕到案。但根據後續的考據，這或許是台灣海域有史以來第三筆極為珍貴的鰭腳類海獸；而這些跨洋的擴散現象，都是野生動物隨著時令與洋流正常的族群擾動。

這兩件事的共通之處是：所有人對犬貓以外的動物了解極為匱乏；而當一隻只在海洋世界看過的神獸，以牠真實的野外面貌出現在大眾面前，我們又顯得如此不知所措。很遺憾的是，在過去數十年之中，全球毛小孩的直線上升，而野生動物的數量與物種卻直線下滑。在本書的第一章之中明確指出，地球上野生脊椎動物的總數在過去半世紀內減少了一半以上，而同時期的犬貓寵物卻增加了一倍多。然而由於缺乏正確的指引，大多數的民眾對野小孩的劣境與痛苦一無所知。

毛小孩是天生的殺手。根據研究人員的估計，貓每年在美國殺死十三億至四十億隻鳥，超過兩百億隻哺乳動物。在人類有歷史的科學記載之中，貓已經造成超過六十三個物種滅絕（第三章）；而狗的問題則緊追在後（第二章）。第七章呈現的驚人數據告訴我們：犬貓在地球上耗用的動物性蛋白質總資源量，已經超越絕大多數國家的人民，僅次於美國、中國、俄羅斯與巴西。受到犬貓的殺戮、目前處於苟延殘喘狀態的則有超過六百個物種。我在大學課堂中開設的「保育生物學」會明確地告訴你，這些事件大多數發生在島嶼環境；同樣身為島民的我們，真的不應該再繼續掉以輕心。

跟犬貓相比之下，對食物能量需求較低的兩棲爬行動物，能否讓我們更安心一點呢？真正的答案仍然讓人憂慮。我望向辦公桌上的三隻球蟒；這幾隻動物各自來自不同的收容單位，因為前任飼主的粗心而誤入了城市叢林。慶幸的是這些人工繁殖的品系在台灣並沒有入侵的疑慮，而牠們也都找到終身的歸宿。然而，相似的事件在美國卻造成完全不同的劇情開展。牠們粗壯肥碩、性格憨直的親戚緬甸蟒，隨著寵物貿易入侵了佛羅里達州的沼澤，帶來的是生態系全面的災難（第四章）。在同一段時期，蛙壺菌與蠑螈壺菌則隨著寵物貿易與實驗動物襲捲全球，造成全世界兩棲類的浩劫（第五章）。過去這幾年，我將大部分的課餘時間用於探究台灣的異寵（泛指犬貓、鳥禽之外的動物類群）、牠們的飼主與社群文化、以及背後牽涉的野生動物貿易與繁養殖問題。很明顯地，對大多數人來說，飼養寵物提供了身處都市之中渴望接近自然的窗口。但是當不對的物種放置在不對的場域，這就成為災難的來源。

「所以，我們再也不要養任何寵物了，好嗎？」如果閱讀完這本書之後，諸位讀者推導出一個這樣的結論，那就太令人難過了。我想這並不是作者的目的，也不是我讀完這本書的結論。是的，我們都知道龐大寵物產業背後的嚴重問題；但是也有許多人在謀求更佳的解方。例如，人類與生俱來的「親生命性」（biophilia），能不能提供正面的幫助？「生物多樣性」概念的倡議者愛德華・威爾森在四十年前提出這個想法，用來解釋人類與生俱來親愛、好奇、進而想要照養這些動物的天性。直到如今，即使您造訪的是一個最偏遠、物質資源最貧乏的部落，仍然可以從孩童手上的動物看到這樣的性格。或許從一萬多年前第一個收養野犬的部落開始，這個特性讓部族演化出競爭上的優勢，而開啟了雞犬相聞的農業文明。只是，曾幾何時，隨著寵物事業的興盛，隨著犬貓的足跡散布全球，地球上的生物多樣性組成掀起了翻天覆地的變化。

如今，我們確實有機會將船頭扶正。身為台灣猛禽研究會的志工，我總站在保育活動的攤位上，看著熙熙攘攘的人群加入支援野生動物的行列——有人牽著熱情的小狗，有人肩上站著喧囂的鸚鵡，有人在衣懷裡藏著溫馴呆萌的小蜥蜴。本書的作者相信，飼養寵物的族群最有可能加入野生動物保育的陣營。從現場參與活動的多年經驗，我完全贊同他的看法。只是，我們必須能讓各類群的飼主建構更好的飼養文化。舉例來說，大多數的犬貓飼主並不清楚毛小孩在外遊蕩對野生動物的衝擊，這是他們需要的飼主教育。相反地，大多數的兩爬飼主都深知外來物種的衝擊，但卻經常低估牠們的脫逃能力。因此，對兩爬飼主的教育變成要著重在強固籠舍的設計。同樣是動物逸出的事件，一個是「不棄養」與「不放養」，一個卻是「防逃」，這絕對是南轅北轍的概念。

完稿之際，我剛完成本週國際學生的通識課程。每年好幾次，我帶著我自己的蛇小孩，讓來自世界各地的大學生認識演化上最成功的這群爬行動物。近年的研究在在證明：與動物的直接接觸，對未來蛇類的保育工作有著明顯的正面成效。當帶著淡檸檬黃的溫馴球蟒緩緩爬出背包，伴隨的是學生的驚呼，以及他們對「美」的讚嘆。毫無疑問地，寵物連結了人類對荒野最原始的渴望與夢想。如何正確引導大家進入一個安心的、健康的、永續的寵物環境，相信是作者，也是我們身為第一線的宣教者，最企望的終極目標。

愛為何使生物滅絕？目次

編輯弁言

本書所有插圖為繁體中文版特別繪製，為各章主要或有相當篇幅之物種。期盼看見不同的個體與生物群，能夠增進更多的理解與關懷。

一如既往，僅將本書獻給漢娜與勞拉。

人性之所以崇高，並不是因為我們比其他生物來得更高等，而是因為對這些生物的徹底了解，提昇了生命的概念。

——愛德華・威爾森《親生命性》

社會到底更喜歡狼還是狗，還有待觀察。

——一九八九年《科學》期刊社論

前言

我的狗看著我，牠躺在離我工作位置不遠的地方，觀察著我。那個早晨，我們周圍靜悄悄的；陽光灑在窗戶上，孩子們在學校。這是我們的習慣：我一邊打字，一邊看著狗；牠抬起頭，回敬我的目光。牠的表情顯然在告訴我，牠想知道我在想什麼——至少我是這麼認為的。日復一日，常常在一小時內，瑪姬和我都會重複這個工作空間的儀式好幾次。我看著牠，牠也回看，牠歪著頭，豎著耳朵，這些時刻雖然短暫，卻很重要。因為它們令人放心，我們一次次重溫對彼此的好奇心，從而得到安慰。我們就像密友交換故事一樣，分享著彼此的不理解。這當中有些發自內心深處、繚繞不去且可能非常必要的什麼（至少對我來說是這樣；至於對牠來說是什麼，我只能用猜的），有如細縷般將我們連結起來——我是這麼想像的。

瑪姬是家裡飼養的狗，也是我最新的寵物。多年來，我與許多寵物一起生活過，有烏龜、鵝、蜥蜴、魚、蠑螈、倉鼠、金絲雀與一隻灰松鼠。這名單很長，但每次都讓我相信，我們這些獨立物種之間存在著某種謎樣的聯繫。在我十幾歲時，家裡收養了一隻孤兒浣熊，放學後，牠會陪我去附近的池塘，我們一同爬上水邊的楊柳樹，看著河狸在下頭游泳。大學期間，我曾有一段時間愛好馴鷹，我主要以讀書的方式自學，多年來一直訓練著一隻飛行技巧高超的紅隼，就像《蒼鷹》（*The Goshawk*）的作者懷特（T. H. White）一樣，由於個人對「回歸野性狀態」的渴望，笨拙地自學馴鷹。有一段時間，我曾養過一隻挺吵鬧的灰背隼，牠被養育出一個不幸的「印痕」，以為自己是個人。另外，我也曾經從其他馴鷹人處接手一隻名叫瑪麗的草原隼。馴鷹有悠久的歷史，它給人的感覺也是這樣，與這些鳥兒分享飛行的快感，揮拳將老鷹送入空中，見證牠們劃破天空。這樣的傳統可以回溯到四千年前——時間甚至比第一批埃及人還早，當時猛瑪象還在這片土地上遊蕩。[1]

人類飼養寵物的歷史更加久遠，它的真正起源，就如許多事物的起源一樣晦暗不明。大約是三、四萬年前的某一天，狼加入了人類的陣營。我們的祖先碰巧在東南亞某處發現一隻躺在茂密灌叢裡的幼崽，把牠撿回家養（令人激賞的決定）。不過這件事也可能發生在歐亞大陸北部、中東或歐洲。根據最近的一種說法，這些狼也許是自願來的：一隻懷孕的母狼，慣於幾千年來我們這兩個狩獵物種之間互利互惠的接觸，在人類村落旁築起巢穴。牠生下的小狼適應了牠們兩條腿的鄰居，一種前所未有的夥伴關係於焉誕生。狼跟著人類回家，一切都改變了。兩個物種的演化都發生了永久的改變。這些動物的體型縮小，也變得不那麼兇猛。牠們的臉形變方，牙齒變小，耳朵也垂下來。牠們接受了我們的感情，融入我們的需索與祕密，牠們成了寵物，牠們成了瑪姬。[2]

為什麼我們人類想要、或同意這樣的安排，絕非顯而易見。然而，馴養狼（作為狩獵夥伴、預警系統與保護者）對人類社會的好處很快就顯現了出來；寵物狼很快就給牠們的人類照顧者帶來演化上的助力。有些人認為，牠們幫助人類開啟了作為地球未來改造者的軌跡，不過那其實是之後的事。剛開始，在這種動物被馴服、訓練或帶來任何好處之前，只有一隻啼哭不止的無助幼崽需要我們照顧，而我們已經夠忙了。未來的用途很難當作「擔任另一個物種的保姆」這種魯莽行為的正當理由，而且前置工作也太多。試想今日的情況，大多數寵物早在幾世紀以前就已不再是人類生存的必需品，但是人類飼養寵物的風氣卻比過去任何時候都更加盛行：在美國，寵物的數量已超過人口數，牠們的用處無法解釋這個不平衡的數字。毫無疑問，飼養寵物的誕生（最早將動物作為伴侶來飼養的衝動），絕對不只是幫助我們進步的聰明招募策略，必然還有其他傾向在作用。很有可能，我們只是先被寵物所迷住了。[3]

四十年前，普立茲獎得主哈佛大學生物學家愛德華．威爾森對這種迷戀提出解釋。他寫道：「親生命性是人類天生關注生命現象與類生命現象的傾向。」威爾森認為，我們很自然地對動物與其他生物產生了興趣，很可能是演化將我們設計成這樣。以狩獵採集維生的人類祖先藉由仔細觀察動植物，學會他們狩獵、覓食與生存所需的祕技。數千年來，自然選擇將這種傾向內化到我們的基因裡，成為人之所以為人的根本。威爾森認為這個觀點很深刻，也覺得它充滿希望，這位年過九旬的傑出生物學家，仍然是世界上對野生生物保育最熱切的聲音。威爾森曾在偏遠叢林從事田野調查多年，這讓他驚恐地目睹了全球動植物加速滅絕的現象。人類正在以一種前所未有的方式改變這個星球，原本緊密交織的地球生命變得愈形鬆散，物種的消失威脅著我們所有人（包括野生生物與人類）賴以生存的自然系統。威爾森推斷，親生命性是能夠拯救我們的關鍵，承認並鼓勵我們對其他生命與生俱來的愛，可能有助於遏止我們施加於生態系統上的魯莽行為。威爾森寫道：「換言之，在這種罕見的情況下，本能與理性是一致的。我得出的結論是樂觀的：我們對其他生物的了解程度愈高，我們就會愈重視他們，也會更重視我們自己。」[4]

本書是一個關於親生命性如何出錯的故事，說明我們該怎麼做才能加以修復。它的核心是我們對寵物的愛：雖然威爾森希望我們對其他生物與生俱來的迷戀會激勵我們止住野生動物的滅絕，但是我們與生物的聯繫並不是透過我們與自然的關係來表現，反而是從我們與同伴動物的關係來表現。從我們開始哄誘狼變成狗的那一天起，我們將自身生活與其他物種聯繫在一起的強烈欲望，就已經因為我們堅持讓牠們按我們的方式在我們身邊生活，而受到改變與顛覆。隨著人類人口超過七十七億，全世界擁有的寵物狗、貓、鳥、魚、龜、蜥蜴與其他動物的數量前所未有地飆升。現在，正如本書各章節所描述的，我們養在家裡的動物正在深刻地影響著牠們在野外倖存的同胞。我在這裡所講述的故事，只反映出我因為報導目的與偶然情況下所遇到的一些事情，但是類似的例子在我們身邊隨處可見：親生命性的表現是一種古老的、顯然發自內心想養動物來陪伴的渴望，它催生了一個價值數十億美元的寵物產業，卻也自相矛盾地助長了一場全球保育危機。這個產業正威脅著極其多樣的生命，然而根據威爾森的假說，人類經過演化而能珍惜生命。幾乎在不經意之間，也非刻意的情況下，瑪姬儼然已成為一種威脅。

或者，也不必然就是這樣，我的寵物就和你的寵物一樣，不一定會成為問題；相反地，生物的陪伴可以改變我們與其他生命的關係。我寫這本書的目的，是要讓人意識到，飼養寵物往往會在我們不知情的狀況下，威脅到對地球與人類社會極為重要的多樣生命。更重要的是，我希望這本書能幫助我們這些飼主體認到，自己是扭轉野生動物消失趨勢的關鍵。養寵物的人，大多數在本能上理解自己對其他生物的熱愛，他們在這個自然保育的關鍵時刻至關重要。我們的動物伴侶可以讓我們這些被隔絕且愈來愈都會化的物種更親近我們之外的野生世界；牠們可以促進人類的意識與理解，甚至幫助拯救瀕臨危險的物種；牠們可以激勵我們捍衛生命的衝動，讓我們為自然挺身而出。

這本書的目的不是要讓飼主退縮或感到內疚，相反的，它是在呼籲人類採取行動。沒有人比飼主更清楚意識到我們與其他物種之間的聯繫，背後有著什麼樣的神祕與滿足感；直覺上，沒有人比飼主更了解親生命性有著什麼樣的驅力。當我們知道寵物飼養在哪裡走偏時，就能改變方向，飼主可以加以引導。這個由世界上的動物愛好者所組成的龐大寵物飼養社群，也就是我的社群，對解決這些問題扮演了極為關鍵的角色。我的願望是讓本書讀者最終能體認到我們作為飼主和動物愛好者的位置，就是一個新興保育國度最大的希望。在環境劇烈變化、野生世界比以往都更加脆弱的時期，我們的寵物與其他動物所屬的大自然，需要我們的一臂之力。

第一章

親生命性的悖論

墨西哥鈍口螈

Ambystoma mexicanum

墨西哥市南部的索奇米爾科生態公園（Xochimilco Ecological Park）是個平靜到和周遭很不合拍的地方，包圍著這座公園的城市有兩千一百萬人口，是西半球人口極度密集的大都會。墨西哥市位於拉丁美洲，是個喧囂繁忙的大都會區。曲折蜿蜒的高速公路與不斷延伸的貧民區，從墨西哥山谷的一側延伸到另一側。交通擁塞的街道有兩百多萬台汽車與卡車（市政府的限制行駛措施並沒有改善該地的空氣品質，墨西哥是美洲空氣品質極差的城市）。歷史悠久的廣場上開滿一間間的餐廳，樂音飄揚，商人小販爭相吸引顧客的目光。這是個繁忙又無情的地方，四面八方都被火山形成的崎嶇山峰圍繞。

與此同時，位於城市深處的索奇米爾科生態公園，是一個近乎寂靜的庇護所。這片占地將近兩公里（零點八平方英里）的自然保留區，四面是川流不息的城市，但是這片水綠的天堂似乎平靜地不受影響。這裡是靜謐的，寧靜的運河流過蔥鬱的人工島嶼（當地人稱為「漂浮花園」或「**奇南帕**（chinampa）」），是在幾世紀前，由前哥倫布時期的農民所打造。河岸邊垂柳成行，鷺鷥與水雞在蘆葦叢裡等待。亞馬遜王蓮在河上漂過。索奇米爾科生態公園甚至阻隔了城市的喧囂。若將墨西哥首都比喻為城市颶風，這座公園就好比風暴中詭異的寧靜之眼。這裡予人一種停頓感，彷彿被包圍的大自然也屏

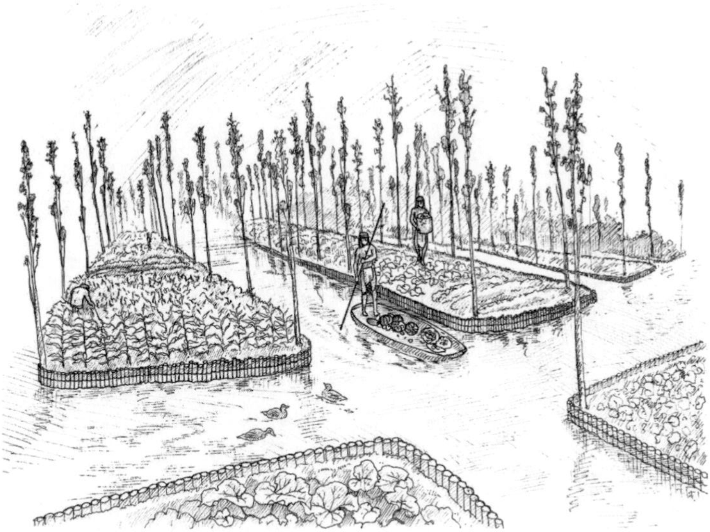

奇南帕（chinampa）是中部美洲墨西哥谷地原住民特殊的農業耕作方式。他們會在湖中用水草和木樁圈出一塊水域，再用泥土和水草將其填充成可以種植農作物的耕地。

住了呼吸。

亞歷杭德羅・馬丁內茲（Alejandro Martinez）靜靜地撐著篙，帶我們坐著平底船穿過公園裡蒼鬱的水道。他聲音乾巴巴地說：「這裡挺涼的。」

馬丁內茲是我在這個國家保護區（也是世界文化襲產）的嚮導。屬於後千禧世代的他穿著垮褲、戴著布魯克林籃網的黑色球帽，身材細瘦，看來輕鬆自在。這種年輕的打扮在我家鄉屬於舞廳，屬於活力十足的都會世界，在這個寂靜的場景中顯得格格不入。然而，馬丁內茲在公園邊長大，他對公園的情感很深。他小時候會在運河裡釣魚，曾有一段時間，甚至還和叔叔一起在傳統的**奇南帕**上種花。他承認，這裡的寧靜簡直讓人昏昏欲睡，相較於他在北卡羅萊納州工作、遊玩與學習英語的那七年，確實需要一點時間才能適應保護區的步調。儘管如此，他仍然表示，索奇米爾科是讓他感到最自在的地方：野生動物、從前的墨西哥、與失去時間的感覺，都讓馬丁內茲對這個地方產生保護欲。例如，索奇米爾科有一種瀕臨滅絕的蠑螈，對他就很重要。

這種蠑螈稱為墨西哥鈍口螈，牠們幾乎完全從這裡消失了。在我們的下方，這片靜止的墨黑水面下，這種長相奇特、橡膠般且完全水生的兩棲動物還剩下最後幾百隻，正與野外滅絕做最後的掙扎。這是因為在索奇米爾科蜿蜒分布、總長度約為一百七十公里（一百零六英里）的運河，構成了這種受困生物唯一的天然家園。這些運河是一片湖泊系統的遺跡，另名墨西哥步行魚的墨西哥鈍口螈曾在這片湖泊繁衍生息，而且牠曾經潛藏在墨西哥早期中美洲歷史的文化意識之中。

舉例來說，幾個世紀前，勢力龐大的阿茲特克帝國就在距離我們漂浮處不遠的水域上建立了繁榮的首都特諾奇蒂特蘭，該國人民將蠑螈奉為神明。據傳，阿修洛特爾（Axolotl，亦為墨西哥鈍口螈的英文名稱）是阿茲特克最高神祇羽蛇神克察爾科亞特爾的孿生兄弟，個性奸詐狡猾。面臨被獻祭給太陽的威脅時，阿修洛特爾溜走了，最後喬裝成蠑螈，躲在油膩的泥漿裡。此後的幾個世紀，墨西哥鈍口螈在當地生活裡一直是一種強大的、具有象徵意義的存在——即使現在湖泊乾涸且受到墨西哥現代都會所包圍，亦然如此。在過去，牠被視為美食，也曾被當成藥物，亦為國家認同的重要象徵。今日，墨西哥參議院正在考慮設立一個全國性的「墨西哥鈍口螈日」，以紀念這種著名的生物——即使這個榮譽可能來得太晚。[1]

「我再給他們兩年時間。」馬丁內茲實事求是地表示。他親眼目睹了墨西哥鈍口螈數量如自由落體般直線下降的情景。他說，就在幾年前，墨西哥鈍口螈可以說是撒網可得。你不用等太久，就能在水面看到洩漏牠們所在位置的漣漪，接著就能看到這些蠑螈浮上水面換氣，這樣的景象已不復見。他說，漣漪和蠑螈都已經消失。

科學調查證實了他的觀點，一九九八年，第一次針對墨西哥鈍口螈進行的普查估計，在索奇米爾科的水域中，每平方公里（零點四平方英里）大約有六千隻。幾年後的一項後續研究顯示，這個數字已經下降到一千隻。到了二〇〇八年，這個數字下降到一百隻。墨西哥鈍口螈於二〇〇六年被評定為極度瀕危物種（Critically Endangered, CR），而最近的數量估計認為，每平方公里僅剩下三十五隻。即使是這樣的數字，也可能過度樂觀。二〇一五年曾有一段時間，科學家確信野生墨西哥鈍口螈已永久絕跡——但幸運的是，幾週之後，有一隻在野外現蹤。[2]

馬丁內茲撐著船將我們帶到運河邊的一間竹屋，此地離他童年的家只有一箭之遙。在這裡，他讓我看了一場活體動物展示，展示的是近年來墨西哥鈍口螈悲劇中的幾個角色。一個標牌上寫著「El Ajolotario」（墨西哥鈍口螈），在昏暗沉悶的小屋中，一名當地漁民布置了一排看來不甚牢固的水族箱，供遊客觀賞。許多水族箱裡都裝滿了帶有棕色斑點或體色蒼白的墨西哥鈍口螈——牠們一動也不動，眼神空洞，咧著嘴。其他水族箱裡則養著尼羅口孵非鯽（又稱尼羅吳郭魚）和鯉魚。這些都是墨西哥鈍口螈故事裡的主要反派。這些外來魚種由墨西哥政府在一九七〇年代與一九八〇年代引進索奇米爾科水域，藉此鼓勵當地的魚類養殖。然而，這些魚的數量很快就失去控制。現在，當鯉魚大軍從水裡吸食墨西哥鈍口螈的卵與幼螈之際，貪吃的尼羅吳郭魚則趁著墨西哥鈍口螈游泳時將牠們大口吃下。同個時候，來自周邊城市的汙染意味著這些蠑螈的水中家園不僅有引進的掠食者，而且水質經常鹽分太高、酸鹼值太高、而且受到化學汙染，讓野生動物無法在這裡繁衍續存。[3]

馬丁內茲站在我旁邊，凝視著那些水族箱。「這對牠們來說並不容易，伙計。」他說。「牠們好像一點機會都沒有。」

墨西哥鈍口螈的故事中，有一個非常深切的反諷：當索奇米爾科的墨西哥鈍口螈徘徊在被遺忘的邊緣之際，卻也有成千上萬的個體活得好好的，生活在世界各地的家庭水族箱裡。作為魚缸寵物，也許沒有比墨西哥鈍口螈更在全球各地受到歡迎、更討喜的兩棲動物了。

也許，沒有其他動物比墨西哥鈍口螈還適合這個角色了。墨西哥鈍口螈和大多數蠑螈的不同之處，在於牠永遠不會長大。牠們是「小飛俠彼得潘」動物，停留在水下幼生期，永遠不會長成陸生的成體形式（科學家將終生保有幼生期特徵的動物稱為「幼態延續」）。墨西哥鈍口螈會長大，不過外觀幾乎不會變。牠們的頭在長大後仍然又寬又扁，還有黑點狀的眼睛。外鰓像卡通鹿角一樣掛在頭上。外觀奇異幼稚，深受世界各地水族愛好者所喜愛。網路賣店如「BuyAxolotls.com」、「The Axolotl Factory」等，在銷售後會透過美國郵政系統將牠們以空運寄出。這些墨西哥鈍口螈似乎也滿足於這樣的對待，牠們昏昏欲睡地趴在照明良好的水族箱底部，偶爾浮上水面吞幾隻市售的紅蟲，這些寵物螈過著跟狗一樣的生活——差不多就是這樣。

「這就是挑戰所在，」當我和生物學家路易斯・贊布拉諾（Luis Zambrano）在他位於墨西哥國立自治大學（National Autonomous University of Mexico）的辦公室裡碰面時，他是這麼說的。這所大學距離索奇米爾科的寧靜綠洲約十五公里（九英里）。「被當作寵物的墨西哥鈍口螈無所不在。」

坐在椅子上的贊布拉諾身體往前傾，手撐在花白的鬍子上。他看來就一副靜不下來的樣子，看似睡眼惺忪，十足的精神卻很有感染力。贊布拉諾肩負著使命：自從在約莫二十年前接受要求統計墨西哥鈍口螈的數量以來，他一直在努力拯救這種動物以及陷入困境的索奇米爾科生態系。贊布拉諾回憶道：「他們知道有問題，不過不知道問題有多大。」這位生物學家和他的團隊紀錄了墨西哥鈍口螈災難性減少的第一個證據，此後，他們一直與政府、國際組織與最重要的當地**奇南帕農民**（仍在**奇南帕**島農地上耕作的農夫）合作，意圖拯救這些動物。他們的關注焦點是墨西哥鈍口螈，但同時也聚焦在那片受到包圍的棲息地，亦即墨西哥城的最後一片溼地，也是緩解氣候變遷在當地造成衝擊的關鍵。墨西哥鈍口螈是所謂的保護傘物種：牠們的持續存在是健康生態系的信號，換言之，牠們突然消失則有別的意味。「如果我們失去墨西哥鈍口螈，我們就會失去索奇米爾科，」贊布拉諾表示，「而索奇米爾科非常重要。」

贊布拉諾的工作包括改善水質、封鎖部分運河段以防止外來魚種入侵、以及重新引進人工復育的野生墨西哥鈍口螈族群，這些都不容易。讓農夫參與是必要的，但是許多人需要被說服。贊布拉諾解釋道，這是一場競賽，競爭者是需要時間的生態復育與科學上幾乎肯定的結論，即在所有條件相同的狀況下，墨西哥鈍口螈將在二〇二五年滅絕。這位生物學家停下來糾正自己最後那句話，表示應是「在**野外**滅絕（Extinct *in the Wild*, EW）」。

墨西哥鈍口螈的**寵物**族群並沒有什麼發展可言。大多數被當成寵物的個體，以及生活在世界各地實驗室裡的許多墨西哥鈍口螈，全都是三十四隻祖先的幸運後裔，這群墨西哥鈍口螈在一百六十多年前，從索奇米爾科被運到巴黎。當時的科學家對這種奇異生物的不尋常生命週期與牠再生斷趾、斷腿與斷尾的非凡能力感到著迷。這種鈍口螈還有一個好處就是很容易飼養，無論在一年中的任何時間，都可以在圈養環境中繁殖。巴黎的這群墨西哥鈍口螈很快就在科學界打響名號，牠們的數千後代隨後就分發給歐洲各地迫不及待的生物學家。我們對早期生物發生學的基本認識都來自這些實驗室。時至今日，墨西哥鈍口螈仍被廣泛運用於實驗室研究。科學家探討組織與神經再生背後的機制，藉此為脊髓損傷、斷肢或腦部損傷的患者尋找更好的治療方法。[4]

肯塔基大學的鈍口螈基因保存中心是一個墨西哥鈍口螈繁殖設施，為北美與其他地方的實驗室提供了成千上萬的蠑螈。然而，這些個體的血統（始於一群從波蘭克拉科夫運過去的個體）仍然可以回溯到最初的巴黎族群。儘管科學家定期引入野生個體，或是讓墨西哥鈍口螈和虎紋鈍口螈雜交，藉此增加遺傳多樣性，實驗室的族群仍舊是高度近親繁殖的結果。畸形的情況愈來愈普遍，例如腳趾太多。不久前，該中心經歷了一次神祕的大規模死亡事件。墨西哥鈍口螈的寵物族群也面臨了同樣的遺傳瓶頸效應（bottleneck effect）*問題。雖然這些蠑螈在家庭水族箱與實驗室水箱裡可能看來過得很舒適，研究人員還是擔心遺傳多樣性的喪失讓牠們面臨流行病的風險。這個情形也讓人想到另一個可能性，即人工飼養的墨西哥鈍口螈可能就是缺了一些使索奇米爾科野生個體獨一無二的關鍵特徵。事實上，牠們可能已經不再相同。[5]

贊布拉諾認為，更重要的是，牠們並不是野生的：覺得寵物個體數量的增長多少讓野生個體從其原生家園消失更容易被接受的想法，忽略了一個重要的問題。他說，只有野生墨西哥鈍口螈才能代表墨西哥城最著名保護區的關鍵生態。光是野生墨西哥鈍口螈就可以認定為是五百年來墨西哥集體想像與文化的中心動物。只有殘存在索奇米爾科黑水中自由游動的個體，才是贊布拉諾所謂「墨西哥最重要的物種」。世界各地作為寵物的墨西哥鈍口螈，則完全是另一回事。

「我用北極熊來舉例，因為每個人都知道北極熊。」贊布拉諾說道。「我們說：『好吧，讓我們來拯救北極熊。讓我們買個超大型冰箱，把牠們都放在裡面。』但這是

---

*指一個遺傳多樣性很低的生物族群，短期內就算努力繁殖後代，遺傳多樣性也很難提高。

不同的。北極熊的重要性在於牠生活在北極，而北極正在融化。墨西哥鈍口螈的情形也是一樣。我們可以在世界各地的水箱裡養著許多墨西哥鈍口螈——這確實也發生了，這一點是毫無疑問的——但問題是，這些個體**並不是**生活在索奇米爾科的野生墨西哥鈍口螈。區別就在這裡。」

不幸的是，大多數人似乎無法或不願意正視這種差異。

對大部分人來說，尤其是生活在城市裡的幾十億人，當我們想到動物的時候，最先想到的就是寵物，因為我們對牠們很熟悉。在我們的生活中，遇到狗或貓，甚至是籠中的金絲雀，都是很有可能發生，也經常發生的。對我們許多人來說，寵物甚至會在門口迎接我們，或是從水族箱裡看著我們。另一方面，在野生動物生活的地方看到牠們的可能性要小得多（城市公園的松鼠與椋鳥除外）。大多數野生動物對我們而言就是眼不見心不念，相對之下，寵物則擁有我們的關注。例如，在簡單的谷歌搜尋中，貓咪影片的數量整整比野生動物影片多出一個數量級（二十九億與兩億七千五百萬的差距）。

在某些情況下，即使我們想到野生動物時，我們看到的也是在馴養環境中的個體，而不是在其他地方。例如，若想看到幾乎在野外絕跡的墨西哥鈍口螈，在寵物店裡看到的機會遠比在墨西哥看到來得高。要看到老虎這種名列國際自然保護聯盟受脅物種紅皮書的指標性瀕危動物，在美國寵物飼主的後院裡看到的機會遠比在全球任何一個原生棲息地看到的機會大得多。一些面臨困境的鳥類，如印尼極度瀕危的黑袖椋鳥，在鳥類愛好者的籠子裡也比在樹梢上更常見。中國的四不像與北非的彎角劍羚已從野外消失多年。牠們從自然棲地中滅絕，只在人類照護者的圍欄中生存，一直到最近才開始重新引入原來的棲息地。[6]

寵物**就是**人類世界中的動物，這種情形隨著時間推移而愈形增加。二〇一八年，三分之二的美國家庭（八千四百六十萬）裡，約有三億九千三百三十萬隻寵物狗、貓、魚、鳥、爬蟲類與其他小動物。如今，美國的同伴動物數量已大大超過牠們的人類飼主（根據美國寵物產品協會，二〇一八年美國寵物數量超過人口數六千六百一十萬）。加拿大也是寵物很多的國家。根據最近一次統計，約百分之四十一的加拿大家庭養了約七百六十萬隻狗，百分之三十七的家庭養了八百八十萬隻貓。英國有近一半人養著共約五千一百萬隻寵物，世界上很多國家的情況也差不多。例如巴西，籠鳥飼養的數量為全球第一（超過一億九千萬隻）。[7]

寵物是我們看到與認識的動物，也是我們感到依戀的動物，而且感情通常很深。例如，每十個寵物主人中，有九個人將他們的寵物視為家庭成員。又如，根據美國寵物產品協會的數據，美國人二〇一八年在寵物身上的花費約為七百二十六億美元，比十五年前的支出增加了一倍多。世界上大多數國家的國內生產毛額都比這個數字少了好幾十億。這是個很大的數字，不過，為什麼不呢？我們愛我們的寵物。對我們許多人來說，這種依戀的程度可能讓人完全迷失方向。例如，幾年前美國動物醫院協會做了一項調查，一半的美國與加拿大寵物飼主表示，他們會選擇一隻狗或一隻貓作為荒島上的唯一伴侶，而百分之四十七的人表示會選擇另一個人。超過百分之九十以上的受訪者也告訴民調人員，他們「很可能」或「有可能」為了寵物而冒生命危險。因此，也難怪在離婚這個苦澀卻也常見的領域中，寵物已經成為激烈監護權爭奪戰的常見主題。[8]

寵物有牠們獨特的魅力；我們對牠們的反應是發自內心深處、熟悉的、偶爾也是讓人害怕的，幾乎就好像牠們也是人一樣，不過也不盡然如此。研究人員表示，還是存在著最小公分母，大多數人似乎普遍不認為我們與寵物的關係以及與人的關係可以互換。

我們對（身邊諸多）寵物的看法是獨立的，牠們喚起的感情儘管強烈，仍然與我們和其他人互動所產生的感情不同。這種看法接近我們人類對動物的普遍反應：所有的生物，無論是在家裡還是在其他地方，都吸引著我們。[9]

動物吸引我們注意力的方式，與其他無生命、非生物體的東西不同。我們無法將目光從動物身上移開。我們會追尋著在天空中飛行的鳥，在看到爬行蜘蛛時會往後退縮。如果一隻動物出現在場景中，我們的注意力就會像箭一樣地飛向牠。我們就是控制不了自己。特別是對孩子來說，生物具有不可抗拒的吸引力。這種傾向似乎從出生時就開始了。我們對動物（包括寵物）的好奇心，可能與我們對其他人類同伴的基本需求不一樣，不過可能同樣原始或根深柢固。這很可能來自一個遙遠的、原始的、跟人類祖先有關的事實，在現代表現了出來——我們只是被其他生命給迷住了。

四十年前，哈佛大學科學家愛德華．威爾森將這種魅力稱為「親生命性」（Biophilia），指「人類與其他生物之間與生俱來的情感聯繫。」[10]

數十年來，威爾森一直在思考人類看待自然和與自然互動的方式，他創立了一個理論，認為人類想與其他生物建立聯繫的衝動並非單純的個人偏好，更可能是一種生物上的需要。這可能根植於我們的遺傳基因之中。區分生命與非生命的基本傾向，以及「像飛蛾撲火一樣靠近生命」，似乎是一種世代相傳的衝動。雖然我們大多數人很難回想到手機出現之前的時代，但是百分之九十九以上的人類歷史存在於任何技術出現之前，在人類定居於農場或城鎮之前，是人類祖先過著簡陋、往往環境險惡又很絕望的流浪獵人暨採集者生活的時期。正是在那個時期，我們這個物種的大部分基因藍圖演化到將我們與其他猿類區分開來的地步。這時，藉由提高存活率與留下後代的機率來延續遺傳變異的自然選擇，正在忙著塑造我們的身體，鍛鍊我們的行為。我們了解世界的方法也是在那個時期形塑出來。[11]

威爾森認為，親生命性具有演化上的意義。自從人屬（*Homo*）出現以來，我們對周圍生命的深入了解就極其重要。例如，注意野生動物與其生活史*，本來就是狩獵成功的必要條件；任何獵人都會告訴你，想要殺死一隻動物，就必須知道這種動物生活的方式與地點。想要在正確的時間與地點找到季節性野果，則需要具備基本的植物學知識。同時，如果沒有注意到獅子的接近，或是認錯有毒植物，都可能會致命。我們的祖先從演化競賽中脫穎而出，他們的大腦與理解力自然而然地抓住並學習野生生物的知識。對今天在城市中生活的我們，這可能顯得陌生且遙遠，但是在幾十萬年前，如果你沒有多多注意大自然，根本就活不久。

試著想想蛇。牠們是最著名的例子，威爾森在講到親生命性的時候，多次以蛇為例。帶有神經毒素的毒蛇足以麻痺或殺死包括猿類在內的大型動物，在地球上出現的時間比人類早了許多。早期演化可能讓我們的物種學會避開牠們——事實似乎也是如此。在世界各地的人類社會裡，蛇都被視為一種邪惡的動物。各地的人們都對蛇抱有一種奇怪的敬畏，而這種敬畏很容易轉化為恐懼。例如在古埃及，吐著毒液的眼鏡蛇象徵著令人生畏的君權與神權。同個時候，中美洲的阿茲特克人將蛇的特質加諸在他們所有憤怒的神靈身上，他們的最高神，即羽蛇神克察爾科亞特爾（原文「Quetzalcoatl」指「有羽毛的蛇」）。今日的美國，每年有超過三萬八千人死於槍擊，只有約五人死於蛇咬，

＊ Life History 指某種生物發/育成長階段的特性，以及繁殖特徵，例如幾歲性成熟、一次生幾胎、什麼時候開花結果等等。

但現代美國人對這種無腳爬行動物的恐懼，仍然遠遠超過對槍枝的恐懼。[12]

在心理學家剛開始好奇這種對蛇的厭惡時，用普通獼猴做的實驗指出了一些線索。研究人員發現，實驗室飼養的獼猴若沒有接觸過蛇，天生就不會害怕蛇類，但是當牠們看到野生獼猴的恐懼反應以後，很快就學會了這種恐懼。這種恐懼本身似乎不是無法改變的本能，而是學習而來的。然而，當科學家用影片耍花招，暗示野生獼猴導師也被一朵花嚇到的時候，天真的實驗室獼猴並沒有因此害怕花。這種恐懼是教不來的。換言之，某種與生俱來的學習模式起了作用：獼猴並不是天生就怕蛇，但是但是牠們很快就把恐蛇症的教訓記了起來。更近期的人類研究也出現類似的結果，科學家發現，成年人與嬰兒都能在各種不具威脅性的物品中發現蛇的圖像，比他們發現花、青蛙或毛毛蟲的速度還要快。另一個研究顯示，六個月大的嬰兒在看到蛇的圖片時瞳孔會放大（這是壓力的表現），而看到花與魚的圖案則沒有這樣的反應。[13]

威爾森表示，我們看似與生俱來對大自然的關注，其實是一套學習的規則。我們的注意力自然而然地受到野生世界吸引，因為我們天生就準備好要學習大自然提供的課程。我們想了解周圍生命的執著需求，一直對我們的演化歷史有著巨大的影響，以至於我們的大腦很自然就會轉向這個方向——即使我們試圖從技術上拉開距離。我們對知識的渴求，首先要獲取的是把野生生物當作食物。沒有這些食物，我們的想像力就無法生存。動物、植物和寬廣無邊的景觀，都為我們隱喻、神話、聯繫與理解的能力提供了燃料。人類的好奇心是在一種草木繁茂的生活場所中形成的。威爾森認為，我們的驚奇感仍然存在那裡。

威爾森可以說是現世最偉大的生物學家之一。他九十年的求知生活，全都用在思考這個熱鬧的地球，這讓他有獨特的資格，得以提出親生命性的主張。在他大部分的職業生涯中，他一直是世界級的螞蟻研究權威，是島嶼生物地理學理論（探討地理隔離對演化影響的理論）的創始人之一，是社會生物學之父（在遺傳的基礎上，探討人類與其他動物社會行為的爭議性科學），是基因－文化共同演化思想的倡議者，也是兩屆普立茲獎得主。身材高大修長、舉止穩重的他，有著一頭分線的灰髮，態度熱誠，思維縝密。他在生物學領域也是個難得的人物：他是個熱忱的保育專家，即使親眼目睹了這個被圍困的地球失去許多野生動物與荒野，仍然堅定地懷抱希望，他的「親生命性」概念就來自於此。「我得到的結論是樂觀的，」他在一九八四年出版的同名著作中寫道，「我們愈了解其他生物，就會對牠們和我們自己賦予更大的價值。」[14]

威爾森以一種壯大、狂熱癡迷、十九世紀的方式倡議著親生命性的概念，將他的演化思想與他對生物學與生命卓越偉大的情感反應結合起來。因此，這個假說背後的科學原理一直很難驗證。人類心理學與動物行為學的研究繼續支持人類注意與避開蛇的自然傾向（而且這似乎是普遍的），而且對蜘蛛（另一群可能會令人致命的生物）亦是如此。同時，其他研究也顯示，人類可能更喜歡——有時也會創造——看起來和感覺上類似於我們祖先在很久以前演化出現的非洲大草原，那種開闊且草木茂盛的景觀。如今，親生命性的概念最常出現在城市與建築的設計中，讓空間與場所去迎合我們對自然的渴求。[15]

然而，當威爾森第一次提出這個想法時，他卻別有目的：他希望這個親生命性假說能成為新保育倫理的依據——不僅能激勵人類放過自然與人類以外的物種，也能拯救人類精神，讓人類不至於迷失方向。對這位傳奇生物學家來說，人類以外的生命世界，無論是對我們賴以生存的生態過程，或是對我們內心的智力與想像力世界，都不可或缺。大自然是我們無窮無盡的奧祕之井，也是唯一能滿足我們知識渴求的地方。人造世界就是無法滿足人類的需求。在這個被人造物包圍的世界裡，我們因為受到基因驅動，仍然偏好自然、有生命的元素，這些元素在在象徵著我們在數千年前的存在。在自然界中，每一個被解釋的謎團都會引出新的謎團，也讓我們的求知欲一個接著一個地轉移；生命多樣性與複雜性對我們的吸引力，是這種探索的核心。威爾森表示，這種躁動就是我們身為人類的特點。它推著我們往前進，賦予我們意義。如果我們任由其他物種消失，我們探究與理解的途徑——甚至於對美的滿足感與創造力——都會隨之消失。沒有新生命與新地方促使我們前行，我們就會感到受困，無精打采，沉悶會像灰塵一樣飛落下來。「如果沒有超越自身的美感與神祕感，」威爾森解釋道，「心靈顯然會被剝奪方向，飄向更簡單、更粗野的構成。」[16]

如果人們知道我們基因所知道的東西，如果我們意識到其他生命對我們想了解牠的內在渴望是多麼重要，如果我們承認這種內在的親生命性極其重要，我們當然會優先考慮野生動物。我們會更努力拯救野生動物，保護這個正在消失的世界，一個我們的思想與精神為此受演化形塑的世界。這是有道理的，當威爾森最早提出他的理論時，如此樂觀的結果似乎也顯而易見：「我的意思是，」他寫道，「隨著生物知識的增長，道德倫理也會隨著發生根本性的轉變，如此以來，無論在什麼地方，由於與大腦相關的原因，一個國家的動植物相將被認為是國家襲產的一部分，就如它的藝術、語言、以及一直以來定義我們物種的驚人成就與可笑行為一樣重要。」[17]

然而，結果並不如他所預期。

生態學家傑拉多・塞巴洛斯（Gerardo Ceballos）在十一歲時第一次意識到世界上的野生動物遇上了麻煩。塞巴洛斯在墨西哥首都西部的鄉村長大，小時會在家鄉周圍的田野、森林與沼澤地裡快樂地尋找蛇和蠑螈。他也很愛讀書。那一年，這名年輕的博物學家拿到了佛瑞德・波德沃斯（Fred Bodsworth）一九五四年小說《最後的杓鷸》（*Last of the Curlews*）的《讀者文摘》西語濃縮版。這個故事是自然文學的經典之作，講述的是一隻孤零零的雄性水鳥遷徙與徒勞地尋找配偶的過程，牠是同類中的最後一隻。這是個虛構故事，但是也預示了現實世界中愛斯基摩杓鷸*的滅絕，這種在過去很常見的鳥原本會遷徙到世界各地，最終卻被獵人給射殺殆盡。這本書的大部分場景在北極，這對一個墨西哥中部的小男孩來說，是幾乎無法理解的地方，但是塞巴洛斯表示，小說的結尾對他造成深刻的影響。

「我記得上面寫著『這隻瀕臨滅絕物種的最後一個個體，獨自飛著』這樣的話，實在讓我深受撼動。」他若有所思地回憶道。「所以我當時就下定決心，立志要努力挽救物種的滅絕。」

將近五十年後的今天，也是愛德華．威爾森初次提出親生命性這個成功的概念的四十年後，塞巴洛斯仍然在嘗試。他仍在等待野生動物消失的浪潮轉向：「我們真的處於一個大規模的滅絕危機之中，」塞巴洛斯如此告訴我，他的話聽起來就像是在懇求。「僅僅為了動物，為了阻止滅絕危機，我們在接下來二三十年的所作所為，將決定地球上到底

＊愛斯基摩杓鷸（Eskimo Curlew, *Numenius borealis*）於北美洲阿拉斯加育空地區（Yukon）繁殖，遷徙到南美洲東南部度冬，目前為嚴重瀕臨滅絕（Critically Endangered, CR）。最後一筆確切紀錄是一九六二年，目前沒有影像紀錄。依據 Hornaday (1993) 的描述，愛斯基摩杓鷸數量大幅減少是人類過度獵捕所致。奧杜邦學會曾於二〇一八年討論是否要宣布滅絕。

會剩下什麼……這種緊迫感是很龐大的。我們得做點什麼，我們必須儘快採取行動。」

塞巴洛斯位於墨西哥國立自治大學生態研究所的辦公室，在路易斯・贊布拉諾的墨西哥鈍口螈實驗室所在的生物學大樓的隔壁，就在山腳下。塞巴洛斯和贊布拉諾一樣，都熱忱十足。他的五官立體，看來憂鬱，深色眼睛顯露出西班牙詩人那種惆悵、懷舊的神情。作為一名科學家，他是一流的，即使他把憂鬱掛在臉上。在生態研究所裡，他可以說是學術上的超級明星。二十多年的哺乳動物生態保育研究生涯，他累積了包括古根漢獎學金在內的多項國際科學獎，發表數千篇學術報告與科普文章，更寫下二十多本書。他在墨西哥各地進行的保育工作，幫助說服政府將墨西哥的大片野地劃為自然保護區。

如今，他的主要目標是向全世界發出警告，目前野生動物消失的速度不僅異常，也格外令人擔憂。塞巴洛斯經常與史丹佛大學（Stanford University）著名生物學家暨作家保羅・埃爾利希（Paul Ehrlich）合作——埃爾利希以數十年來針對人口增長發出的可怕警告而聞名——塞巴洛斯賦予自己的任務，就好比保育界的卡珊德拉*。他說，當前生物多樣性危機的嚴重性尚未滲透到全球意識中。有志者必須努力喚起人們的意識。在地球數十億年的生命史中，如此突然且大規模的全球物種滅絕，只發生過五次。這些事件都是自然災難帶來的——例如在大約六千五百萬年前，一場龐大的隕石撞擊事件讓恐龍與四分之三的物種徹底從地球上消失。那是第五次，也是距離現在最近的一次大滅絕事件。今天，動植物消失的速度與規模與過去的大滅絕事件太過相似，不容忽視。對塞巴洛斯與許多保育生物學家來說，證據是明確的：目前野生動物異常損失的非常時期，已經達到災難重災區的第六名。「我們正處於第六次大滅絕事件之中。」他解釋道。然而，此次有個明顯的區別：此番生物多樣性危機的原因並不是自然界的某些異常現象。這一次，我們人類是罪魁禍首，我們導致了這場災難。「在最新的一篇論文中，我們將之稱為生物消滅，」塞巴洛斯表示，「因為我們看到的是世界萬物的系統性消滅。」

這項於二〇一七年發表在《美國國家科學院院刊》（*Proceedings of the National Academy of Sciences*）的研究，關注的不只是物種的消失，也探討了動物數量的驚人下降：塞巴洛斯和他的同事檢驗了兩萬七千六百種脊椎動物的族群數量，其中有三分之一正在減少。其中許多物種的族群數量都是大幅度減少，隨著時間推移，地球上愈來愈少

＊希臘神話中特洛伊的公主，是位有預言能力卻不被人相信的祭司。

的哺乳動物、鳥類、爬蟲類與兩棲類在愈來愈少的棲息地生活。在過去幾世紀中，這些物種族群的數十萬至十億個個體都已消失。對包括野生貓科動物、嚙齒類、鹿和其他動物在內的哺乳動物來說，自二十世紀以來，幾乎有一半的哺乳動物面臨棲息地消失的景況，曾經的活動範圍減少了百分之八十以上。即使是數量豐富、有時甚至是無處不在的數千個物種，也在數量減少之列。最後提到的這個事實，即常見物種的減少，著實讓人感到不安，當研究往往只關注滅絕或瀕危物種之際，常見物種減少的情況常常被忽視，而這也將危機的規模帶到一個讓人更加慌亂的新維度。例如，根據《科學》（*Science*）期刊二〇一九年的報導，一些常見鳥種（包括無所不在的歐洲椋鳥*）在過去五十年族群數量持續下降，造成自一九七〇年以來歐洲大陸將近三分之一的鳥類消失。如今，還沒有成為稀有動物以前，就有可能陷入困境。我們對棲息地的破壞、我們的過度開發、我們將外來種運到原本不屬於牠們的地方、我們造成的汙染、以及我們對氣候變遷的貢獻，都是發生機會均等的威脅。[18]

而且，這個問題愈來愈嚴重，惡化速度愈來愈快。幾年前，塞巴洛斯領著另一個團隊研究生命多樣性消失得有多快。科學家透過人類對動物化石的了解，估算滅絕的「背景速度」（即在人類有機會把事情搞得一團亂之前，生物自然滅絕的速度）大約是每一百年每一萬種哺乳動物中，就有兩種消失。然而自十六世紀以來，這種變化加速了，而在過去兩世紀中（即工業革命之後），滅絕速度急遽上升。僅在過去一百二十年間，就有將近五百種哺乳動物、鳥類、爬蟲類、兩棲類與魚類永遠消失。在人類到來之前，這個數字可能要一萬年的時間才能以背景速度消失。塞巴洛斯表示，即使是這個新的滅絕速度計算，也可能太過保守。他說：「我們完全低估了實際狀況。」[19]

二〇一九年，一個獨立的國際科學組織，即跨政府生物多樣性與生態系服務平台（Intergovernmental Science-Policy Platform on Biodiversity and Ecosystem Services，簡稱IPBES）宣布，目前全世界有高達一百萬物種面臨滅絕威脅。這個數字是根據來自五十國數百名專家與其他研究人員達成的共識所得出的結果，當它被納入該組織的全球生物多樣性評估報告時，在世界各地都上了頭版新聞。科學家表示，我們所知道的每五

＊歐洲椋鳥（European Starling, *Sturnus vulgaris*）是廣泛分布於歐洲的原生種，在北美洲則是廣泛分布的外來種。

種脊椎動物，就有一種面臨著從地球上消失的風險，每年大約有五十二種不同的哺乳動物、鳥類與兩棲類朝著瀕危物種邁進，距離被世界遺忘更近一步。許多生物學家相信，許多物種早在科學發現牠們的存在之前就已消失——至今全球數十億生物中人類已知物種約為一百七十萬種。以昆蟲為例，據估計，每五種昆蟲之中，就有四種尚未被發現，但是專家小組報告顯示，這些物種中約有五十萬種瀕臨滅絕。二〇一七年，德國的一項研究引發全球關注，最受歡迎的標題是「昆蟲的世界末日」；該研究發現，按生物的體重計算，德國自然保護區的飛行昆蟲的數量僅為二十七年前的四分之一。[20]

這不是一件小事。有些人提出所謂「滅絕之營養瀑布效應」（extinction cascade）的警告，指一個物種的消失，例如蝴蝶或蜜蜂，會導致倚賴牠授粉的植物跟著滅絕＊，而這又表示，某種以這些植物為食的食性專一動物會跟著滅絕，形成一個個傳遞下去的連鎖效應。隨著生態系中愈來愈多生物消逝，系統本身就有崩潰的風險。試想，當你試著把你車子的零件一個個拆下來，同時又指望它把你載到某個地方，是什麼狀況。從塞巴洛斯的角度看來，我們普遍漠視生命多樣性的神聖性就像是這樣，而且這種漠視的情形似乎愈來愈嚴重。如果我們無法阻止更多生物消失，這個世界賴以為生的乾淨空氣和水、食物供應等健全的自然生態功能必然會因而動搖。有些科學家警告，不停增加的環境危害可能很快就會把我們帶到一個全球生態的「臨界點」。塞巴洛斯表示，這種變化最糟糕的一面正在由野生動物感受，但我們人類被算總帳的日子可能也不遠了。[21]

塞巴洛斯告訴我：「各領域的許多科學家都認為，如果這個趨勢在未來二、三十年繼續下去，人類文明可能會瓦解。」他就事論事的態度讓人感到不寒而慄。

在十九世紀中至晚期的某個時候，當查爾斯．狄更斯（Charles Dickens）記述著倫敦的擁擠骯髒、查爾斯．達爾文（Charles Darwin）倡議著「世代累積的變異（descent of modification）」[†]的怪異概念時，人類的生物量[‡]規模超過了地球上所有野生陸生哺

---

* 這種現象稱為「二次滅絕（secondary extinction）」。

† 一個物種的所有個體，都有共同的祖先，而且物種會隨著時間改變，進而可能形成全新的物種。

‡ biomass，就是生物的質量，通常用體重計算。

乳動物的總和。

根據一項值得注意的估計，人口已經增長到所有人類的**總重量**比我們所有野生哺乳動物弟兄的總和還要高。在成為世界上最偉大生命力的競賽中，我們終於超越了自然。很快地，我們就會將它拋諸身後。截至一九〇〇年，我們人類的體重只有野生哺乳動物的三分之一強，而到下個世紀末，我們的總體重增加了十倍——野生哺乳動物的總重量銳減一半，人口增加四倍。現在，我們有七十七億人口居住在這個繁忙的星球上，到本世紀中葉，人類人口可能達到一百億。我們已經達到一個讓野生世界相形見絀的臨界點，好比俗諺中闖進瓷器店的公牛，無論進退都會造成破壞。[22]

不幸的是，人類是一個躁動的物種。地球上超過四分之三的陸地表面（不包括南極洲）與將近百分之九十的海洋，都直接受到人類迄今所作所為的影響。僅在一九九三年至二〇〇九年間，世界各地被夷為平地以建造新農場、城鎮與礦場的荒野，總面積就比印度還大。沒有荒野，就沒有野生動物；許多人認為，我們為了農業與發展對全球景觀造成的改變，相當於數百萬年來對生命多樣性最大的威脅。然而，威脅不只如此。急遽增長的人口意味著過度狩獵、捕魚和收穫（也就是說，捕獵的野生動物數量超過了野生動物能自我補充的數量），這威脅到世界上百分之七十以上瀕臨滅絕的物種。氣候變遷更是無濟於事，由於人類喜歡使用石油，製造大量溫室氣體，結果就是世界上五分之一的陸地表面預計到本世紀末將出現大規模氣候變遷。無法忍受高溫的動植物將被迫遷徙或滅亡。同時，我們製造汙染、散播外來種與疾病的強烈傾向似乎只會讓狀況愈形惡化。[23]

人畢竟還是人，而且人類（日益增長的數十億人口）會養寵物。

這就是問題所在。愛德華·威爾森以他那獨特且滿懷希望的方式設想，隨著人類對內在的親生命性愈來愈了解，我們這個物種會更加關心我們周圍的非人類生命——即使是在笨拙且過分主宰世界的情況下。我們與生俱來對其他生命的好奇，本應讓我們以更微妙的手法管理這個共享的星球。結果，親生命性可能已經找到另一個出口：寵物。雖然最近一項估計顯示，地球上野生脊椎動物的生物總數在過去五十年裡已經減少了一半以上，同時期的寵物數量（至少，美國地區的貓狗）卻增加了一倍多。沒有跡象顯示這個趨勢正在放緩。光在美國，每年就有三千萬隻小狗和小貓出生——也就是每出生一個人就有七隻寵物出生的比例。更多寵物鳥、蜥蜴與其他外來動物被飼養繁殖或是帶出叢林。我們可能終於承認，我們對動物有潛藏在基因裡的需求與依戀（正如威爾森所希望的），但是這種需求與依戀並不是在野外，而是把牠們帶進我們的家中。正如布里斯托大學（University of Bristol）教授兼作家約翰．布拉德肖（John Bradshaw）所言，人類世界中數量激增的寵物，早已扮演了隨叫隨到的野生動物。[24]

同時，我們與自然世界的關係也愈來愈疏遠。世界上超過一半的人口已經居住在城市，到本世紀中葉，我們每三個人中就有兩個人過著城市生活。有機會踏足荒野的人，比例愈來愈少了。那些在小徑上遇見麋鹿或是在傍晚的沼澤上看到蒼鷺的人，在我們之間愈來愈占少數。對愈來愈多的大部分人（在世界各地持續增加的城市人口）來說，狗、貓與其他寵物代表了我們對動物的主要經驗與熟悉度。現在，引起我們注意的是我們遇到的寵物，以及我們飼養的寵物。我們被牠們所吸引，就如我們一直被其他生物所吸引一樣。而且正如威爾森的預言，這種衝動似乎仍然是古老的、根深柢固的、激動人心的。唯一的區別在於我們關注的並非野生動物，而是與我們生活在一起的寵物。我們似乎愈來愈喜歡在生活裡擁有動物，而不是到牠們的家園去拜訪牠們。[25]

這還不是全部。寵物與寵物產業不僅取代了自然在我們人類經驗中的角色，更直接摧毀了野生動物。在許多方面，寵物對地球上其他美妙的野生生命構成明顯的威脅。貓狗會跟蹤野生動物，好比人類資助的殺手；為了滿足寵物貿易，叢林中的動物被抓了起來；隨著飼主周遊世界的寵物散播了對野生動物致命的疾病；在非原生棲息地放生的寵物（例如佛羅里達大沼澤地的蟒蛇）會吃掉眼見的每一隻野生動物，或是頑強地與原生物種競爭，排擠牠們；而寵物食品行業則有饕餮的胃口，耗盡了我們海洋中重要的飼料魚。[26] 這些影響是相當大的。在過去的五個世紀裡，寵物是導致全球數百種瀕臨滅絕的鳥類、哺乳動物、爬蟲類與兩棲類徹底消失的罪魁禍首之一。僅家養貓就在這一時期消滅了六十多個物種（其中包括紐西蘭的史蒂芬島異鷯與夏威夷鴉），這些生物永遠從地球的生物多樣性中消失了；狗與十一種動物的滅絕有關。其他寵物以及支持牠們的寵物產業，也與世界各地其他野生動物族群的減少脫不了關係。[27]

我們的親生命性成了令人憂鬱的源頭，我們對寵物的愛正在導致全球生態系統所面臨的最大環境危機。諷刺的是，飼養寵物的人正是野生世界需要的同一批動物愛好者，野生世界需要這些人的幫助才能重新站起來。寵物飼主更關心動物，他們更可能去參與賞鳥活動，或是受到自然紀錄片所吸引。唯一的問題是，我們對家中近在咫尺的動物的感情，遮蔽了我們對自然界中那些遙不可及的動物的看法。我們喜歡我們的寵物，牠們是我們的家庭成員。但是野生動物也是極其重要的，牠們是自然系統的機械，掌握著我們生存的關鍵。牠們是我們演化史的一部分，對我們的思維方式有著必不可少的重要性。牠們生活在野外，與寵物不同，遠離著我們平淡的生活與日常活動：未被馴服的牠們，神祕感依然，複雜且難以捉摸，糾纏在大自然巨大卻也脆弱的網絡之中。[28]

在索奇米爾科，已經是傍晚時分。大白鷺已安頓下來，等待高溫結束，亞歷杭德羅·馬丁內茲撐著篙，把我們帶離睡蓮之間。他用力一推，把我們的船推到運河的開闊水面上，然後返回碼頭。飄零的花兒從我們身邊流過。「有一天，」馬丁內茲告訴我，「有個傢伙試圖向我兜售一隻墨西哥鈍口螈，開價兩千披索（一百美元）。」他不可置信地笑了笑。「就一隻，老兄。」

墨西哥鈍口螈的困境讓牠們聲名大噪。牠們在野外即將滅絕的故事，在墨西哥與整個北美洲登上了國際頭條新聞與新聞廣播。不經意間，這種關注也讓牠們成為一種本地商品。雖然捕撈墨西哥鈍口螈是一個悠久的傳統，當個體數量愈形稀少，最終宣布瀕臨滅絕時，索奇米爾科的許多農民都停止捕撈這種動物，也不再將牠們當作食物。然而，隨著墨西哥最著名的蠑螈變得愈來愈罕見，一些不擇手段的當地人又開始在這些動物棲息的運河水域中加以撈捕。馬丁內茲解釋道，這些人發現這些動物可以賣到好價錢，但是並不是作為食物，而是作為寵物。

「他們捕捉這些動物，老兄，」馬丁內茲表示，「因為這種錢很好賺。」

第二章

動物療癒

狗

Canis lupus familiaris

東安大略兒童醫院（Children's Hospital of Eastern Ontario）座落於加拿大首都渥太華一個綠葉成蔭的角落，是一座低矮、架構龐大的建築。不遠處，蜿蜒狹窄的麗都河向北流去。這家醫院是全國為數不多的全兒科急症照護醫院之一，規模彰顯了其重要性。迷宮般的走廊貫穿了建築物寬闊的中心，向臨床護理部與辦公室延伸過去。來自加拿大中部與北部廣大地區的傷病兒童，當病情發展超出地方醫院能力所及的範圍，就會被送到這裡。每年入院的兒童有五十萬名，將近三千名醫生、護士與其他工作人員在走廊穿梭，忙得不可開交，有時甚至是發狂似地盡其所能協助病患。就像所有醫院一樣，這裡無可避免地瀰漫著緊張、憂慮的情緒，不過斑斕的色彩與藝術品提醒著人們，這裡是孩子至上的地方。大多數人用首字母縮寫「齊奧」（CHEO）來稱呼它，這樣的稱呼比一板一眼的全名來得歡快，能軟化機構本身硬梆梆的線條。

安・蘭伯特（Ann Lambert）和她十四歲的黃金獵犬查拉（Chara）對這家醫院非常熟悉。從齊奧在十五年前開始進行寵物治療計畫以來，蘭伯特就一直帶著她的狗參與計畫。查拉的經驗相當豐富，當我在醫院的一個多功能康復室見到蘭伯特與查拉時，是由米歇爾・塔榭（Michèle Taché）負責引見的。塔榭是醫院的「兒童生活專家」，她在二〇〇三年協助啟動這個計畫。對塔榭來說，這個下午並沒什麼不同。她說，她的工作是要幫助年輕患者與他們的家庭應對重症，以及被限制在這樣的機構中所帶來的緊張與創傷。她的職責包括「努力減少壓力與焦慮，也要幫助這些孩子成長，無論是治療或教育方面皆然」。來訪的寵物能發揮很大的效用。孩子們、他們的父母、有時甚至工作人員都會與這些來訪的狗兒見面，試圖緩解這些地方特有的焦慮情緒。看到、撫摸與擁抱這些寵物，似乎能在一定程度上緩解醫院生活的不安與緊張。有人說，這甚至有助於康復。偶爾，迎接治療動物會引發第一次的微笑，或是促成其他重要情感與治療的里程碑。她說：「我稱為強力魔法。」

蘭伯特聽了以後表示同意，坐在附近的查拉則沒有表示意見。這隻治療犬外形纖細優雅，與牠的動輔員奇異地相似。泰然自若的蘭伯特是名退休小學教師（已經是祖母了），有著灰白的短髮與和藹的面容。查拉的皮毛修整剪得很漂亮，有著溫柔的眼神與挺直的白色吻部。這對治療犬與動輔員是定期造訪齊奧醫院的八組隊伍之一，他們來自一個名為渥太華治療犬（Ottawa Therapy Dogs）的非營利志工團體。該組織派遣志願者到全市與周邊地區的照護機構、學校與社會服務機構，正如該組織網站所言，「為有需要的人提供動物輔助治療的療效」，特別是有生理與心理健康問題者。該網站解釋道：「人類與動物有著緊密的聯繫。對那些遭受身體與精神痛苦的人來說，這種聯繫可以是安慰、平靜與緩解的源頭。……治療犬有時可以達到其他治療方式所無法取得的效果。」這些治療犬經過挑選與訓練，在陌生、嘈雜的環境中能保持冷靜親人。動輔員也是如此。蘭伯特與查拉完全符合此一要求；這隻黃金獵犬與牠的主人，都有沉穩的耐心。

例如現在，查拉正靜靜地等待四歲的薩維爾注意到牠。薩維爾家裡有一隻狗，自從幾個月前他因為橫斷性脊髓炎這種嚴重疾病緊急入院以後，就再也沒有看過自家寵物。一個週五晚上，他上床睡覺時覺得有點感冒，第二天早上醒來就不能動了。醫院的醫生群透過迅速動作與輸血挽救了他的生命，但是回家的路卻很漫長。薩維爾仍然只能坐在輪椅上，幾個月來他一直悶悶不樂，陰鬱孤僻，不讓媽媽瑞秋離開他的視線。這是他入院以後第一次看到狗，還不太確定。現在他正在翻看一本相簿，裡面是查拉和牠最近一窩小狗的照片，他媽媽坐在沙發上看著。過了一會兒，蘭伯特輕輕敦促查拉這隻實體的真狗，朝著小男孩靠近一點。薩維爾抬起頭來，一條尾巴搖晃著，孩子咧嘴笑開了。

「當你看到一個反應，正面的反應，一旦看到的時候，你就會繼續下去。」查拉的主人笑著告訴我，她眼裡閃爍著驕傲的光芒。

蘭伯特和塔榭毫不懷疑：能慷慨給予感情與無條件關懷的寵物確實是治療師。狗、貓與其他同伴動物曾經只是狩獵夥伴或滅鼠者，但對許多人來說，牠們已經成為現代的醫藥。關於牠們的治療能力，或者說牠們讓人感到不那麼難受的能力，類似的故事已成為大眾媒體的常客。在新聞報導與網際網路上，動物伴侶有助於康復的觸摸，幾乎可以被視為是一種法術。牠們對治療的影響無處不在：療養院、醫院、心理治療診所、學校、疫苗接種中心、工作場所與候診室等。養寵物或造訪寵物，都被認為是治療心臟病、抑鬱症、創傷後壓力、阿茲海默症與自閉症的有效方法。提倡者認為，與動物接觸可以增進幸福感，幫助兒童成長發展，並確保讓人健康地老化。

有人甚至用一個新詞「zooeyia」來形容這些寵物帶來的健康益處，這個字來自希臘文中的動物「*zoion*」與健康女神「*Hygeia*」，但是「寵物效應」則是較廣為人知的說法。這個概念的擁護者從醫學專家到普通的寵物主人都有，他們對此都相當堅持。最近，美國各大航空公司開始緊縮對於乘客攜帶「情感支持動物」旅行的規定。這些動物可以免費帶入商業航班的客艙，表面上是為了緩解航空旅行的焦慮，在二〇一七年的數量超過七十五萬，幾乎比一年前增加了一倍。同個時候，也有報導聲稱有其他乘客被抓傷，以及寵物豬將飛機當成廁所的情形。二〇一八年一月，一名女子帶著她那隻「情感支持孔雀」意圖搭乘聯合航空從紐瓦克起飛的航班，結果被拒於登機口外。[1]

這種熱情並不僅限於乘坐飛機的旅客，最近，向寵物飼主銷售看來正式的寵物治療背心與證書的營利組織國家服務動物登記處表示，該機構登記的服務動物與情感支持動物已有二十萬隻，從昆蟲到短吻鱷，應有盡有，幾乎是二〇一一年的一百倍。二〇一九年，《紐約時報》報導稱，有二十多個州制定新法以打擊以「支持動物」為名的欺騙行為。即使如此，大多數美國家庭醫師（根據最近的一項調查，占百分之九十七）認為寵物總體上對人有好處。大多數家庭醫師表示，他們看到患者在與動物互動以後有所改善。四分之三的家庭醫師還表示「如果有醫學證據支持的話，他們會開寵物處方以改善病人的整體健康狀況。」[2]

麻煩的是，這種事情一般缺乏證據支持。「不是開不開貓處方的問題，」艾倫・貝克（Alan Beck）挖苦道，「而是我們根本還沒進展到那個階段。」[3]

貝克是普渡大學獸醫學院（Purdue University's College of Veterinary Medicine）人畜互動中心（Center for the Human–Animal Bond）主任，研究人類與寵物的互動關係已有數十年。貝克的性格活潑討喜，有著一頭捲曲的白色短髮與整潔的鬍子。他在布魯克林長大，那口歡快的口音與輕鬆熱忱的態度相輔相成。雖然他大部分的好奇心都是針對動物，但並非總是如此；動物與他在城市長大的童年並沒什麼關係（除非你把走路到牙買加灣垃圾場看老鼠亂竄也算在內），他沒有寵物。在高中教了一段時間以後，貝克決定去約翰霍普金斯大學（Johns Hopkins University）讀研究所。他計畫研究狼，但即將成為他博士班導師的教授卻有不同的想法：如果貝克研究更務實、更有應用價值的東西，也就是說，如果他研究的是巴爾的摩附近數量過多的流浪狗「並假裝牠們是狼」，他的研究就能獲得美國國家衛生研究院（National Institutes of Health）的資助。

「這改變了我整個人生。」他回憶道。不久之後，他發現自己處於一個全新科學領域的前沿——研究人類與動物的互動，這個研究領域現在通常被稱為「人與動物關係學」。他寫了好幾本這個主題的著作，包括與長期合作夥伴賓州大學精神病學家亞倫·

卡徹（Aaron Katcher）合著的《寵物與人之間：動物陪伴的重要性》（*Between Pets and People: The Importance of Animal Companionship*）。

「從一九七〇年代末期和一九八〇年代初期開始，」他解釋道，「人類真正開始發展這個想法，即我們與動物的關係對健康有影響。」這個想法在寵物愛好者之間已流行了很長一段時間，但是多年以來，研究人員一直固執地保持懷疑態度。例如，此領域的先驅者寵物心理治療師鮑里斯．李文森（Boris Levinson）在一九六〇年代早期曾在某次科學會議上受到嘲笑，當時他聲稱他的狗「鈴鐺（Jingles）」是寶貴的治療助手，尤其擅長克服醫病之間的治療障礙。（「我想，說他被笑下台可能有點誇張，」貝克表示，「但是當時會場上肯定是一片驚愕。」）當時，許多其他治療師實際上已經在治療中用上寵物（即使佛洛伊德顯然也帶著他那隻名叫喬菲的鬆獅犬前去諮詢者的治療時段），但是對於賦予此一概念科學合理性，卻帶有幾乎根深柢固的戒心。

一九八〇年，情況有所改變，賓州大學研究人員在研究生活方式與心臟病患者存活率之間的關聯時，注意到一些驚人的數據：在那些沒有因為病情嚴重而馬上過世的患者中，有寵物的患者有百分之九十四在一年以後仍然精力旺盛；而沒有寵物的人，其比率則降到百分之四十。這篇論文引起轟動，研究寵物效應的人突然變多了。人們開始尋找其中的關聯：到底發生了什麼事？寵物是怎麼做到的？來自醫學、精神病學到獸醫科學和寵物行為領域的研究人員，全都加入研究行列。一個新的科學期刊《人類動物關係學》（*Anthrozoös*）於焉誕生，致力於研究這些不可思議的力量，以及其他人類與動物之間的互動。大眾媒體也開始關注這個發現，而且一直延續至今。貝克解釋道：「動物對健康的益處已經廣受認可。」[4]

然而，這個讓人眼花撩亂的新聞卻掩蓋了一些細節：例如，賓州研究的寵物飼主樣本相對較小，而且普遍也較年輕。年紀較大的心臟病發作倖存者也許只是更有可能在一年內死亡，不管他們是否很巧合地沒有養寵物。當研究人員在幾年後針對更多患者重複此一調查時，結果更加微妙：養狗的心臟病患者存活率更高，但養貓幾乎沒有任何影響。懷疑論者想知道是否連狗兒帶來的好處都是假象：不健康的人可能會選擇不是狗的寵物，因為遛狗是一種壓力。要釐清這樣的因果關係，比想像中來得更難。[5]

「作為一個研究領域，它確實有一些先天的問題。」貝克表示。對照實驗（類似於針對藥物與安慰劑的效果進行比較的實驗）通常是不可能的，當人們與寵物建立起關係時，要將起作用的因素加以分離也很困難；養寵物的原因可能與我們生活中複雜的人際關係一樣地糾結——同樣也難以確定。貝克聳聳肩道：「我們知道人與寵物之間有特殊的相處方式。」

更近期的一些論文似乎增加了寵物效應的不確定性，著名賓州大學論文發表的二十年以後，澳洲的一項研究似乎與最初的發現相矛盾。作者指出，總體而言，在心臟病發一年以內，「寵物飼主**更**可能死亡或再次入院。」特別是，養貓似乎對病人一點好處也沒有，因為死亡或復發的風險顯著**升高**。看來，和貓咪一起生活，可能是致命殺手。[6]

對貝克來說，最近研究的持重態度並不令人意外，即使在當時，迎向早期寵物效應的熱情態度，在他看來也有點過度樂觀。「亞倫・卡徹和我寫了一篇文章指出，沒錯，事情正在改變，但是我們不應該走向另一個極端，」貝克解釋道。「正如亞倫曾說過的，有人認為動物可以治百病，從牛皮癬到癌症都有療效。」

在很多方面，這並不是什麼新鮮事，從一開始，人類就會從生物身上尋找緩解疼痛的方法。植物、菌類、昆蟲、甚至蛇毒與蛇皮等，都是早期藥水與合劑的材料，目的在於緩解身體的不適。最早的藥物（我們發現不會馬上把我們殺死的東西）很可能是用來舒緩沙漠居民皮膚的香膏，或是治療便祕的高纖維草藥。以療效聞名的植物或動物，全都獲得了神祕的意義。例如，罌粟具有的超覺與止痛效果，數千年來一直為人所知。雖然許多有益健康的化合物都是演化的結果，如植物的防禦手段，或是動物為了殺死獵物的毒素，但往往反而是魔法與宗教獲得美名。[7]

有些人認為，以自然為基礎的神祕主義之類，也可能促成了寵物飼養。例如，世界各地的原住民訴說著他們與生活在附近的野狗之間的親密關係，最終更演變為精神關係。這些故事描述人類在狩獵運氣不佳時，感激地從狼群的獵物中撿食。然後，在狩獵成功的時候，人類會用剩下的食物回報這些曾經幫助過他們的動物。在某些情況下，狼會被當作是神奇的生物與宗教創作中的角色。馴化這些受人尊敬的動物，可能是接下來很自然的發展。

有些作家和研究人員認為，狼群可能也對我們產生了影響。在最近出版的《最早馴化的動物：狼和人類的共同演化》（*The First Domestication: How Wolves and Humans Coevolved*）一書中，雷蒙・皮耶羅提（Raymond Pierotti）與布蘭迪・福格（Brandy

Fogg）認為，接觸到狼的行為以及牠的神祕束縛，可能給人類帶來了新的合作方式與交際能力——一種人際交往的「狼化」。[8]

舊石器時代人類墳墓中埋葬的狗（始於大約一萬四千年前）顯示出早期對動物的重視與信仰。研究人員表示，這些死者的寵物可能是為了宗教意義或是作為個人親密夥伴而被犧牲。例如在古埃及，陪葬狗墓碑上的象形文字記載著這些動物跟人一樣的名字——相當於埃及人的羅孚、布奇、瑪姬等。與此同時，貓在一萬年前開始在肥沃月彎第一批農民的定居地附近進行狩獵。大約六千五百年後，就如古埃及藝術作品的描繪，牠們已經成為埃及人癡迷的寵物，也是宗教角色。牠們兼具溫柔與殘忍的特質，這種不和諧的特性讓人懷疑牠們是造物行為的主使者；只有貓才能撐起這種如此美妙卻又可怕的想像，幾個古埃及女神如代表生育、母性與保護的芭絲特，都是以貓或狀似貓的形象出現的。[9]

直到十八與十九世紀，只有權貴和富人才能養得起單純為了讓自己感覺更好、或更接近上帝的寵物。對大多數農村窮人來說，狗是農地的勞動力，貓可以抓老鼠。十六世紀，英文中「pet」（寵物）一字首次出現，是對同伴動物的稱呼，不過在兩百多年後，只有非常富有的人才能體會到牠在精神或情感上的意涵。到工業革命之後，歐洲中產階級開始壯大，寵物飼養變得更加普遍（有趣的是，此時期最常見的寵物並不是家養的貓狗，反而是外來的野生動物如馴養的猴子、松鼠、龜、以及籠中鳴禽）。農場上的狗搬進室內，蜷縮在火堆旁。寵物開始被當成寶貴的同伴，卻也愈來愈沒有幫助。飼主也許對自己這種奇怪的跨物種依賴感到難為情，再次開始尋找各種理由來證明這些同伴動物的正當性：牠們必然在某種程度上對我們有實質性的好處。[10]

「人們只是愛他們的動物，」貝克表示。「因此，為牠們找到用途，在某種程度上給了他們一種目的感，或是減少了他們因為養了這隻寵物而產生的尷尬，因為『噢，我喜歡牠，不過牠實際上真的對你有好處。』你懂的，這讓我們有藉口去做一些自己喜歡的事情。」

例如，人們已經對寵物在人類大腦中引起的神奇變化做了很多研究。一些研究將我們與寵物的親密關係，與人體內更高濃度的催產素，即所謂的愛情賀爾蒙與它的近親升壓素聯繫起來。催產素被認為是一種神經內分泌的木偶大師，讓母親表現出母性，而我們其他人則會對他人作出溫柔親切的表現。人類通常在自己的嬰兒或其他親人存在時分泌催產素，但是寵物也會讓這種賀爾蒙激增。麻布大學（Azabu University）研究人員永澤美保（Miho Nagasawa）與同事的研究發現，寵物飼主在與狗兒深情互看以後，不僅飼主體內的催產素水平上升，狗兒體內的催產素水平一樣也會上升。這就是瑪姬和我在辦公室裡的情景。[11]

磁振造影顯示，一名母親在看到自己孩子的照片時，大腦活動會增加，而當她看到自己寵物的照片時，同樣的大腦區域也會出現活動的景象。換言之，寵物的愛與人類的愛具有一些相同的特徵，或許也包括同樣的非理性傾向。雖然兩者並不完全相同，但是寵物似乎開發了我們想要依附他人的天性。「這並不是說一隻狗改變了我們的生理機能，」貝克解釋道。「這些行為與行動無論如何都是我們生活的一部分。」[12]

兒童尤其受到寵物吸引，這被廣泛認為是一件好事。許多人認為，如果年輕人和家養動物一起長大，他們變得更有同理心（更有人情味，更善解人意，甚至比較不會有暴力傾向）。有些家庭會因為這個原因而購買一隻狗或一隻貓。然而，對生物的同理心與對人的同理心實際上是不一樣的：和狗一起生活的小約翰，可能更容易理解他自己的寵物或一般動物的情感，但是我們無法確知這樣的經驗是否會改變他對其他孩子或成年人的感覺。更好的證據顯示，寵物會讓一些人感到更放鬆。對照實驗不常見，不過在一個對照實驗中，被隨機挑來摸兔子或摸烏龜的受試者，遠比那些只拿到兔子玩偶、烏龜玩偶或什麼都沒拿到的受試者來得更不焦慮。其他研究顯示，在接受一項很耗腦力的困難測試時，養寵物者的靜止心率與血壓比沒有養寵物的人來得低。研究同樣也顯示，當寵物在房間裡的時候，大多數自閉症兒童會變得比較不緊張，更會微笑或大笑，而且更願意與其他人交談。[13]

然而，作家暨研究人員約翰・布拉德肖在最近出版的《我們之間的動物：寵物如何使我們成為人類》（*The Animals among Us: How Pets Make Us Human*）一書中寫道：有關寵物的治療能力，目前尚未有定論。他解釋道，雖然已發表的寵物治療研究一般持正面看法，但很少有人考慮到可能的安慰劑效應——治療寵物所享有的廣泛宣傳，可能會讓牠們周圍的人有希望自己變好的想望。此外，其他與寵物飼養相關的因素也經常起作用：寵物飼主往往比那些沒有寵物的人更富裕，因此也更健康。同時，那些顯示寵物效應**不存在**的研究，可能根本就不會被刊登出來。畢竟，負面的研究成果**並不**令人感興趣，不過有些確實還是被發表了。例如不久之前，英國有項針對老年人的大型長期研究，挑戰了人們長期以來的信念，即寵物可以減緩老化的影響。相反地，老年飼主在步行速度、呼吸、握力、記憶、抑鬱症狀與其他眾所週知的老化徵兆等方面的表現，並沒有比不養寵物的人更好。最近，研究人員發現，養寵物對自殺風險沒有影響。[14]

「我有時不得不提醒我養寵物的朋友們，」貝克表示，「雖然美國有百分之五十五到六十的家庭有養寵物，這並不意味著病人和壞人都來自其餘百分之四十的家庭。」他笑道，「這些人都設法活了下來。」

所以，到底是怎麼回事？難道我們對寵物的喜愛，以及任何治癒的魔法，是與在生物和大自然中尋求解脫更為相關嗎？長期以來，前往公園、荒野與其他綠地遊覽的行為，一直被認為在提高人類幸福感方面具有重要的、甚至是促進演化的作用。也許我們喜愛寵物與動物的原因，是因為牠們把我們與自然世界聯繫在一起。換言之，寵物可能是一個重要的、令人欣慰的提醒，牠提醒著我們，在人類演化史的大部分時間裡，人類與其他動物一起生活在戶外。從一開始到最近，荒野與野生動物塑造了我們。為了生存，人類學會要留意自然環境。我們對其他動物的興趣，是為了讓我們成為更出色的獵人，或是為了避免自己成為獵物。大自然讓我們感覺更好，因為它不是由停車場、水泥和玻璃構成的現代環境，而是我們人類的原生棲息地，一個綠樹成蔭、讓我們感到自在的地方。「有人會問，是不是每個人都需要養寵物，我的答案是否定的。」貝克解釋道。「然而，我認為與自然接觸的需求是普遍的。」

美國記者理查德．洛夫（Richard Louv）於二〇〇五年創造了「大自然缺失症」（nature deficit disorder）這個詞。洛夫認為，我們日益城市化與科技化的生活正在製造一種生存危機，促使人類加速「與自然疏遠」，尤其是兒童。結果就是「感官的使用減少，注意力不集中，以及更高的身體與情感疾病發生率。」就如寵物效應，大自然缺失症的概念馬上就流行了起來。它戳到了憂慮家長的痛處，也成為保育份子的戰鬥口號。這個概念也如寵物效應，在找到更多牢固的實驗支持之前就備受推崇。例如，大自然缺失症仍然沒有被普遍認為是一種真正的醫學診斷，或是緊迫的公共衛生議題。儘管如此，最近的幾項研究已經將接觸自然與更佳的健康狀態關聯在一起，尤其在兒童肥胖與免疫失調的脈絡下，同時接觸自然也與較低的疾病發病率和較長的壽命有關。大部分研究還顯示，綠色愈多愈好，任何類型的接觸，從公園散步到林地深處露營，都有幫助，心理健康可能特別受到影響。[15]

「我認為，我們與生命的部分關係，尤其是在理解大自然這方面，是為了讓我們不被吃掉，或是為了讓我們不會吃到不該吃的東西，從一開始就是一種生存策略，」貝克解釋道。「我們彼此之間的關係，也是主要的生存策略之一。顯然，沒有人可以在被孤立的狀態下存活下去……。我們為了自我娛樂而開始馴化（同伴）動物，而事實證明，這其實只是另一種生存小手段或策略，是讓我們去欣賞自己以外的生物那種情感的一部分。」

二〇一六年，全球七十五億人口中有超過一半的人居住在城市，而到二〇三〇年，將近三分之二的人會過上城市生活。人類對早期在荒野生存的記憶正在逐漸變淡，我們與自然的聯繫正在減弱，差距正在擴大。養寵物可能是一個方便的途徑，貓與狗是幾千年馴化的產物，牠們與真正意義的自然相去甚遠，但是牠們可能是我們所需要的，藉以平息我們對荒野堅持不懈、但如今看似毫無意義的渴望，也許我們需要的只有這樣。歸根究底，寵物可能只是讓自然世界變得古怪不必要、既累人又過時。有了寵物作伴，何必再去管其他正在消失的物種呢？[16]

為什麼要關心生物多樣性，幾十年來一直是布拉德利・卡迪納爾（Bradley Cardinale）工作的核心問題。奇怪的是，他對這個問題的興趣，始於他原本非常奇異的信念，即我們不應該關心生物多樣性，至少，不應該花這麼大力氣去關心。

如今，卡迪納爾是密西根大學（University of Michigan）安納保分校環境與永續學院（School for Environment and Sustainability）的教授，也是世界頂尖的生態學家。儘管他很成功，卻為人謙遜，和他交談很舒服。他的臉上掛著天真的微笑，看起來不像是那種瘋狂發奮的科學家。然而在二十多年前，他還是個精力充沛的博士生，在美國東部阿帕拉契的潺潺溪流裡研究石蠶蛾幼蟲的時候，他認為自己肩負著一個使命。自信滿滿的他想反向操作，加入這個時代偉大的生態辯論。「我認為，許多有關生物多樣性及其重要性的主張都沒有得到充分的支持或證實，」他告訴我。卡迪納爾坐在密西根州的辦公桌旁，為自己年輕時的大膽發笑。「這當然不是我在個人研究中看到的。」

多年前，在一九九二年里約熱內盧舉辦的地球峰會（Earth Summit）上，世界各國把注意力轉向野生生物消失的趨勢。他們一致認為，物種滅絕愈演愈烈，但是幾乎沒有人知道這個現象對人類代表著什麼。科學家受到鼓勵去尋找答案，而他們很快就找到了答案：在許多方面，生物多樣性實際上主宰著一切。除了自然能讓人感覺更好，或是自然具有文化或精神價值等軟性說法以外，世界上種類繁多的動物、植物與其他生物，是讓地球與我們能夠存續的關鍵。整個一九九〇年代的一系列研究與理論論文，全都聲稱研究人員確有證據。在這個領域的領導者中，有位著名的美國生態學家：大衛・蒂爾曼（David Tilman）。

這些文章認為，擁有更多不同物種的自然生態系統比物種較少者更有生產力、更穩定、更能抵抗病蟲害；例如，樹種更多的森林可以更可靠地生產更多木材。更高的生產力尤其重要，它意味著更多的植物將更多太陽能轉化為生命組織，更多的動物與其他生命形式能利用植物來累積能量，正是這些能量讓我們能持續前進。同個時候，更高的生產力也會從空氣中吸收大量的二氧化碳，調節氣候，過濾水，從而淨化水。卡迪納爾解釋道：「大衛（蒂爾曼）基本上是說，人類關心的、從生態系統中得到的所有東西都是由生物多樣性所控制的。」

然而，並不是每個人都買帳。到一九九〇年代末期，一群其他研究人員開始提出問題。例如，卡迪納爾早期的博士研究讓他相信，他研究溪流中的動植物可以受到誘導以獲取更多養份，捕捉太陽能量，清潔更多水，無需其他物種的幫助。這不是說卡迪納爾反對生物多樣性。相反地，他童年最美好的回憶是在亞利桑那州乾旱荒野觀察野生動物，同時與（將他偷偷帶離學校的）祖父一起進行祕密狩獵與釣魚的探險。然而，卡迪納爾自己的初步研究似乎很清楚：沒有道理說更高的多樣性就一定是更好的。

「所以，我踏入這個領域的目的，是要證明大衛．蒂爾曼是錯的。」卡迪納爾坦然說道，「我還想證明，從科學角度來看，沒有證據證明生物多樣性是控制地球生產力或永續性的關鍵因素。所以，我起初對這個領域的態度是強烈抨擊，我認為它被誇大了。」

石蠶蛾則是自有打算。石蠶蛾是一群昆蟲，體型纖細，狀似飛蛾，通常在世界各地的溪流與池塘上方飛舞。石蠶蛾幼蟲生活在水中，有幾種石蠶蛾演化出絕妙的技巧，能在水底礫石中編織迷你絲網，以捕捉漂浮的食物。在一個非常簡單的實驗中，卡迪納爾與他的同事在一系列精心控制的戶外溪流中養殖了一種或多種石蠶蛾。然後，他們比較了每條溪流中截獲的漂浮顆粒數量。卡迪納爾觀察到的情況讓他大吃一驚，石蠶蛾不僅在更多物種（但個體數相同）存在時捕獲更多營養，實際上，增加物種數也會增進其他物種的捕獲能力：不同石蠶蛾會在溪底不同區域織網，捕捉通常碰不到的顆粒。事實證明，牠們還會極其細微地改變水流，讓所有石蠶蛾都能獲得更多食物。許多種石蠶蛾捕獲效率的總和，比個別物種單獨的捕獲效率總和來得高。[17]

這個發現改變了卡迪納爾的遊戲規則，他與其他人（其中大部分和卡迪納爾一樣是懷疑論者）開始研究起全球各地在不同棲息地用不同植物與動物進行的數十個類似的實驗。他們搜集了這些數據，將它們整合起來（這個過程就是所謂的「統合分析」），仔細檢查物種多樣性愈多愈好的原則是否適用於自然界（實驗之外），以及其影響是否廣泛。卡迪納爾表示，「這一系列的統合分析導致接下來將近十年間的幾十篇科學論文，而這些研究的結論都證實，大衛・蒂爾曼是對的。」

「基本上，我們幾乎在每一個地方都看到生物多樣性的影響：一個生態系愈是多樣化，無論是海洋、草原或森林，一個棲息地的生產力愈高，效率愈高，而且隨著時間推移也更穩定。」

卡迪納爾與其他人提出的證據（其中大部分出現在頂尖科學期刊《自然》

〔*Nature*〕與《科學》〔*Science*〕）清楚說明：生物多樣性**就是**維持生命的許多過程的中心。另一方面，物種滅絕幾乎無一例外地讓生態系統的生產力降低，變得更脆弱，有時甚至是以不可預知且極端的方式發生。生產力的降低（減少大自然捕獲並累積能量，並將能量轉化成有用生命組織的能力）意味著包括人類在內的其他生物往往都會蒙受損失。例如在世界海洋中，由於過度捕撈而失去一物種的地方，其他魚類總漁獲量通常較小，也較不可靠，而且對於依賴它們的社會來說，能提供的食物也較少。[18]

「生物多樣性的作用，」卡迪納爾解釋道，「基本上是讓事物對變異具有抗性……一個效率更高（意味著能吸收更多營養物質和陽光）、更能抵抗外來種入侵或有害疾病、而且生產力更高的生態系統，在我能想到的所有情況下，對人類都有好處。我要說的是，健康的湖泊能有很多魚。健康的森林能為我們提供很多木材。」

換句話說，生物多樣性並不是件小事，恰恰相反，它可能是**最重要**的事。當世界各地的政府與人民為了氣候變遷所導致、能改變地球的可怕後果絞盡腦汁時，野生動物滅絕的危機可能同樣具有破壞性，甚至更糟。卡迪納爾和他的同事搜集了探討原生物種消失對生態系統有何影響的研究，他們驚訝地發現，生物多樣性衰退對關鍵生態過程的影響，可能與全球暖化與其他惡名昭彰、迫切的環境問題相當，甚至更大。即使是「中間」物種的損失，低到每五個物種中就有一個滅絕（與當今世界上已知有滅絕危機的脊椎動物比例相同），對這些自然系統的生產力所造成的打擊，也和氣候變遷與臭氧層變稀薄所造成的破壞一樣嚴重，更高的生物多樣性損失，造成的傷害也更大。「如果我們主要關注的是地球的生產力，那麼我所參與的、聽到的、看到的與讀到的所有數據似乎都顯示，生物多樣性與生物多樣性的保育可能是我們目前最需要關注的大事。」卡迪納爾表示。[19]

「我不想讓人覺得生物多樣性比其他環境問題來得更重要，或是我們不應該關注氣候變遷，」卡迪納爾表示。「從社會的角度來看，氣候變遷顯然是一件大事。另一方面，像是水質、從大氣排碳的能力、生產商品與服務如木材或漁業的能力等特定議題，若要保存這些商品與服務，首要任務就是生物多樣性的保護……有些取自大自然的東西是這樣的，當你從大自然中把它取走，你就不能吃、不能喝、或不能呼吸了。」

理論上，親生命性的演化是為了幫助我們最早的祖先生存，讓他們具備狩獵與覓食所必須的注意力。數十萬年後的今天，這種對其他生命的親和力可能會再次拯救我們。如果我們天生對其他物種的興趣變成了拯救它們的傾向，好處可能不只是克服「大自然缺失症」或滿足對野生動物的模糊喜愛：結束生物多樣性逐漸減少的情形，可以確保自然系統繼續發揮它們的作用。這可以讓自然系統不至於蹣跚而行，失去動力。它們吸收刺激的能力——來自氣候變遷、物種入侵或汙染——仍將保持強大。植物能繼續吸收陽光，草食動物能繼續吃草，授粉者繼續傳播花粉，掠食者繼續捕食，大自然會像現在這樣繼續哺育生命，它會過濾空氣，清潔水源。而像嬰兒般依賴這些自然過程的人類，也許就能避免一場我們自己造成的災難。

問題在於，雖然我們的生活不能沒有大自然與野生生物多樣性，我們似乎還是更關心寵物。寵物可能和任何野生哺乳動物一樣，都有四條腿，都毛絨絨的，但是在我們的家中擁有一席之地，似乎讓牠在我們的想像中多了另一個更考究的身分。「對我們許多人來說，」約翰·布拉德肖寫道，「我們的動物已經成了我們自己的延伸，一種基於情感的自我提升形式。」以這樣的方式養寵物其實是很荒謬的。根據研究，大多數寵物飼主都會假設自己與寵物之間有一種情感上、甚至是智力上的聯繫，而現有的「動物心智」科學並不支持這種想法。例如，許多狗主人說他們的寵物對他們有「無條件的愛」，但是他們並不知道是否有其他更遙遠、更基本的忠實本能在作用；寵物對我們的明顯奉獻可能根本就不像我們所知的愛。

那樣的想像是我們與寵物關係的核心，它不該是個問題，但又確實是個問題。也許，我們受到自己渴望與自然重新聯繫的一種投射所啟發，我們讓寵物為我們做這件事；我們讓牠們在外面自由奔跑，或者我們把野生動物帶到室內。因為正如約翰．布拉德肖所寫的那樣，寵物「給我們這個原本刻板、受科技主導的世界帶來了一絲野性」，所以我們感受到一種具有相互補償性質的、想像的義務，要在牠們的世界中重新喚起一些真正的野性。即使是寵物已經過數千年的馴化（就貓狗而言）、牠們經常作為入侵掠食者的角色、以及四處徘徊的寵物因為寵物食品與住所而能遠離飢餓與暴力死亡這種顯然非自然的優勢，也無法撼動我們懸置的懷疑，我們仍然願意去相信其中有悖於常理之處。這種幻想的結果已經導致野生動物數量嚴重減少，而生物多樣性受到的威脅也不斷升級，卡迪納爾與其他科學家認為這是非常重要的。生物多樣性的喪失，會耗盡自然生態系統維持生命世界正常運轉的能量。我們的寵物可能是一種方便的解藥，可以緩解親生命性這種古老的想望，但是這種方便的代價極其高昂，而且還愈來愈高，這是以犧牲自然為代價的。[20]

在渥太華兒童醫院二樓的治療室裡，薩維爾還沒有準備好親自去觸摸這隻來訪的黃金獵犬，反而是高興地看著另一位醫護人員在他身邊搔著查拉貴氣的頭。同個時候，查拉的主人（耐心十足的安・蘭伯特）解釋了她如何開始從事治療犬的工作，她帶著黃金獵犬在渥太華附近看望兒童、病患與老人，已有超過三十四年的時間。起初，在大眾意識（甚至許多研究）還沒有注意到寵物可以幫助病人，讓他們感覺好些的時候，蘭伯特就已經帶著她的寶貝狗去老人家裡，不過純粹就是為了展示。她在城外鄉下家中有一個犬舍，多年來一直在繁殖黃金獵犬，她和其他犬舍主人得到了相同的結論：他們對寵物的愛足以讓他們四處走動。她說：「我們就是這麼喜歡我們的狗，我們只是想分享牠們的美妙。」

有一天，有一家養老院的護理人員問她是否願意把狗帶上樓，探訪臥床不起的老人家。蘭伯特回憶道，那個效果是立即且明顯的。一名原本無精打采、反應遲鈍的女性

（她最先拜訪的一名病患），在蘭伯特的狗（不聽話地）跳上床之後，突然高興了起來。一名年輕的醫生因為藥物不良反應而昏迷不醒，當蘭伯特的狗碰到他的手時，他第一次眨了一下眼睛。還有一次，蘭伯特去看望一個來自巴芬島的重症病童；九歲的他即將告別人世，這名男孩先天性耳聾失明，無法行動也無法交流，然而，當蘭伯特讓男童的手指觸碰狗兒，感受狗兒的溫暖時，男童突然露出一股莫名的平靜。

「護士說：『快看監控器。』，」蘭伯特回憶道。「他的心率驟降，房間裡很安靜，每個人都流下了眼淚。」

蘭伯特的故事很感人，她對她的黃金獵犬的熱情也旺盛得可愛。她是寵物效應的忠實信徒，她相信，她的狗真的能給別人帶來安慰。由於她的狗兒的治療魔法似乎沒有止境，她很樂意把這個魔法散播出去。不只如此，蘭伯特對動物的感情並不侷限於她那些毛皮細緻光滑的狗兒，她也很樂意分享野生動物帶給她的喜悅。

我翻閱了蘭伯特為了逗這些小病人開心而帶來的一本相冊，她的野生動物照片非常精采，她是位技藝精湛的攝影師。她在城外的家被林地與野地所圍繞，她在散步時喜歡帶著相機。她拍下與該地區野生動物偶遇的畫面，或是安大略省明亮開闊的田園風光，有好幾張照片是雪鴞在田野上空獵食的景象。這種強壯的白色鳥類，帶有黑色斑點與黃色眼睛，令人印象深刻。這些鳥大部分時間生活在北極地區，在一年中大部分時間裡都不常見，但是每到冬天就可以看到牠們的身影，因為寒冷與狩獵促使牠們南下。「牠們是美麗的鳥兒，」蘭伯特讚美道，「能看到真的很棒。」

原來，這位資深治療犬馴養師（頂尖的黃金獵犬飼主，以及寵物治療力量的忠實傳教士）也是野生動物愛好者，對她來說，大自然和親近自然非常重要，關於養寵物的任何事，起碼在表面上，都不會降低這種重要性，對蘭伯特這樣的人來說，這是理所當然的。養寵物和愛護野生動物並不是一種愛好，更像是一種心境；它是一種情感與心理的信仰體系。正如作家約翰·布拉德肖所指出的，它的特點會讓人聯想到宗教：信念似乎很深，受到超自然所啟發，同時也堅定不移。蘭伯特相信生物有治癒的力量，也相信自然界具有恢復性的奇蹟，沒有任何規則表示，愛寵物和欣賞野生動物是互相排斥的。

「我喜歡動物，」蘭伯特很直率地表示。「真的。」

第三章

貓咪戰爭

貓
Felis catus

如果不是因為貓，瑪麗・珍・普露（Mary Jane Proulx）不會在這裡。個性開朗的普露有一頭及肩復古的金髮，這是她有生以來第一次成為市政選舉的候選人，角逐加拿大康沃爾市的一個議員席位。現在是十月，距離選舉不到兩週，正是相當緊張的時期。米隆大道上三棟房子的居民聚集在車道上，普露就在中間。她正興高采烈地回答著有關貓的問題，而問題總是跟貓有關。

「嗯，是的，」有位女士害羞地聳聳肩說道，「我當然會餵牠們，不然要怎麼辦？這些可憐的小東西快餓死了。」

普露安撫地說：「這不是牠們的錯。」她點了點頭。

米隆大道只有短短兩個街區長，在這個不甚富裕的小鎮上，是一條典型整潔的住宅街道。低矮、用牆板覆蓋的房屋相距甚遠，座落在寬闊且通常沒有樹木的地塊上。大大小小的棚屋和車庫是這條街的明顯特徵，草地修剪得很整齊，沒什麼灌木叢，貓兒非常多。這些貓的性子很野，沒有主人，不受任何人支配，似乎公然控制著這個社區。「現在至少有十三隻了，」長期住在這裡的希梵・布吉（Sylvain Bougie）表示。「不，也許是十五隻。」

康沃爾位於安大略省最東端，困頓的小鎮過去曾為工廠鎮，目前人口不到四萬七千人。十多年來，這個沒有什麼前景的地方只能糊裡糊塗地過日子。二〇〇六年，唐塔紙漿造紙廠的關閉，為這個位於聖勞倫斯河北岸、曾經繁榮的製造業城市帶來了巨大的打擊。一些規模較小的產業進駐，如配送中心、客服中心等，但是工廠工人的後代仍然在苦苦掙扎。此地的所得中位數在貧困線上下徘徊，在小鎮的東南側，人們的厭倦感更是顯而易見。殘破的排屋急需修繕，憂心忡忡的老人家從窗戶往外窺視，而貓軍團，則在等待夜幕降臨。

康沃爾可能是安大略省的浪貓之都，在這個小城市裡，無主野貓聚集形成數十個龐大的貓群，就如米隆大道上的那群一樣，占據著各個街區。安大略省防止虐待動物協會收容來自全省各地的浪貓，但光是康沃爾一地就占了該協會將近三分之一的收容量。該協會於其他十個地區的辦事處，都沒有面臨康沃爾這樣的狀況。面積是康沃爾六倍的萬錦市，去年被該機構處理的貓口數量幾乎不到康沃爾的四分之一，這裡生病和受傷的浪貓也遠比其他地方多（占機構收容量的百分之四十，而全省平均為百分之二十）。基本上，這裡到處都是無主貓，沒有人知道具體原因，或者到底有多少。一旦這些警戒心高的動物被發現，牠們通常會像水銀一樣溜走，數量統計可能是個好方法，但沒有人真正嘗試過。比較容易統計的是那些被貓占據的廢棄棚屋，這些地方大多散發著刺鼻的尿騷味，花壇上也滿是糞便。

柏金大道的居民是最早呼籲市政府關注這個問題的一群人，他們要求政府採取措施。居民將矛頭指向其中一位鄰居，因為他堅持餵食這些野貓，憤怒的情緒隨著貓群可預見地成長以及貓兒製造的混亂而增加，普露表示，同樣的場景正在全城上演。事實證明，有很多人在城市的各個角落餵貓，毫無疑問，這讓貓群蓬勃發展。同樣不足為奇的是，浪貓數量之多也讓居民愈來愈憤怒，貝德福德街有因此互罵的，米隆大道上也有爭吵。「這不是我的問題，這是康沃爾的問題，」普露繪聲繪色地表示。「我得去處理鄰居之間的爭吵。這太瘋狂，也太蠢了。」

普露是兼職的團體家屋社工，她在這場貓咪戰爭的立場絕非中立，她是康沃爾貓咪關懷者（這群餵這些野化家貓的人所偏好的稱呼）的堅定支持者。普露表示，藉由與附近一所獨立貓咪福利組織羅伊雪兒救援農場（Roy and Cher's Rescue Farm）的安排，當地的沃爾瑪商場捐贈了因為包裝損毀而無法銷售的貓糧，數量相當龐大。普露與另一位義工馬騰・麥克杜格（Maarten McDougald）每週都會把這些食物分發到康沃爾社區愛媽的手中好幾次。偶有經費時，他們也會誘捕這些動物，將牠們送到獸醫那裡進行絕育手術，再把不能生育的貓兒原地野放。普露相信，這種誘捕（Trap）、絕育（Neuter）後回置（Return）的作法（簡稱TNR），是康沃爾控制貓口數量的唯一**人道**方式。「總有人得做點什麼，」她說，「所以我們就盡自己所能。」

其實，市政府也想有點作為——只是作法不同。為了回應柏金大道的風波，康沃爾的執法監督克里斯・羅傑斯（Chris Rogers）寫了一份長達六頁的報告，敦促議會取締（本質上）無主的貓咪。羅傑斯建議，任何餵養浪貓的人，只要被發現，就會被視為主人，此後必須將貓養在室內，有主人的家養貓也將被禁止在無人看管的情況下在外面遊蕩。羅傑斯是在研究北美其他城市的貓口控制計畫以後，才制定他的計畫。儘管該計畫包括了TNR工作的市政經費，幾乎可以肯定的是，這項法規將為已經在康沃爾大街小巷遊盪的數百隻浪貓敲響喪鐘；如果沒有好心的愛貓人士提供食物，許多、甚至大部分野貓都會發現，安大略省冰天雪地的冬天會置他們於死地。「我知道這有爭議，」羅傑斯告訴我。「但我相信我們這裡的問題很特殊。」[1]

普露就是為了抗議才去競選議員，她並不指望會贏——「我只有一個競選廣告看板。」她笑道——但她希望能藉此攪和一番，說服康沃爾放棄這個在她眼裡極其嚴苛殘酷的計畫。地方報與地區報都密切關注著她的一舉一動，一家全國性電視新聞節目做了一個專題報導，一位製作紀錄片的電影工作者承諾在選舉投票日加入她的行列。現在，包括市長、其他議員與眾多候選人在內的每一個人，都發現自己不得不在康沃爾野貓這個極端議題表明自己的立場，再也不能騎牆觀望，立場相悖的雙方都不會容忍。

「這是我們的錯，」普露針對野貓的問題表示。「這是我們的責任。為什麼要讓貓咪受苦？」

羅伯特・普羅斯（Robert Prowse）可以提供一個解答，普羅斯是兩百鎮民中的一員，他們前去參加當地商會為全體候選人舉辦的活動，這是我和普露在街頭活動一天後的晚上。市政廳底層的房間長而窄，天花板又高又亮，候選人的桌子沿著房間周圍擺放，普露就在其中一張桌子的後面，當普羅斯走近時，她有些不自在地微笑著。

普羅斯是鎮上一間高級旅館的老闆，五年前，他從多倫多搬到這裡，翻修了市中心的一棟百年建築，將它打造成一間高檔的大飯店。不消幾年的時間，他已是康沃爾的「年度企業家」，也積極參與鎮上經濟發展事宜，是眾人熟悉的臉孔。他是位氣勢十足、神情嚴肅的男士，看起來很容易不耐煩。

「她只是問問我有什麼意見，」普羅斯告訴我，他站在普露的桌子旁，嘴巴動來動去，好像吃了什麼很酸的東西一樣。普露在一旁觀望，態度無所畏懼且堅定愉悅，「我的意見是，把牠們安樂死，」普羅斯果斷地說道。「我不相信回置計畫，因為那意思基本上就是，『去吃一隻蜂鳥當午餐』，或是『去找另一隻公貓打架，搞得遍體鱗傷』，我是說，這對貓咪也不好。」

「你不會允許其他寵物在街上亂跑，他們的思維方式是：『喔，但牠們是野生動物。』不，牠們不是，牠們不是本地原生動物。……牠們是入侵種，根據史密森學會的統計，已經造成北美地區一半的鳴禽消失。」

「你會賞鳥嗎？」我問道。

「不是特別喜歡，」他說，「但比起野貓在我的花壇裡拉屎，我更喜歡在我家樹上的鳥兒……這是議會必須停止迴避、正面處理的事情，這需要監管。如果規定不到位，就會發生混亂，這就是我們現在的處境。」

普羅斯轉去另一個候選人的攤位，「每個人都有權發表自己的意見。」普露輕蔑地表示，她的笑容依舊，冷漠的態度既固執又令人畏懼。普露解釋說，自己與另一方毫無關係；他們只是沒看到讓野貓付出代價根本不公平，這些貓兒唯一的罪過就是遵循自己貓科動物的本能，當然，可惜貓會吃鳥。普露說，她自己的貓從不外出，但是康沃爾大街小巷的野貓，不應該因為康沃爾市民製造的危機而死去。「為了任何動物，我都會這麼做，」普露說道。「我很喜歡動物，如果你愛動物，你就會同情這些貓兒；這不是牠們的錯。」

在南邊一千公里的華盛頓特區，彼特．馬拉（Pete Marra）也說自己是動物愛好者，這位保育科學家暨史密森學會（Smithsonian Institution）候鳥中心（Migratory Bird Center）主任表示，他從小就喜歡動物。馬拉看似溫和而嚴肅，經常面無表情，有雙疲憊的眼睛與一頭稚氣的金髮。他的童年是在康乃狄克州住家附近的樹林裡度過的，與自然和野生動物的經歷，在他青少年時期誤入歧途（未成年飲酒與抽大麻）時把他拉了回來，他對野生生物的好奇心增進了他的善良面（「我一直都知道自己想在科學、自然史與鳥類方面有所發展，它總是能把我拉回來」）。他在單親家庭長大，母親一直很鼓勵他朝博物學家發展，在她的同意下，馬拉帶了各種寵物回家，如蠑螈、兔子、浣熊等，流浪動物也一直很受歡迎。在他們家，對其他生命的情感是一種與生俱來的權利，寵物自然而然吸引了他。自此以後，他養過許許多多寵物，工作時，他不屈不撓地捍衛著鳥類與其他野生動物，但他在家裡也養了幾隻同伴動物，他一直都養貓。客觀來說，他從任何標準來衡量都可以說是動物愛好者。

這並無法阻止其他動物愛好者威脅要殺死他，「我收到各式各樣的死亡威脅，」他難以置信地表示。「我的意思是，很多電子郵件與來自亞馬遜的通知，描述人們會對我做什麼。」

對馬拉來說，這些恐嚇企圖可以說是持續鼓勵他參與一些相當直接的科學研究。在二〇一三年學術期刊《自然通訊》（*Nature Communications*）的一篇文章中，馬拉和他的同事從幾十個早期研究搜集數字，將數據結合起來，計算出貓是美國各地野生動物死亡的主要原因。他們寫道，美國的家貓可能是全國境內與人類活動有關、造成鳥類與哺乳動物死亡的「唯一罪魁禍首」。稍後在二〇一六年，這位生物學家與記者克里斯・桑特拉（Chris Santella）合作，將這篇論文的發現寫成《貓咪戰爭：可愛殺手帶來的破壞性後果》（*Cat Wars: The Devastating Consequences of a Cuddly Killer*）。[2]

故事圍繞著一個簡單的數字計算：根據研究人員的估計，貓每年在美國殺死十三億至四十億隻鳥，以及高達兩百二十三億隻哺乳動物，單位以**十億**計。作者表示，相較於路殺、毒藥、殺蟲劑、風力發電機、摩天大樓、窗殺（鳥撞玻璃）以及其他與人類有關的原因，貓所造成的野生動物死亡其實更高。（二〇一九年，馬拉與多位研究人員在權威學術期刊《科學》〔*Science*〕上透露，自一九七〇年以來，北美鳥類總個體數銳減了將近三分之一〔少了二十九億隻鳥〕）。馬拉表示，貓的獵物數量只是保守估計，這是把貓往好處想了。美國貓口數量（有主與無主）、允許外出的家貓比例、捕獵比例與捕獵時間、以及每隻貓殺死多少獵物等諸多數據，來自一百多個研究。較低的野生動物死亡數（十三億隻鳥與六十三億隻哺乳動物）反映出所有使用估計數字的最低範圍。雖然很多殺戮是來自在外遊蕩的家養寵物，大多數死亡仍然是在野貓的爪子下——在全國各地城鎮與鄉野生活與狩獵、幾乎已經野化的數百萬隻浪貓。[3]

這其實不算新聞，早在很久以前，就已經有人對家養寵物對自然界的影響提出警告。例如在一九八〇年代末期，威斯康辛大學麥迪遜分校（University of Wisconsin–Madison）史丹利．譚普（Stanley Temple）與他的學生所進行的研究就計算出，光在威斯康辛州，每年就有約七百八十萬隻鳥因為放養貓而消失。二十年後，西班牙生態學家菲利克斯．梅迪納（Félix Medina）與同事在回顧了全球一百二十個島嶼的研究以後得到結論，貓導致至少一百七十五種爬行動物、哺乳動物與鳥類的滅絕、數量減少、或是分布範圍縮小，其中包括在二〇〇二年從野外消失的夏威夷鴉*。二〇一三年，加拿大鳥類生物學家彼得．布蘭契爾（Peter Blancher）估計，加拿大八百五十萬隻寵物貓與大約一百四十萬至四百二十萬隻野貓，每年殺死的鳥數在一億至三億五千萬之間。在澳洲，野貓以及從歐洲引進的紅狐，在過去的兩世紀中，導致澳洲兩百七十三種原生陸域哺乳動物中超過十分之一的物種滅絕，另外還有五種瀕臨滅絕。我們最喜愛的貓科獵人的無情成功，讓牠們在全球百大外來入侵物種名單上占有一席之地。[4]

---

* *Corvus hawaiiensis*。

狗也好不到哪裡去：我們這些嘴邊總是淌著口水的「人類最好的朋友」，在作為野生動物威脅的時候受到的關注要少得多，但是牠們對自然的破壞仍舊令人擔憂。澳洲生物學家提姆．多赫蒂（Tim Doherty）寫道，狗是「繼貓與嚙齒動物之後，世界上最具破壞性的外來哺乳動物掠食者，名列第三。」多赫蒂表示，這種破壞性「被嚴重低估了。」科學家認為，掠食性的貓是全球迄今六十三種有紀錄滅絕事件的罪魁禍首，而狗則與十一種有關。其中有許多物種如索羅門群島的厚嘴紫珠鳩*以及維德角巨蜥†，自上世紀前半葉以來就再也沒有出現過。[5]

在多赫蒂與其同事的研究中，他們在國際自然保護聯盟編纂的受脅物種紅皮書中尋找主要或唯一因為狗而受脅的野生動物。這些受狗威脅的物種範圍極廣，從袋獾‡、鬣蜥到野生鳩鴿、猴子、龜等都包括在內。研究人員表示，在造成物種滅絕的同時，狗還繼續在屠殺另外一百八十八種已經面臨滅絕風險的動物。在紐西蘭，一隻德國牧羊犬據信已經殺死了多達五百隻不會飛的鷸鴕。科學家表示，主要的問題在於飼主任由狗四處遊蕩和捕殺野生動物——主要是哺乳動物與鳥類。有時，牠們光是驚嚇原生動物或干擾牠們繁殖、築巢或育雛，就會對野生動物的族群造成傷害；有時，牠們也會傳播疾病。

根據科學家的研究，狗對中南美洲、東南亞與澳洲的生物多樣性造成的破壞最大。就像牠們的狼祖先，狗兒狩獵時喜歡成群結隊，牠們通常以大型獵物為目標，例如鹿或其他類似體型的哺乳動物，有時候牠們也會四處搜尋食物。[6]

例如在墨西哥科洛拉村附近的一片海灘上，科學家藉由無線電項圈追蹤村裡的狗，發現幾乎有一半的狗會在沙地裡搜刮海龜巢穴，大口吃下海龜蛋。這片海灘是瀕危物種綠蠵龜東太平洋亞種※的已知繁殖地，世界上七種海龜中，有六種在分布於墨西哥太平洋沿岸與墨西哥灣的三十個已知海灘上繁殖。所有海灘都靠近城鎮，居民大多養狗，這些寵物的食腐行為非常普遍。研究人員在研究中發現，這些盜巢的狗經常成群結隊行動，在夜間挖蛋。大多數飼主都願意讓狗自由活動，超過三分之一的飼主對於狗自己找

---

* *Alopecoenas salamonis*。
† *Chioninia coctei*。
‡ *Sarcophilus harrisii*。
※ *Chelonia mydas agassizii*。

野食的行為並不在意。[7]

「狗是典型的雜食動物，這意味著牠們有很強的潛力，會影響物種多樣性，」多赫蒂與他的共同作者在媒體《對談》（*Conservation*）*上寫道。「例如，狗在十四週內至少在新喀里多尼亞殺死了十九隻瀕危的鷺鶴†（當地一種不會飛的特有鳥類）。這種數量較少的受威脅物種，特別容易受到這種密集捕食攻擊所傷害。」[8]

綜上所述，赤裸裸呈現的畫面是：我們最喜歡的寵物（貓狗）與近年來全世界半數以上的鳥類、哺乳動物與爬蟲類滅絕有關。就如多赫蒂與他同事的結論，牠們是入侵的哺乳動物掠食者（其餘還有老鼠、豬與其他動物），這個有害的團隊持續把將近六百個其他物種推向遺忘的邊緣。這個問題的規模非比尋常：這個星球上有多達九億八千七百萬隻狗和七億五千兩百萬隻貓到處亂竄，牠們在人類家中自在進出，也在田野山林裡活動。到目前為止，家犬已成為世界上數量最多的肉食動物，而且貓兒也在急起直追。總的來說，野生動物的數量卻在持續下降。[9]

因此，馬拉和他的同事在二〇一三年對殺手貓的研究成果，就沒什麼好令人意外的。這篇論文的獨到之處，無疑在於它的完整性與規模。後續的書對於貓兒造成的保育危機進行了更完整的描述，也提到貓傳染病如弓蟲症等對人類和動物造成的額外危害。該書還指出，TNR（誘捕、絕育後回置）就野貓族群數量的管理而言可能是浪費時間；目前並沒有令人信服的證據顯示其功效，而重新放回野外的絕育貓仍然會損害野生動物。馬拉與桑特拉在這本著作中提出，安樂死是更好的選擇：「從保育生態的角度來看，」作者在憤怒愛貓人士經常引用的一段話中寫道，「最理想的解決方案似乎很明確——透過任何必要手段將所有放養貓移除。」[10]

這篇二〇一三年的文章引起了《紐約時報》（*New York Times*）的注意，其他媒體也紛紛跟進。氣憤的愛貓人士很快也注意到，而且（似乎）從中聽到了戰鬥的號令。「我仍然對反應的強度與激情感到驚訝，」馬拉表示。「人們如此關注貓，而且只關注貓，忽略其他一切，這種情形總是讓人訝異。」馬拉說，一個名叫「巷貓同盟」

---

* https://theconversation.com/au，目前暫無官方中文名。

† *Rhynochetos jubatus*。

（Alley Cat Allies，「所有貓咪都應受到人道對待的倡議者」）的野貓宣導團體帶著一箱信件前往史密森學會，要求學會解僱馬拉。抗議者開始出現在這位保育生物學家受邀演講的每一個地方，激動的愛貓人士會從觀眾席站起來、大聲呼喚、打斷他的演講，還有人會穿上戲服出現。當這本書出版時，抗議者要求出版商普林斯頓大學出版社（Princeton University Press）將其下架。[11]

之後，他還受到威脅，而且來得又快又猛，馬拉通知了工作地與住家周圍的警察。他說，史密森學會在他工作的大樓實行了一種「封鎖」措施，大廳裡的名牌移除，如此以來就沒有人知道他的辦公室在哪裡。「有好幾次，我在家門外看到行跡詭異的車，所以我就報警了，」馬拉心有餘悸地回憶道。「結果什麼事都沒有。所以到頭來，我想很多威脅只是虛張聲勢，就是人們在自家地下室上網發送電子郵件和卡片。」

「科學研究的結果真的很清楚，而且我是保育生物學家，」馬拉在我道出內心疑惑，問他到底有沒有被那些尖酸刻薄的言詞給嚇到之後，如此告訴我。「如果我不繼續推動這個議題——而且我也在持續推動這個議題——那麼我就會是問題的共犯，」他強硬地說道。「我不能**不**發聲；對我來說，最大的問題是無知。」

就親生命性而言（我們對其他生命可能與生俱來的吸引力），貓可能是典型的寵物。沒有其他受到喜愛的動物伴侶能在我們的想像中占據如此狂野、神祕且過渡性的空間——即使我們所屬的物種與自然愈來愈遠。牠們美麗而流暢的優雅感相當奇妙、也相當奇怪（詩人葉慈曾寫道，貓是「月的近親」）。牠們的滑稽姿態與古怪的神經質感，至少在 YouTube 上也非常受歡迎。（二〇一九年，YouTube 上有超過兩百萬支貓咪影片，在世界各地的觀看次數超過兩百五十億次），貓是引人注目的動物。同時，很少有其他動物能讓我們感覺如此兩極——也少有寵物對我們如此曖昧，這是雙向的。在我們人類的世界中，貓對牠們的家庭角色似乎只有一半的承諾。這部分就是所謂的過渡性：貓是溫順的，不過也不是真的溫順；牠們介於兩者之間。牠們是晨昏性動物*：不完全是夜行動物，但在白天的文明光線下也不是那麼自在，而且每隻貓都還能與野性感到某種共鳴。[12]

牠們的歷史就說明了這一點，一萬年前，當貓與人類走到一起的時候，我們並沒有

---

*偏好在清晨和黃昏活動的動物，與一般我們習慣區分的日行性和夜行性不同。

墜入情網，而是互相忍讓，幾千年來，相互容忍是人貓關係的基礎。這些早期的農場貓，被認為是近東地區野貓的古老祖先。生物學家將人與貓的早期互動描述為「片利共生」，字面意思是「從同一張桌子上分享」：這些貓並不特別高興有人作伴，但是牠們喜歡我們會儲存糧食，因為如此就會吸引老鼠，老鼠大餐很美味。一直到古埃及中王國時期，貓才開始更接近人類，成為寵物般的存在（就如四千年前該時期的藝術作品所顯示的那樣）。[13]

這個故事的重點是，貓似乎選擇了我們，而不是我們選擇了貓。在其他動物馴化的例子中，我們徵召動物為我們服務。我們選擇了山羊與牛的祖先，因為牠們生活在具有自然社會階級制度的群體中，這讓圈養變得更容易，也讓我們能管控。後來成為我們的狗的狼，原本就慣於聽從領袖；貓則是獨來獨往的獵手，會激烈地保衛自己的地盤不受其他同類（即同性別的貓）侵害，牠們只吃肉，最重要的是，貓不能容忍被指使，牠們的野生祖先從來不需要聽從命令，而牠們也不會。不同於許多其他從野外吸收來並為特定任務飼養的家養動物，貓無法被教會去做很多有用的事。牠們在人類之間已經存在了很久很久的時間，但是牠們仍然幫不了什麼忙。更重要的是，牠們並不在意，對牠們來說都是一樣的；對貓咪而言，貓咪永遠優先。[14]

矛盾的是，可能就是這種冷漠高傲，激發了牠們作為動物伴侶的吸引力。有人認為，貓是地球上最受歡迎的四足動物。大多數貓飼主似乎都能從寵物對「溫順」的輕蔑中找到一些本質的、令人滿意的東西。貓在我們的生活中徘徊，一直將與野生狀態的距離維持在一個世代的時間。即使與人類分享多年約束且典型、平庸的生活，牠們身為掠食者的強度與敏銳感官似乎沒有減弱；牠們會追蹤，會伏擊，會扭動尾巴；牠們冷靜、敏捷的準確性仍然敏銳驚人；牠們是致命的，也是優雅的。即使在枯燥束縛的城市生活中，貓飼主也能想像自己與寵物一起經歷那些令人心跳加速的野蠻冒險。允許貓咪在戶外蹓躂與（尤其是）狩獵，我們的貓提供了一個甚至更有啟發性的入口，帶給人一種間接的野外體驗。沒什麼比這個更自然了。[15]

「我想，可悲的是，」馬拉說道，「讓你的貓在戶外活動已經成為野生動物體驗的替代品。……人們養貓還讓貓四處亂跑，是因為，好吧，首先，他們認為能藉此豐富貓兒的生活，但我認為在某種程度上，這些貓兒取代了飼主本身對某種自然體驗的無聲需求。」

這種反應是發自內心深處的，甚至可能是我們的一部分，但很諷刺的是，它的效果可能會危及我們原本渴望的自然，馬拉聲稱：不僅是貓在殺害野生動物，慷慨激昂的愛貓人士也是一場有組織的誤導活動的一部分，影響著保育政策，暗中破壞了阻止毀滅的努力。

親貓人士在他們那種也許受親生命性啟發、對寵物的奉獻中，發現了他們志業中無窮無盡的信仰之井，這種信仰是他們對抗科學的工具。馬拉認為，他們充滿情感的公關活動「驚人地重複了過去抗議人士在香菸與氣候變遷宣導活動的手法。」這位生物學家與他的長期合作夥伴史考特．洛斯（Scott Loss）藉著最近寫給學術期刊《保育生物學》（*Conservation Biology*）的一封社論提出警告，標題為「放養貓衝突的懷疑販賣者（Merchants of Doubt in the Free-Ranging Cat Conflict）」。就如之前菸草巨頭與石油巨頭的例子一樣，貓咪權益組織與愛貓人士首先瞄準了同儕評閱的研究。[16]

洛斯和馬拉以巷貓同盟為例，這個總部位於馬里蘭州的組織在二〇一三年貓咪影響研究的消息剛傳出時，曾要求馬拉離職。巷貓同盟自稱是美國「最重要的貓咪權益組織」，在全美有六十五萬支持者，每年的捐款與其他資金超過一千萬美元（採訪巷貓同盟主席暨創辦人貝琪．羅賓森〔Becky Robinson〕的請求，最初獲得該組織媒體代表彼得．奧斯本〔Peter Osborne〕快速且看似積極的回覆。然而當我按他的要求提供採訪問題以及對本書的描述以後，他回覆「我會再聯絡」，然後這串郵件就戛然而止。後續的郵件都沒有得到回應）。根據該組織網站，巷貓同盟旨在代表全國的無主貓進行TNR計畫的遊說，該組織積極致力要結束以安樂死作為動物控制工具的情形。「這是關於共存，」羅賓森在幾年前的一次採訪中曾說。「這是關於同情心，這是關於人性，關於我們如何存在，以及我們如何互動，這是關於對生命的尊重。」[17]

該組織（對有主貓與無主貓）的熱情令人生畏，它的想法真摯且神奇：「貓在過去基本上是與人類一起生活在戶外，與鳥類和野生動物共享環境已超過一萬年的時間，」該組織表示。「事實上，社區裡的貓（指無主野貓）一直生活在戶外，在自然景觀中占有一席之地。……牠們的家在戶外，就像松鼠、花栗鼠與鳥兒一樣，牠們很適合在戶外生活。事實上，貓咪生活在戶外是很自然的事情。……數千年來，貓一直在戶外與野生動物共存，可靠的科學顯示，貓是我們自然生態系的一部分，並不會對野生動物的族群數量造成重大影響。作為動物愛好者，我們希望所有動物都能得到最好的對待。」[18]

支持貓咪的公關似乎產生了效果，根據該組織網站，全美有超過兩百四十個地方政府支持TNR計畫，將之當作管理野貓的一種方法——僅管這些努力到頭來最終還是讓野貓回到戶外。在九十一個容忍此類計畫的城市與郡中（包括紐約與舊金山），有六十三個將它描述為「處理野貓族群的唯一有效方法」。在某些情況下，愛貓人士成功說服決策者，讓他們對研究產生懷疑。當華盛頓特區議會在二〇一五年舉行圓桌會議討論貓口管理實踐時，愛貓人士與TNR支持者的證詞促使議會主席錯誤地將馬拉於二〇一三年發表的論文描述為「不可信的研究」。[19]

「許多戶外貓權益組織都把貓說成是野生動物的一部分，是大自然的一部分，而這也是他們現在所大力宣傳的，」馬拉表示。「他們真的是在歪曲事實，希望大多數人甚至不會知道其中的區別。真正可悲的是，許多人**根本不**知道其中的區別，他們真的不認為貓是非本土的外來種，他們不知道這代表什麼，他們唯一關心的事實是，貓也是一種動物。」

這些狂熱愛貓人士的保護意識有一個很諷刺的地方：光從數量來看，貓是這個星球上最不需要保護的動物之一，狗也是。在過去的半個世紀裡，野生動物數量直線下降，但這些同伴動物數量激增的情形，同樣也被描述成「危機」，而且原因與保育無關：寵物過度繁殖（有人如此稱呼）被描述為美國貓狗的頭號殺手。[20]

美國地區的動物收容所每年收到被遺棄、流浪或因為其他原因而無家可歸的寵物數量在六百萬到八百萬之譜，而且其中有四分之一到一半會被安樂死。在加拿大，二〇一六年進入收容所的貓兒，大約每五隻就有一隻被殺死。雖然近幾十年情況或多或少有所改善，每年因為無家可歸而死亡的貓狗仍然比死於可預防疾病的貓狗多。在外頭流浪的無主野貓野狗數以千萬計，以至於現在被遺棄寵物的估計數量已經和家中被珍視的寵物不相上下。如今，同伴動物可能就跟其他動物一樣，在沒有同伴的情況下生活。[21]

經濟因素扮演著一定的角色，根據美國愛護動物協會的一項調查，相較於收入更高者，年收入低於五萬美元的人比較容易因為住房問題與飼養寵物的花費而放棄他們的寵物。全美近半數的租房者表示，住房是捨棄寵物的主要考量，被房東禁止的寵物並不總是能去到收容所或被其他家庭收養；許多動物會被隨便地丟在街頭，這意味著，在北美地區的城市中，貧困地區比富裕地區有更多的無主貓（當整個城鎮的經濟受到影響時，例如安大略省的康沃爾，動物被遺棄的風險更大，有時甚至是大規模的）。就像沒有錢的人更可能拋棄寵物一樣，低收入社區的居民也是最有可能介入餵養被遺棄動物的人，這樣的行為進而造成野化動物族群的確立。例如在以色列里雄萊錫安針對兩百多名貓咪愛媽愛爸進行的一項調查中，研究人員發現大多數人都是單身、中年與女性，而且大多數人生活在貧困社區。[22]

賞鳥人士則不同，他們往往是富裕的一群，愛鳥人士通常是有時間有資源的中年中產階級人士。他們為了自己的嗜好而旅行，為此花費數百萬，從這個角度來看，愛貓人士與愛鳥人士互相誤解的傾向也不是什麼新鮮事。這很可能可以回溯到歷史上最早的貓之前，回溯到有貓跟沒貓的人第一次注意到他們之間日益擴大的分歧時。[23]

認知不一致是衝突具有煽動性的表親，親生命性可以解釋我們與動物建立聯繫的傾向，但它在生產、支持與（積極）維護對野生動物造成威脅的無主貓狗的角色，卻是一個會招惹麻煩的矛盾，矛盾之處會摩擦，進而產生不愉快，引發怒火。雖然大多數無家可歸的貓狗與人類沒有什麼關係，支持這些貓狗的人卻對牠們有著極度的保護性。當保育人士回應說，負責任地將寵物關在室內的作法，是牠們所危害動物的唯一希望時，愛貓人士就會指責這些野生動物保護者仇恨貓，混淆效應將一種親生命性的表現與另一種親生命性的表現對立起來。看來，我們對動物的愛，自己就在交戰，小規模衝突變得愈來愈普遍。

例如在科技巨頭谷歌（Google）矽谷總部的門口，一群員工創設了「谷歌愛貓救援組織」（GCat Rescue），為園區內約十二萬五千隻浪貓提供餵食站、稻草貓床與TNR，這個數量大約是在該地區田野草地上築巢的五十隻穴鴞*的兩千五百倍。這種貓頭鷹在很多地方都很罕見，在加州更是被列入「特別關注」物種（牠們在加拿大為瀕危物種）。穴鴞會在草地的舊洞穴中築巢，很容易成為貓的獵物。有報導稱，一些谷歌餵養的貓兒正在獵捕穴鴞，尤其是在與谷歌園區相鄰、占地七百五十英畝的海岸線公園休閒園區（Shoreline Park）。聖塔克拉拉谷奧杜邦協會（Santa Clara Valley Audubon

* *Athene cunicularia*。

Society）表示，該地區的穴鴞族群數量在過去十年間急遽下降，他們正在督促谷歌公司關閉貓咪餵食站。谷歌愛貓救援組織現在則獲得巷貓同盟的全國性支持，強烈要求谷歌站在貓的這一邊。[24]

地面築巢的笛鴴也可以說是掠食性貓的活靶，這種矮胖的小型水鳥（看來就像閒不下來的有腳灰白色網球）在紐約州被列為「受威脅物種」。在其他地區，例如五大湖區周圍，笛鴴的族群已經瀕臨滅絕。總部設在維吉尼亞州的美國鳥類保育協會（American Bird Conservancy）因此決定採取行動，因為該協會接到好幾個報告，表示紐約長島瓊斯海灘國家公園（Jones Beach State Park）的野貓群愈來愈大，而該地為笛鴴的已知繁殖地。該協會於二〇一六年三月對國家公園部門提告，認為公園部門違反《瀕危物種法》（Endangered Species Act），官員沒有採取足夠措施清除公園裡的貓，也沒有阻止愛貓人士的支持。此案成了一場備受矚目的貓人對鳥人訴訟，直到最近才有了決議：這些貓咪被「人道」移除，安置在庇護所中。[25]

其他貓鳥衝突也變得非常對人不對事，根據報紙報導，沮喪的「生態義警」因為威脅、或真的殺死貓以拯救受貓兒威脅的動物而被逮捕。德州加爾維斯敦的著名賞鳥人士吉姆．史蒂文森（Jim Stevenson）可能是最著名的例子。十年前，長期為加爾維斯敦鳥類學會（Galveston Ornithological Society）執行董事的史蒂文森射殺了一隻野貓，因為他看到這隻野貓在離貓群所在地不遠的高速公路跨越橋底下跟蹤笛鴴。史蒂文森被戴上手銬，送進監獄，並以虐待動物的名義受審；愛貓人士稱他為怪物，愛鳥人士募款為他辯護。長達一週的審判引發的問題是：法律是否真的保護的無主貓，以及《瀕危物種法》是否同樣維護了鳥類？擁護不同動物的窘境導致陪審團遲遲無法達成裁決，這也許也不令人意外。在史蒂文森得知自己獲得自由，而且不會因為指控重新受審的幾天後，有人（史蒂文森認為是一名被激怒的愛貓人士）透過他家日光室的門朝他開槍。[26]

妮可．多芬尼（Nico Dauphiné）是另一個惡名昭彰的例子，這位科學家（而且當時還是史密森學會的研究員）因為對於貓殺鳥的研究和觀點聞名。她在華盛頓特區沒待多久，就被人道主義協會（Humane Society）指控在住家公寓外留給野貓的貓食裡下了老鼠藥（沒有任何證據顯示有貓因此受到傷害）。多芬尼否認了這個指控，但監視器畫面顯示她在經過現場時從包包裡拿了東西出來，此舉已足以讓法官相信她有罪，她被判小額罰款與四個月的社區服務。巷貓同盟的代表在庭審現場，向新聞媒體提供錄音精選，以及關於多芬尼早期反TNR撰文的資訊。網路部落格「貓咪捍衛者」（*Cat Defender*）抱怨懲罰不夠重：「在處理像她這種低級人渣的時候，」格主在提及多芬尼時表示，「社會要麼把她永遠關起來，要麼就愚蠢地把她放出來，讓她繼續殺貓還不用受到懲罰；沒有中間立場可言。」[27]

為什麼會有這樣的問題呢？在美國，有五分之四的飼主認為貓不會對野生動物或保育造成嚴重問題。在一項針對六國民眾對貓咪的態度所做的廣泛調查中，一個國際研究小組整理了來自美國、英國、澳洲、紐西蘭、日本與中國的一千七百多份問卷。這項研究是在馬拉的殺手貓研究廣泛受到報導的三年後進行的。只有英國養貓人比美國養貓人更不願相信貓捕食野生動物的行為是件糟糕的事情（只有八分之一的貓飼主認為這是個問題）。不養貓比養貓的人更有可能認為養貓應該受到某種監督，他們也更可能認為貓晚上應該待在家裡，或是應該限制在主人的財產範圍內。[28]

然而，英國對自由遊蕩的貓的總體接受程度是個例外。即使是歷史悠久的皇家鳥類保護協會（Royal Society for the Protection of Birds）也沒有指責這種做法。（「儘管花園裡的貓殺死了大量鳥類，並沒有明確的科學證據證明這種死亡導致鳥類族群數量下降。」這個自然保護組織認為）。戶外的貓似乎就跟茶一樣神聖不可侵犯。另一方面，澳洲與紐西蘭似乎對他們獨特野生動物的損失有著更清楚的認識。相較於美國與英國的非飼主和飼主，這兩個國家的貓飼主（兩個國家都有獨特的生物多樣性與近期的滅絕紀錄）也更可能認為貓造成的野生動物死亡確實是個問題。有趣的是，在這四個國家中，無論是愛貓人士或非飼主（超過百分之八十五）都認為，周圍有野生動物是一件好事。[29]

各國對貓的態度差異是值得注意的。例如當美國媒體不斷報導「殺貓者」的惡行時，澳洲卻公開宣布「向野貓宣戰」，將野貓視為導致澳洲原生哺乳動物滅絕的主要原因。「聯邦政府將動用所有可能的武器，消滅兩百萬隻野貓，這約是野貓族群數量的三分之一，並將向社群團體提供五百萬澳元（三百四十萬美元）的經費，讓他們擔任戰場的步兵。」《雪梨晨鋒報》（*Sydney Morning Herald*）於二〇一七年報導。「這是一場拯救一百二十四種因為野貓而瀕臨滅絕的本地野生動物的競賽，野貓是出了名的難以獵殺。」科西阿斯科與澳洲偏遠地區的貓名列打擊對象名單；目前已知牠們會捕食袋森鼠、兔耳袋狸、袋狸、袋食蟻獸與夜鸚鵡＊。澳洲政府的大規模國家計畫將持續到二〇二〇年，其中預計完全消除居住在島嶼上的野貓，並逐步移除聖誕島、袋鼠島與其他三個島嶼上的家貓。根據報導，二〇一六年澳洲境內約有二十一萬一千隻貓被撲殺。[30]

在紐西蘭，貓飼主和非飼主一樣都有可能贊同貓咪會對野生動物帶來危險，但這並不意味著他們願意讓自己的貓去面臨嚴厲的保育措施。例如在紐西蘭歐毛伊，鎮上的貓咪可能很快就會被完全禁止，根據當地政府的計畫，現有寵物一旦死亡，貓飼主無法再取得任何新貓。以當地野生動物的名義，歐毛伊的目標是在幾年內成為無貓城。根據報導，一些居民對此一提議感到「受騙」與「震驚」，並誓言反對。[31]

也許在某處存在著一個中間地帶，例如，康沃爾市的愛貓候選人瑪麗・珍・普露就如此以為。對於貓這種有感知能力的動物，以及同等重要的野生動物來說，一定有一些可被辨識的共同點，能阻止持續不斷的戰爭。「我遇到過鄰居打架、互相叫罵。我說，聽著，我不管。欸，好好相處好嗎？你知道我是來救那些該死的貓的，我不在乎你是否大喊大叫、互相咒罵，想想那些貓吧！」

選舉之夜是在我首次造訪野貓四處出沒的康沃爾數週後，最後計票的倒數計時一直讓人緊張到最後。對普露來說，這是個讓人更加恐慌的時刻，她與其他議會席位競選者和支持者一起，在市民活動中心一個舞台大小的大型屏幕上觀看計票。她很高興看到自己的支持率在開票早期迅速攀升（「投給我就是投給貓」，她說），但是隨著開票持續進行，她突然感到一陣焦慮。「我說，天吶，」她回憶起可能獲得勝利的那一瞬間。「我的意思是，我正在數還剩多少票沒開，看到還剩下一半左右，我怕了。我想，我絕對不會想進去的，我對政治一竅不通，這只是開玩笑吧——就跟川普一樣。」

令她感到鬆一口氣的是，這位唯一政見是想營造一個與浪貓和平共處的小鎮的議員候選人，最後的票數不足。她的最終票數是一千五百三十二票，在眾多候選人中排名靠後。當晚結束時，普露對自己的成績既感到出乎意料，卻也為此番失敗深感慶幸。她很幸運地免去承擔施政的職責，不過也打敗了其他八位更認真的候選人。她說，她的成績表示民眾是會傾聽的：貓對康沃爾來說很重要。更重要的是，她成功地完成了製造麻煩的任務：「這很好玩，我惹毛了許多人，這是我的主要目標，而且人們因此有了談資。」

---

* *Pezoporus occidentalis*。

普露的競選活動就是個噱頭，但她的訊息——為什麼我們不能和平相處——是真誠的。當然，她說，野貓確實會殺死一些鳥類和其他野生動物，這是沒辦法的事。然而，死鳥並不增加貓的罪責，責任不在牠們，問題不是牠們造成的，而是我們造成的。普露的真誠揭露了很多有關寵物與野生動物之間的棘手問題。正如她所說，她真的很愛動物，而貓恰巧是她認識的動物，野生動物則不然。

貓自從隨歐洲人來到美洲以後，就一直在這片大陸上遊蕩，家犬在這裡的時間甚至更久。對於像普露這樣的寵物主人來說，將我們的家庭夥伴視為致命的外來掠食者，需要一些時間才能適應。相反地，我們看到的是一隻在壁爐旁的滿足狗兒，或是一隻在窗邊呼嚕撒嬌的貓咪，在我們的想像中，牠們在廣大、充滿冒險的野外闖蕩，對我們來說，這是個快樂的畫面。我們的寵物出現在畫面的時間已經太長，牠們似乎無處不在；在我們的世界中，也許確實如此，不過在野生動物的世界中，情況卻截然不同。

第四章

伊甸園的外來者

緬甸蟒
Python bivittatus

在佛羅里達大沼澤地，湯姆．拉希爾（Tom Rahill）趴在冰涼的沼澤裡，在糾結的落羽松樹根與蛇搏鬥。「那個頭！小心那個頭！」叫喊聲與水花打碎了一個原本寧靜的荒野早晨。高聳的樹木看似依偎在一起，碎裂的陽光斜斜射了進來，「那裏有個洞！我想牠要進洞裡去了！」拉希爾的帽子沒了，眼睛也歪了，看起來很不舒服的樣子。他的同伴（參與這場看似欠缺考慮的冒險的另一個瘋子）一邊在樹幹與灌木之間穿梭，一邊呼喊著蛇的動向。「牠回去找你了，湯姆！小心那個頭！」

這條緬甸蟒*全長三點六公尺（十二英呎），整條都跟人的大腿一樣粗的牠，扭動著身體原路折了回來，而且看起來並不高興。拉希爾抓住了牠的尾巴。在拚命掙脫無果以後，牠轉向敵人，想以牙還牙。這條蛇持續堅持的力量很嚇人，牠發出攻擊了。「湯姆！小心點，湯姆！」拉希爾的身體晃了一下。「小心啊！」他用力拉了一下牠的尾巴，以甩開牠的攻擊。他快速甩了一下手臂；牠一顆針尖般銳利的牙齒（蟒蛇有很多排牙齒）刺進他皮膚沒有保護的地方，傷口不大，但有灼痛感。這條巨大的蛇又轉過身來，拉希爾快速艱難地移動著，他可以看到牠的速度慢下來了，已經筋疲力竭，而且也沒有足夠的體溫來發出最猛烈的攻擊。拉希爾繼續移動。他一邊拉，一邊試著去抓牠的頸部。他成功了，緊緊抓住不放。「就是這樣，湯姆！就是這樣！」蟒蛇極力掙扎，扭動著身體，但拉希爾牢牢抓著不放。他擺好姿勢，將牠高高舉起，看來就像一條超級粗的鋼索。「就是這樣！你抓到了！」

其他人也圍了過來，歷史頻道（History Channel）真人實境節目《沼澤人》（*Swamp People*）中極受歡迎的明星特洛伊・蘭德里（Troy Landry）也在其中。他那活力十足的呼喊與路易斯安那州口音讓整個畫面活了起來：「快看！」他讚嘆道。「喔耶！這蛇還真大！」蘭德里在電視鏡頭前與爬蟲類搏鬥多年，他是電視上那種讓人敬畏的大師。蘭德里上前一步，遞出一個枕套似的布袋，拉希爾將重量超過二十七公斤（超過六十磅）的蟒蛇吊在他高舉的雙手間，準備將牠放進袋子裡。他同為蟒蛇獵人的夥伴喬・法蘭柯・梅迪納（Joe Franco Medina）與恩內斯托・埃爾傑札克（Ernesto Eljzaiek）穿過沼澤走近，以便仔細觀察。攝影師與錄音師跟在後面，執行製作人布萊恩・卡塔利納（Brian Catalina）讚賞地看著。穿過樹林，沿著狹窄的堤壩可以看到一條寧靜的運河，

---

* *Python bivittatus*。

再過去就是佛羅里達大沼澤地廣闊平坦的區域——綿延不斷的克拉莎與短吻鱷。遠方有落羽松點綴，纖細潔白的白鷺靜待著。

「牠不喜歡你，」蘭德里笑著說。「牠很生氣，牠根本就不喜歡你。」

佛羅里達大沼澤地有占地寬廣的沼澤、紅樹林與森林，是北美地區最著名也最壯觀的原野地。大沼澤地覆蓋面積超過六千五百平方公里（兩千五百平方英里），橫跨佛羅里達州南部的大部分地區。這是一大片從奧基丘比湖注入的淺水，水流緩慢穿過平坦的南部半島，就像流過大平盤的液體一樣。這片平原上長滿了克拉莎，其間有小片松林與落羽松點綴，構成世界上最大的溼地，也是舉世無雙的原野珍寶。

炎熱潮溼的夏季與溫暖乾燥的冬季造就了一個生機盎然的亞熱帶世界，有著非凡豐富的生命。瀕危的佛羅里達山獅*、革龜†與美洲海牛‡都是這裡最著名的居民。這裡還有大約五十種不同的爬蟲類（包括短吻鱷與鱷魚，這是世界上唯一短吻鱷與鱷魚並存的地方），超過三百六十種鳥類，另外也有許多哺乳動物如鹿、澤兔、負鼠、浣熊等在此生活，還有種類繁多的植物、昆蟲、以及棲息在海岸和溼地的魚類。長滿草的開闊沼澤與看似原始的高聳落羽松※，予人一種幾乎是《侏羅紀公園》（*Jurassic Park*）的感覺，數量龐大的大型爬蟲類更加深了這種印象。

「我小時候就從書本認識了這個地方，」拉希爾談到自己數十年來對佛羅里達大沼澤的癡迷。「然後，當我真的親眼看到這個地方，我的老天……」

拉希爾停了下來，這個馴蛇人刻意為電視拍攝營造的戲劇化蟒蛇大戰已經過了半小時，我們又回到了他那輛滿是灰塵的卡車裡。這是一輛一九九〇年代末期的福特F150，上面還掛著一艘顯然是經常使用的獨木舟。團隊的其他成員與電視台工作人員正在收拾裝備，我們周圍的沼澤地又恢復了平靜，帶我們到這裡的那條漫長偏僻的堤岸道路乾燥

---

* *Puma concolor coryi*。

† *Dermochelys coriacea*。

‡ *Trichechus manatus*。

※這裡有兩種落羽松，一種是台灣流行的落羽松（*Taxodium distichum*），另一種是池杉（*Taxodium ascendens*）。

而安靜，拉希爾正在一堆工具、手電筒、手套與其他雜物中尋找治療蛇咬傷的消毒劑。

精力充沛的拉希爾身材瘦高，機智敏銳，留著滿臉的落腮鬍。他的眼鏡髒了，破舊的寬邊帽下，黑色的頭巾繫在灰色短馬尾的上方。拉希爾於一九七五年初次造訪佛羅里達大沼澤地，他回憶道，那時的他還是個任性倔強的問題少年，這片沼澤吸引了他，對他產生很大的影響。自此以後，這片荒野就成了他生活的中心，很少有人比他更了解這個地方。「這片沼澤的美，」他終於又開口說道，「以及它所隱藏的危險，會讓我想到我內心感受到的不安，我靈魂深處的騷動與焦急被這片美麗但殘酷的環境所滿足。」現在，拉希爾正拼了命想要拯救這片沼澤——藉著與大蛇搏鬥的方式。

拉希爾是美國政府與州政府雇用的承包商，他的任務是在第一線對抗一種奇特的侵略：一波由數十萬條原為寵物蛇的緬甸蟒以及牠們的後代所發動的猛攻。緬甸蟒原產於南亞與東南亞，是世界上最大的蛇類之一。科學家表示，在這些大蛇因為逃脫或被放生到佛羅里達州南部沼澤之前，最初是作為愛蛇人士的異國陪伴寵物而來到佛羅里達州。牠們很快就發現，佛羅里達大沼澤地的亞熱帶氣候非常適合牠們，這些大蛇在此處迅速繁殖，肆意狩獵，發展至今已有數十萬隻以佛羅里達大沼澤地為家。與此同時，當地的野生動物正在迅速消失。在過去的一世紀裡，這個地區遭受數百個外來種入侵，其中包括數十種熱帶鳥類與蜥蜴，不過緬甸蟒卻脫穎而出。緬甸蟒的捕食成功率很高，而根據研究人員的說法，牠們帶來的生態浩劫影響極其深遠。「基本上，所有動物都被吃光了。」拉希爾說。「這些蛇在這裡樂壞了！」

拉希爾受僱捕捉緬甸蟒，試圖藉此延緩入侵並保護野生動物，然後他有了一個想法：他組織了一個蟒蛇獵人團隊，完全由美國陸軍退伍軍人組成，其中大部分都是從伊拉克或阿富汗退役的前線士兵。他將這個團隊稱為「沼澤猿人」（Swamp Apes），並表示其主要目標是治療。拉希爾說，有些成員在戰場上受到身體上的傷害，或是因為戰場導致的心理創傷，如創傷後壓力症候群。他們獵捕這些巨大的蟒蛇（通常是在夜間行駛在堤道上尋找蟒蛇的蹤跡），不但是為了佛羅里達大沼澤地，也是為了一種目標感與冒險感所帶來的寬慰，這讓他們助人也助己。「我想做些什麼，」拉希爾解釋道，「許多軍人在退伍後所面臨的共同問題，是缺乏友誼與目的感，沼澤猿人能給他們一個存在的目的。」

拉希爾表示，他們在這段時間真的抓了很多蛇——自二〇一八年一月至十一月間捕獲了一百零一隻，接著還有一個前景看好的月份。他們也吸引了很多關注，這個團隊已經登上了美國有線電視新聞網（CNN）、美國全國廣播公司新聞網（NBC）、美國公共廣播電視公司（PBS）、以及數十家全國與國際媒體。新一集的《沼澤人》節目是最新的焦點，這檔真人實境節目在《歷史頻道》已經播了快十年，最近中斷了一貫以路易斯安那州鱷魚獵捕為題的日常，換播拉希爾的捕蟒大隊行動。據稱，佛羅里達大沼澤地的緬甸蟒與逃逸的印度蟒雜交，出現了一種「超級蛇」的雜交種，更為此次訪問增添了轟動性的吸引力。

「很不可思議的是，這一切都源自於一群將這些動物放生到沼澤的笨蛋，」拉希爾反思道。「在大沼澤地國家公園，我實際上還抓到有人正在放生。當時我正在找蛇，就看到三個人從車廂裡拉出一條蛇……你知道，他們真的很愛這些動物。」拉希爾笑著搖了搖頭。「我聽到他們說：『自由了，毛毛！』」

拉希爾其中一個蛇老闆是一位名叫麥可・柯克蘭（Michael Kirkland）的生物學家，我在幾天後前往他在北邊幾小時車程的西棕櫚灘辦公室拜訪他。柯克蘭年輕、敏銳且熱情，與淡定從容的拉希爾完全相反。他的關注焦點是蛇類入侵以及他的獵蛇大軍，這場寵物放生災難的規模與它所帶來的後果正在累積動能，如果無法阻止，則必須加以減緩。意志堅定的柯克蘭是這場戰役的參謀總長，「我一週工作七天，一直沒停下來，」他說。「我現在不得不和我的妻子協調……是的，這真的讓我耗盡心神，但她知道我對這件事非常熱中。我們沒有小孩，所以我現在真的有點把我們的（蛇獵人）承包商當成我的小孩來看待。」

柯克蘭是南佛羅里達州水資源管理區（South Florida Water Management District，簡稱SFWMD）的外來動物專家，該機構管理著南佛羅里達州大部分原野地（不包括大沼澤地國家公園〔Everglades National Park〕與大落羽松自然保留區〔Big Cypress National Preserve〕），是該地區最大的土地持有者。大片溼地為它所控制，包括占地廣泛的佛羅里達大沼澤地與佛朗西斯泰勒野生動物管理區（Francis S. Taylor Wildlife Management Area）。該機構的目標是管理與保護該州南部的水資源，範圍包括從奧蘭多到佛羅里達礁島群的十六個郡。在過去數十年間，該機構一直致力於復育佛羅里達大沼澤地，以強化其生態系與其天然的水淨化功能，根據該機構網站，該計畫是美國歷史上最大型的環境復育工作。

柯克蘭這次大規模行動中的角色，是要試圖擺脫蟒蛇，他就好像是佛羅里達州的聖博德（St. Patrick）。拉希爾和他的沼澤猿人只是與南佛羅里達州水資源管理區簽訂蟒蛇獵殺合約的其中一支隊伍，其餘還有二十三組人馬，全部都由柯克蘭負責監督（大多數獵蛇者和拉希爾一樣，也同時向美國國家公園管理局〔US National Park Service〕提供服務，在該地區的國家公園裡捕捉蟒蛇）。阻止或至少管理蟒蛇是非常重要的，這些蛇似乎正在把整個南佛羅里達州的水生生態系統徹底吃垮。「我稱之為野生動物的非常時刻，」這位生物學家說道。「我們看到大沼澤地國家公園裡有毛的哺乳動物已經減少了百分之九十九。」有一段流傳極廣的影片，顯示公園裡一條長三點四公尺（十一英尺）的蟒蛇將一頭三十五磅（約十九公斤）的鹿給咳了出來。這些大蛇不但取代了短吻鱷，成為佛羅里達大沼澤地的頂級掠食者，牠們也會吃鱷魚；牠們已經成為這裡駭人的生態主宰，而且數量也在飛速成長。柯克蘭估計，這個地區目前約有五十萬至一百萬條巨蟒在這裡生活覓食，試想一切都源自寵物，這實在是個驚人的數字。

「邁阿密是美國外來寵物貿易的原爆點，」柯克蘭告訴我。「我的意思是，外來寵物貿易是一個價值數十億美元的產業，我認為特別是佛羅里達人，真的很喜歡擁有其中的一些動物。你可以在寵物店買一隻，牠們看起來值得擁有，但是你要知道，部分物種如緬甸蟒、網紋蟒等長得很快，很快就會讓飼養這件事變得不切實際。……所以無良的寵物主人就會把牠們放生，而由於我們這裡的氣候，很多外來種都能茁壯成長。」

蟒蛇並不是唯一的外來入侵物種，據估計，被引進美國的非本地物種約有五萬種，而佛羅里達州南部有數百種，這裡畢竟是陽光之州，一個舒適、友好的地方。「我想，這裡大約有將近百分之五十的植物是外來入侵種，」柯克蘭表示。而且不只是綠色植物，這裡的樹上滿是虎皮鸚鵡*（最初來自澳洲）、各種八哥（來自亞洲）和各種鴨（泰國），也能看到普通獼猴†（亞洲）；美洲紅䴉‡（南美洲）在沼澤底尋找福壽螺※

---

* *Melopsittacus undulatus*。

† *Macaca mulatta*。

‡ *Eudocimus ruber*。

※ *Pomacea canaliculata*。

（巴西），古巴樹蛙*（加勒比海）在附近合唱；獅子魚（印度洋與太平洋）在沿海水域游行，體型巨大、狀似恐龍的黑白泰加蜥†（阿根廷）在森林中徘徊，這個地方儼然成為一個生態大雜燴。柯克蘭更表示，寵物飼主是造成這場混亂的主要原因。他說：「如果讓我猜的話，有百分之八十的責任。」外來入侵種是因為引進的寵物被放生或逃脫造成，蟒蛇恰好是其中最有名的，也是最具破壞性的。[1]

「這些東西很難比較，」柯克蘭解釋道，「不過就掠食者與獵物之間的野生動物交互作用而言，緬甸蟒可能是我們要面對的首要問題。」

一九七七年，大沼澤地國家公園發現了第一隻入侵的大蟒蛇，之後，目擊事件很快就變得愈來愈頻繁。更多的寵物蛇不斷湧進：根據聯邦政府的活體動物進口數量統計，光是在一九九九年到二〇〇六年間，就有超過九萬九千條緬甸蟒進入美國。柯克蘭表示，科學家於一九九〇年代末在佛羅里達大沼澤地目睹了蟒蛇的「族群大發生」，而且這種動物的影響愈來愈難以忽視：佛羅里達大沼澤地的野生動物數量開始急劇下降，尤其是澤兔與其他哺乳動物、爬蟲類與鳥類，蟒蛇把牠們整隻吃下去了。「我們瀕危物種名單上的任何動物都是這個物種的潛在獵物。」柯克蘭說道。現在至少有六十八種佛羅里達大沼澤地的原生動植物名列受威脅或瀕危名單，其中最著名者包括佛羅里達山獅、美洲鱷‡、美洲海牛與螺鳶。[2]

還有許多物種也發生了數量銳減的情形，尤其是小型哺乳動物與鳥類。當然，這並不都是蟒蛇造成的；土地利用變化與其他人類活動的影響也有關係，但是被遺棄與逃逸的寵物仍舊是造成改變的一個原因。雖然大沼澤地國家公園是世界上公認最遼闊的原野溼地，它現在已經成為已開發國家中唯一一個「可能」失去資格的聯合國科教文組織世界自然襲產（UNESCO Natural World Heritage Site）。二〇一二年，美國魚類暨野生動物管理局（US Fish and Wildlife Service）將緬甸蟒列入「有害物種」名單，禁止任何人將牠們帶入美國或跨州運輸，柯克蘭挖苦地說：「這條法規來得可能有點晚了。」

同個時候，柯克蘭的機構與美國國家公園管理處、佛羅里達魚類暨野生動物委員會

---

* *Osteopilus septentrionalis*。

† *Salvator merianae*。

‡ *Crocodylus acutus*。

（Florida Fish and Wildlife Commission）、以及美國魚類暨野生動物管理局共同承擔著試圖阻止蟒蛇這個看似不切實際的任務（非政府組織包括自然保護協會〔Nature Conservancy〕、奧本大學〔Auburn University〕與佛羅里達大學〔University of Florida〕也在他們能協助的地方參與進來）。新科學顯示「快速演化」正在讓蟒蛇適應涼爽的環境，讓牠們能向北推進，抵達佛羅里達大沼澤地與人口密集區的交界處，以及不知情屋主的溪邊庭園。到目前為止，專業捕蛇人（拉希爾、沼澤猿人與其他柯克蘭所謂「目中無人的大沼澤地蟒蛇獵人」）是這些機構所能調動的最好武器。「這不僅是迄今最有效的管理成就，」這位生物學家聲稱，「它的成本效益也很高。」[3]

實際上，代價約是每條蛇兩百五十美金，蟒蛇獵人在沼澤地理的每一個小時都能賺取最低工資（柯克蘭會用他們手機上的全球衛星定位系統〔ＧＰＳ〕應用程式來追蹤他們的行蹤），每抓到一條蛇還能賺取額外五十美元的報酬。體長超過一點二公尺（四英尺）的蟒蛇，每增加三十公分（一英尺）就會額外支付二十五美金。例如一條二點四公尺（八英尺）的蟒蛇，就能賺到一百五十美金，有蛋的蛇還會多付兩百美金。到目前為止，將近四分之三的蟒蛇在四捨五入後，長度都超過一點二公尺；大約有一半的蟒蛇體長超過兩公尺多（超過七英尺）。柯克蘭說，在該計畫執行的前十九個月（計畫從二〇一七年三月開始），蟒蛇獵人總共抓到約兩千條蛇。他說，這可能看來只是杯水車薪，但是考慮到被抓到的蛇之中有不少大型懷孕雌蛇，計畫造成的影響可能比預期還大得多。

「基本上，我們已經從佛羅里達大沼澤地移除了數萬條蟒蛇，如果你這樣看的話，」柯克蘭解釋道。「如果你將這些動物全放在一起，牠們加總起來的重量會超過兩萬兩千磅（九千九百八十公斤），總長度超過一萬兩千英尺（三千三百六十公尺），即超過兩英里（三點二公里）……我們不知道數量是多少，所以我們不能說我們讓族群減少了多少，至少我無法從數學上告訴你這一點。但是我可以說，我們還沒有看到其他效果比我們更好的管理計畫。」他停頓了一下，鄭重地補充道，「而且我認為什麼都不做並不是一個好選擇。」

愈來愈多科學家同意，外來入侵種是現代世界生物多樣性面臨的最大威脅之一。生物多樣性和生態系統服務政府間科學政策平台（Intergovernmental Science-Policy Platform on Biodiversity and Ecosystem Services，一個監測生物多樣性的獨立國際科學組織，通常被比作聯合國氣候小組）在其二〇一九年總報告中確定，自一九八〇年以來，全球新物種入侵的紀錄增加了百分之四十。在二十一個詳細紀錄的國家中，在過去五十年中，入侵種的數量攀升了大約百分之七十，在大多數情況下，都是人類引進的。同時，在這些由人類促成的入侵事件發生的地方，野生動物的數量下降了五分之一，在生物多樣性熱點甚至下降更多。[4]

物種也在消失，在經過三十五億年挑戰想像力的演化以後，大自然狂野的作品正在從地球上消失，這要歸功於生活在牠們／它們不該出現之處的動植物。這些入侵者被移到其他生命與生態系統根本對牠們的到來毫無準備的地方，牠們與最近地球上**三分之一**已滅絕的動物與四分之一已滅絕的植物脫不了關係。這些數據很新，來自英國倫敦大學學院（University College London）的科學家近年來主導的研究工作。研究人員表示，在研究過去五百年間已知原因的九百三十五次滅絕以後，他們確定外來入侵種在造成動物與植物滅絕所帶來的效應，比任何其他因素都來得大。過度捕獵、過度捕撈、汙染與疾病的影響似乎要小得多（雖然這些威脅經常有附加作用）；氣候變遷的影響也較小（目前暫時如此，不過影響預計會愈來愈嚴重）；其他原生物種（即便橫行霸道）造成的破壞根本無法相比。根據科學家的說法，外來入侵種一直是真正高居榜首的殲滅者。

「根據定義，**我們**就是這些外來種問題的原因，」主導這項研究的倫敦大學學院教授提姆・布萊克本（Tim Blackburn）說道，「因為外來種是，你知道，無論是故意還是偶然，藉由人類活動，移動到牠們原本不存在的地方。……我們一直在將外來種引入新的地區——平均來說，幾乎每天在世界上的某個地方都會有一個新的、成熟的外來族群被發現。」

布萊克本是個鳥痴，他無法解釋為什麼會這樣。他在倫敦郊區長大，附近幾乎沒什麼野生動物（只有常見的家麻雀*與松鼠）。他沒養過寵物，不知為何，對鳥類的迷戀就這麼浮現了，就像是年輕時期一件出乎意料的事情。「顯然，我從會說話之前就對看鳥感興趣了。」他的迷戀帶他走進生態學研究的領域，後來在博士後研究時期，去了紐西蘭。在那裡，非原生物種入侵的嚴重性讓他意識到狀況有多糟。

數百萬年來，紐西蘭的島嶼在沒有掠食性哺乳動物的情況下（除了少數蝙蝠、海豹

---

* *Passer domesticus*。

與海豚），演化出非凡的獨特生物。在這片沒有哺乳動物的恬靜中，出現了二十多種不會飛的鳥類，在這裡不受干擾地生活。當第一批波里尼西亞定居者出現時，一切都改變了。這些開拓者帶來了狗和老鼠。數百年後，英國與歐洲殖民者又帶來了貓、負鼠、鼬以及任何他們能想到的動物。現在，被引進紐西蘭的哺乳動物已超過三十種；同時，瀕臨滅絕的本地物種已達兩百一十九種，其中有七十一種為鳥類。[6]

布萊克本搭機抵達紐西蘭以後，並沒有太擔心那些失去蹤跡的鳥類，反而是對來自其他地方的鳥太常見感到震驚。「起初，我只是被數量龐大的歐洲鳥所震驚，」我們在他倫敦辦公室碰面時他如此回憶道，「這些物種不應該出現在紐西蘭，卻數量驚人……我去了南邊的一個地方，那裡有很多黃鵐*、鵐類、歐洲金翅雀†、歐亞烏鶇‡、歐歌鶇※、家麻雀與雲雀等。牠們不只在那裡，那個密度之大，在英國根本見不到了。」換句話說，紐西蘭的鳥類生活已經發生了翻天覆地的變化。自人類抵達以來，已有五十九種鳥類滅絕，其中包括許多不會飛的鳥類，而且現在生活在這個國家的鳥類，幾乎每十種中就有一種來自其他地方。紐西蘭的其他鳥類也有將近一半受到威脅，或是有滅絕的危險。同時，紐西蘭受威脅鳥類最常面臨的威脅，就是外來入侵種帶來的風險。[7]

這種亂七八糟的生態故事正在世界各地上演，雖然科學家承認，大多數外來種的成功入侵似乎沒有造成傷害，但是少數確實造成傷害的入侵種，破壞性往往特別強。在一些地方如澳洲與印尼，受到外來入侵種打擊最大的，反而是原生哺乳動物而非鳥類。在其他地區，感到不好過的是爬蟲類與兩棲類。隨著地理環境的變化，生物多樣性的各個環節會受到不同的影響：入侵種對各大洲的物種滅絕造成的影響較小，因為這些入侵種的分布範圍可能無法達到每個角落與保護區，不過外來入侵種在島嶼上就會特別致命。[8]

在過去五百年間，已知滅絕的鳥類、哺乳動物、兩棲類與爬蟲類中有四方之三在島嶼上消失。雖然這些一般與世隔絕、被水環繞的土地所占總面積不超過地球表面的百分

---

* *Emberiza citrinella*。
† *Chloris chloris*。
‡ *Turdus merula*。
※ *Turdus philomelos*。

之五，目前名列國際自然保護聯盟（International Union for Conservation of Nature）「極度瀕危（Critically Endangered, CR）」的物種有超過三分之一生活在這些島嶼上。大多數（超過百分之八十）都是被同一批入侵者給撂倒的：野貓、野狗、老鼠、獴類、豬與山羊，這些都是人類上岸後引入的動物。

雖然大多數物種滅絕的原因不只一個，但是在最近消失的所有物種中，有一百二十六種被認為單純是因為外來入侵物種的影響而消失。布萊克本表示：「一旦牠們進入環境中，就真的、真的像蟲一樣很難裝回罐子裡。」[9]

「部分原因在於我們的環境也在同質化，所以，我們正朝向這樣的情況發展：在這個世界上，無論你走到哪裡，都只會遇到同樣的幾個常見物種，」布萊克本解釋道。「我們所生活的星球，有數百萬年的演化史覆蓋著我們不斷變化的環境，這給了我們具有不同物種與不同棲息地的生物地理區域。你去到不同的地方，可以看到奇妙且不同的動植物相，我們真的想要失去這些嗎？」

問題正在迅速惡化，布萊克本的團隊在集結全球各地在過去五百年間將近三千五百筆非原生鳥類引進紀錄後發現，一九八三年至二〇〇〇年間發生的入侵事件與前四世紀加總起來一樣多。看來，從前的殖民者花了很長一段時間才把環境給破壞掉；他們將非原生鳥類帶到新地方，作為獵物（如鴨和鵝），或是作為農場控制害蟲的方式（例如會吃昆蟲的鳴禽）。有些人帶著外來種一起去到新地方，是出於情感上的因素，也是為了讓森林裡充滿熟悉的鳥鳴，藉此一解鄉愁（歐洲椋鳥是北美數量最多的鳥類，牠是由製藥商暨戲劇愛好者尤金・席費林〔Eugene Schieffelin〕從歐洲引入紐約中央公園；他希望用出現在莎士比亞戲劇中的鳥類來填滿曼哈頓的天空，結果促成了有史以來最成功的鳥類入侵事件）。但舊時的船艦性能不佳，旅行速度緩慢。以今天的標準來看，入侵是遲滯、冗長的過程。現在，人和生物不斷地移動。入侵鳥類不只來自歐洲，大部分來自亞熱帶的亞洲與非洲，前進到中東與其他快速發展的國家。野生動物移動速度之快，令人眼花繚亂。而這種移動的目的，主要是為了滿足人類對寵物的普遍渴望。[10]

「動植物被引入的速度才剛剛大幅度增加，」布萊克本說，「其中很多，應該說**大部分**，是來自寵物貿易。」

老普林尼（Pliny the Elder）在他的《博物志》（*Naturalis Historia*）一書中表示，

養籠鳥當寵物是羅馬人的發明；他寫道，這是由布林迪西愛鳥人士馬庫斯・萊尼烏斯・史特拉博（Marcus Laenius Strabo）在公元前一世紀發明的。「從他開始，」老普林尼說，「我們把大自然賦予廣闊天空的生物囚禁在鐵欄裡。」但此一說法可能與實際狀況有數千年的差距，比較可能的是，養鳥作伴的行為可以回溯到文明之初，始於美索不達米亞或古埃及文化的早期，即使是幾千年前統治著當今伊拉克的蘇美人也有一個詞「subura」指稱鳥籠。這已經不是新鮮事了。我們想要把有羽毛的東西關起來，想擁有有翅膀生物振翅高飛的能力，或是想把牠們美妙的歌聲帶進我們的家，這樣的渴望若非全然自古相傳，也是由來已久。[11]

而且，幾乎從我們開始把鳥兒關在籠子裡當寵物的時候，我們也開始把牠們放生，通常情況下，牠們會被放到陌生的土地。例如，亞歷山大大帝（Alexander the Great）從印度帶著裝在鐵籠裡的原生長尾鸚鵡回到希臘，現在被稱為亞歷山大鸚鵡的野生族群很快就在南歐大部分地區安家落戶；早期的巴比倫人、玻里尼西亞人與北歐水手在遠洋航行中帶著籠鳥，並在航程中將牠們放生，藉此判斷附近是否有陸地（被放飛的鳥兒如果只看到海就會折返）；中國佛教徒在一千多年前開始實踐「**放生**」的習俗，將籠鳥或其他動物野放，以善行來產生善業。[12]

今天的情況只是程度上的不同——很大程度上：放生和逃逸是目前世界各地脊椎動物外來種侵入陌生環境的最常見途徑。隨著新奇寵物飼養的興起（隨著世界各地貿易與交通方式持續不斷地增加而加速），人們放生他們的外來寵物鳥、寵物蛇、寵物蜥蜴或寵物魚的可能性也在增加，這種情況經常發生。根據定義，外來寵物對野外毫不陌生，許多厭倦了自家寵物的飼主認為牠們屬於野外，即使當地的「野外」距離動物原本的棲息地好幾千公里。研究人員表示，被放生的寵物往往是寵物店裡最常見的物種，牠們價格便宜、壽命長、而且成長後的體型也是一般人無法處理地大（相較於購買時幼年期可愛的模樣）。讓大型蛇類悄悄溜進沼澤地的寵物飼主，或是隨意釋放其他外來爬蟲類、兩棲類、鳥類與哺乳動物的行為，都會在無意中改變世界。例如，地球上最具破壞性的水生入侵物種，有三分之一是水族館與觀賞魚愛好者將寵物放生，或是將牠們倒入野外水域的結果。在所有有記錄的爬蟲類與兩棲類引入中有一半以上獲得成功，往往在遙遠的土地上建立起全新的族群。如果氣候適宜，掠食者少，而且食物充足，異國寵物有時會在意想不到的野外找到天堂。[13]

「人們得到的寵物比他們所想的更難飼養或處理，或者牠們長得太大，」布萊克本解釋道。「而且人們基本上不喜歡把寵物安樂死，所以他們覺得最有人性的作法就是讓牠們在野外終了餘生，但是，那當然不必然是你想讓牠們去的地方。……我們這裡的情況是（不是牠們自己的錯），這些非原生物種到處亂竄（而牠們在那裡也不是牠們的錯），啃食著當地的動植物。」這位生物學家停頓了一下，彷彿是在讓喜好寵物的聽眾為無可避免的狀況做好準備。「在很多情況下，全面撲殺會是最好的辦法。」

最近，總部位於加州的島嶼保育組織在《*PLOS ONE*》期刊發表研究成果，認為全面移除生活在島嶼上的野貓、野狗、老鼠、豬、獴和山羊，可能為全球生物多樣性帶來絕大的好處。該研究顯示，只要將這些人類引入的哺乳動物從一百六十九個選定的島嶼上移除，就可以讓地球上將近十分之一的瀕危鳥類、哺乳動物、兩棲類與爬蟲類物種從瀕臨滅絕的境地中拯救出來，有十一座島嶼位於紐西蘭。在二〇一六年，紐西蘭政府啟動了一項雄心勃勃、耗資六十億美元的計畫，要在二〇五〇年之前，將所有入侵的老鼠、貓、鼬與其他掠食者從該國二十六萬八千平方公里（十萬三千四百七十五平方英里）領土的每一個角落移除。澳洲也有類似的想法，其入侵物種七年策略的目標是要清除領土內八千三百座島嶼上的入侵老鼠、貓與兔子。近幾十年來，全世界已有超過一千兩百個消除外來哺乳動物的計畫，其中大多數（百分之八十五）都成功改善了原生野生動物的困境。[14]

「基本上來說，我們現在的處境是，我們對那些原生物種有責任，否則牠們只會被那些外來動物啃食，而且有可能滅絕，」布萊克本表示。「我們必須採取行動。」

遺憾的是，為了拯救其他生物而消滅一些動物，從來無法讓愛動物的人感到舒服，也不符合保育原則。有意拯救物種的人，往往也是那些認為動物是值得我們關心的對象的人；對這群人來說，親生命性不是一個抽象的概念，而是人類價值的泉源。我們與其他生物的關係，並不會在我們思考其族群時變得最清晰，而是會在我們偶然發現一個個體，與牠孤獨的目光對視片刻的時候顯現出來。我們對牠們的認同，就像我們對人的認同一樣，是一對一的。一個個體的痛苦與整個物種被推向滅絕邊緣的更大災難，具有相同分量的沉重。當原本是寵物的動物成為問題時，當被放生或逃逸的動物在陌生環境中襲擊原生野生動物時，矛盾就會被放大。

「對我來說，殺戮是不可能的，」馬克・貝科夫（Marc Bekoff）在科羅拉多州波德市的家中毅然說道。「我不會支持這種事情。」

貝科夫是科羅拉多州大學（University of Colorado）生態學暨演化生物學榮譽教授，也是積極的保育份子，對他來說，這並沒有什麼特別矛盾之處。貝科夫是一位多產的作家，也是他和其他人所謂「慈悲保育」的擁護者。這場許多人認為愈來愈受到歡迎的運動，直接挑戰了我們可以以生物多樣性為名犧牲個別動物的思維。《保育生物學》（*Conservation Biology*）期刊上的一篇文章（貝科夫為共同作者）闡述了這個觀點：「隨著愈來愈多人意識到許多非人類動物普遍具有感知能力與智慧，不考慮個別動物福祉而斷然優先考慮集體的標準保育措施，在道德上是站不住腳的。」換言之，造成差異的是道德：近距離親身感受親生命性就是這個樣子。[15]

「慈悲保育的基本原則首先是不要傷害，」貝科夫解釋道，「每個生命都很重要。」這位資深動物學家是熱情的倡議者（他一開始是從事醫學研究，但因為實驗必須以活體動物進行而放棄了他的第一個博士學位）。近年來，他似乎在所有地方都提出了自己的主張；例如，他早期替《哈芬登郵報》（*HuffPost*）寫了一篇經常被引用的書評，評論彼特·馬拉的《貓咪戰爭》，將這位史密森學會科學家描繪成一個想殺死貓的人。他曾發表過一些文章，譴責為了拯救黃石國家公園（Yellowstone National Park）的紅鹿*或是幫助加拿大處境艱難的馴鹿†而限量捕殺狼的行為。他對澳洲與紐西蘭的外來掠食者消滅計畫提出非常強烈的批判。他講話速度很快，而這種飛快的節奏似乎令人難以抗拒，我們的談話斷斷續續地進行著，原本是場愉快且聰敏的談話，直到對話在不知不覺中，突然莫名其妙地失去了方向。

「真的，如果一隻動物還活著，那麼我們就不能傷害牠，歸根究底，這就是問題所在，」他說道。「我的意思是，你可以解釋說，牠們有活下去的權力，或提出類似的說法，但在我看來，單就生命而言，每個生命都是有價值的，因為牠們活著……這不是說，好了，我們有個保育問題，只要我們儘量將痛苦與死亡降到最低，就算做得很好了。我真正想說的是，殺戮這件事免談，我就是不覺得自己有權為了拯救動物而殺害其他動物。」

---

* *Cervus canadensis*。

† *Rangifer tarandus*。

如果原生動物正在死亡，是因為人們放生外來種，而外來種又反過來殺了這些原生動物呢？貝科夫回答道，也許原生種與外來種的差別被過度誇大了：我們對於消滅外來種以拯救原生種的執著，可能忽略了現實中不可避免的生態變化（即使人們正在以渦輪動力攪拌機的速度將之混合起來）。這位富有同情心的保育人士以一種讓人消除敵意的真誠口吻說道，這其中也許涉及一些可恨的政治因素，將保育與拖後腿的先天論劃上等號。「堅定致力於維護歷史上的（物種）組合，」他們在《保育生物學》期刊的一篇論文中寫道，「似乎不切實際，這可能更多是根植於仇外的意識形態，而非科學理解。」貝科夫表示，將外來種視為存在的時間不夠長，以至於無法被認定為原生種的野生動物，也許在政治上更容易接受，也更為人性化。

「有幾個層面上存在著分歧，」他解釋道。「一個是，被引進的動物是否真的造成了那些被歸咎到牠們身上的破壞？另一個是，把牠們移走真的能解決問題嗎？……作為一個生物學家，我提出的一個論點是，我們的生態系是一個不斷發展的實體，它們不是靜態的，而是動態的。所以，移除一個物種，比如可能造成破壞的入侵種，不一定就能讓生態系穩定下來。」這類論點讓提姆·布萊克本感到擔憂。他說，我們生活的星球在現代所面臨的環境威脅已經非常令人擔憂，這種想法可能讓情況更加惡化。而且，這種觀點似乎愈來愈受歡迎。愈來愈多人接受它，因為背後是人對動物的喜愛（諷刺的是，這是一種親生命性的表現）。「人們確實熱愛他們的動物，」這位生物學家說，「我可以理解他們為什麼對科學家、保育工作者或管理人員插手且可能殺死大量或多或少有知覺的脊椎動物感到煩躁不安。」

即使是玄鼠*也會引起人們同情，幾十年前，主管機關試圖在南加州外海的海峽群島國家公園（Channel Islands National Park）根除這種入侵嚙齒動物的時候，強烈的抗議聲浪把場面弄得很難看。包括瀕臨滅絕的灰叉尾海燕†、卡氏海雀‡、斯氏海雀※與阿納卡帕囊鼠◎等在內的原生物種的族群，都遭到玄鼠傷害，在某些情況下幾乎完全消

---

* *Rattus rattus*。

† *Hydrobates homochroa*。

‡ *Ptychoramphus aleuticus*。

※ *Synthliboramphus scrippsi*。

◎ *Peromyscus maniculatus*。

失。反對者提起的訴訟幾乎立刻讓滅鼠行動停滯不前，而當行動再次展開時，國家公園巡邏員不得不穿上防彈背心。地方報報導了這個讓人義憤的暴行：「人類有什麼資格稱其他物種為入侵者？」在主管機關終於掃除障礙，可以使用毒餌消滅島上玄鼠時，有人乘著充氣船在阿納卡帕島登陸，在島上四處撒下維他命K小藥丸，作為解毒劑。[16]

多年來，入侵生物學一直是科普作家和一些學術界人士蔑視奚落的對象，許多外來脊椎動物原來是寵物（或牠們的後代）的事實，可能會加劇情感風險，科學上的不確定性（在試圖預測外來種對未來的影響時是必然發生的）為懷疑論留下了很大的空間。一些作家無視預防原則，只強調少數外來物種的好處，而不提其他外來物種造成不成比例的破壞。例如，科學記者弗雷德．皮爾斯（Fred Pearce）在二〇一五年出版的《新原野地：入侵物種何以拯救自然》（*The New Wild: Why Invasive Species Will Be Nature's Salvation*）一書就引起了關注，類似的文章與論文紛紛出現。蒙特婁麥基爾大學（McGill University）的兩名研究人員追蹤了到底多少人寫了這類文章，發現在最近一段時間，質疑入侵生物學的論調呈指數成長。布萊克本和他的紐西蘭同事詹姆斯．羅素（James Russell）將這種趨勢比作氣候變遷懷疑論者與反疫苗者的反科學運動，他們將這個情形稱為「入侵種否定論」。[17]

「我的意思是，你可以說，對大多數物種來說，都沒有證據顯示牠們受到衝擊，所以實際上我們不應該太過不安，」布萊克本表示。「我認為我認識的大多數入侵生物學家，基本上都是這個立場。但是，當你實際看到這些新物種時，我們不一定知道這些物種會帶來什麼影響；所以，很有可能的狀況是，下一個外來種入侵大事件就是在這一刻被引入，或在這一刻奠定了基礎，而我們並不知道那會是什麼，或者會有什麼影響。所以，這個遊戲其實很危險。」

「全世界已經有數千物種的族群量出現問題，」布萊克本表示。「所以，如果我們想要將我們的生物多樣性維持在一個合理完整且合理獨特的程度，這已經是一個我們不得不面對的重大問題。……任何人類活動必然會涉及某種價值體系，這是無可避免的。我的意思是，在這種情況下，我們的道德責任側重於阻止這些經過數百萬年演化才得以出現的獨特物種永遠消失，牠們目前正在以百倍到千倍的自然背景滅絕速度消失。」這位生物學家的語調流露出急迫感。「我想你必須從兩組物種的角度來看，就像這樣：我們是對這個外來種負有道德責任，還是對這些因為我們的行為而步向滅絕的原生種負有道德責任？我想，平衡點可能傾向後者。」

要殺死蟒蛇時，佛羅里達大沼澤地的蟒蛇獵人湯姆．拉希爾會小心翼翼地將一根金屬棒抵著蟒蛇的頭，然後用特殊的力道給牠一記尖銳有力的重擊。他告訴我，這個工具會攪亂動物的大腦，立即將牠殺死。安樂死是雇用他的機構所要求的，他並不樂於談論此事——沼澤猿人是一個治療團體，拉希爾擔心任何圍繞著殺死動物的宣傳都會影響到他的復健目標。這可能也會轉移人們的注意力，讓人們忽略了更大的問題，即這片世界上最廣大原野的未來。「你知道，有很多人寧願看到這些蟒蛇自然地活著，」拉希爾解釋道，「但他們並不了解這些蟒蛇正在搞破壞。」

「我給他們的回答是，你為什麼不喜歡兔子？嗯，因為如果你喜歡兔子，你會希望我們移除這些蟒蛇。牠們正在破壞原生兔子以及其他屬於這裡的原生種的數量，這都要歸功於不負責任的寵物飼主，他們在把蛇養了兩三年以後出來，讓蛇長成龐然大物後把牠放生。」

拉希爾跟我說這些的時候，我們兩人正開著車在堤壩上尋找更多的蛇。此時，《沼澤人》的攝影團隊已經離開了，他們轉移到更靠近海岸的地方去拍攝另一個片段，這次是關於入侵的綠鬣蜥*。這些巨大的綠鬣蜥可以長到一點五公尺長（五英尺），牠們快把富有的海濱別墅屋主給逼瘋了。牠們在堤岸和花園裡挖洞，在草皮上排泄，還讓電線纏繞在一起。水資源管理部門也不太喜歡牠們；這些大蜥蜴有個令人討厭的習慣，會鑽進堤壩裡，破壞了佛羅里達的運河和供水系統。這種看來像史前野獸的動物原產於加勒比海與南美洲，牠們在約莫半世紀前以寵物的身分來到美國。牠們和緬甸蟒一樣，因為放生或逃逸來到野外，很快就發現佛羅里達州的亞熱帶景觀相當舒適，可以為家。氣候變暖更助長了這個情形；曾經讓綠鬣蜥數量受到控制的季節性寒流，現在已經很少發生。目前綠鬣蜥的族群數量估計已有數十萬隻，而且還在蓬勃發展。對特洛伊．蘭德里和他的團隊來說，獵捕綠鬣蜥也有望拍出精采的電視節目。

拉希爾希望他的蟒蛇演出也能成功，沼澤猿人需要曝光，拉希爾希望能壯大這個組織，幫助更多退伍軍人。理想的情況是，他能說服州政府或聯邦政府提供一些資金補助

---

* *Iguana iguana*。

（拉希爾說，目前沼澤猿人的大部分經常費用都是他自掏腰包支付的），他也想讓更多人知道，他心愛的佛羅里達大沼澤地如何對抗這些入侵的寵物。拉希爾花了四十多年的時間，踏遍這片迷人的原野，對這裡瞭如指掌，他親眼目睹了入侵的植物與動物如何改造了這個地方。他不是受過訓練的科學家，但他是生物多樣性流失方面的專家；生物多樣性的流失讓這片富饒的野生溼地永遠地陷入了貧瘠，他的迷戀變成了擔憂。

「讓人擔心的是野生動物，老兄，」塵土在搖搖晃晃的卡車後方捲起時他這麼說道。「野生動物已經大幅度減少了，主要是哺乳動物。開始看到這樣的情形，是在一九八〇年代中期至一九九〇年代，在那個時期開始變得很明顯。那時，你可以在這條路上看到像浣熊、負鼠、棉尾兔、澤兔等動物，牠們出沒的路線與蟒蛇獵食的路線是相同的。」拉希爾摸了摸自己的落腮鬍。「這地方變了，伙計，」他說。「就是變了。」

第五章

蠑螈與疫病犬

紅背蠑螈

Plethodon cinereus

以世界上大規模原野的標準來看，安大略省東部的失落灣自然保留區（Lost Bay Nature Reserve）的面積微不足道，只有不到二點五平方公里（一平方英里）。但由環境重要性的角度來看，卻能與大型原野相比擬。這裡的樹林、松樹與豐富的黑水沼澤，在保育人士眼中是重要的生態「橋樑」。他們稱它為夫隆特納克之拱（Frontenac Arch），不過與其說它是一座橋樑，還不如說是山脊。花崗岩與大理石構成的狹長地帶大多被零星林地與多岩石的田野所覆蓋，連接著加拿大地盾到紐約州阿第倫達克山脈之間廣闊多石的區域，這裡明顯比周圍景觀更加崎嶇。五種不同的森林類型沿著這條拱形相交，匯集了來自四面八方令人驚嘆的動物與植物。在加拿大，幾乎沒有其他地方有如此豐富的物種，這個事實讓此地被指定為聯合國科教文組織世界生物圈保留區（UNESCO World Biosphere Reserve）。該保留區本身就擁有二十四個罕見物種，數量稀少到足以認定有滅絕危險。這種非比尋常的多樣性，是約翰·厄克哈特（John Urquhart）愛上這個地方的原因。

厄克哈特是位年輕的生態學家，當我們見面時，他正在主持一個長期計畫，目標是記錄加拿大第二大省「安大略省」所有蠑螈、青蛙、蛇、龜與蜥蜴的行蹤。這個計畫名為「安大略爬蟲類與兩棲類分布圖（Ontario Reptile and Amphibian Atlas）」，其目的是為了集結數百名自然觀察志工的觀察結果，他們在大片區域徒步搜索，並將結果記錄在與網格套疊的省地圖上。當一個區域需要特別關注，或是有一個重要網格區域沒有志工負責調查時，厄克哈特和他的同事喬．克勞利（Joe Crowley）就會親自上陣。其他區域性或規模更大的兩棲動物監測計畫（包括國際自然保護聯盟〔International Union for Conservation of Nature〕的全球兩棲動物評估計畫〔Global Amphibian Assessment〕）也在世界各地彙整類似的資訊。

當我把車開進保留區時，厄克哈特從一間孤零零的小木屋大步走了出來。這位年輕的田野生物學家身材修長，留著一頭孩子氣、髒兮兮的金髮，臉上掛著燦爛且富有感染力的笑容，他在這個環境簡直如魚得水，代表自然保育組織安大略自然基金會（Ontario Nature）（受到省政府的支持）執行的工作非常適合他。他告訴我，他非常熱愛田野生物學（在我們會面的不久以後，他將著手開設自己以田野調查工作為基礎的生態諮詢公司熾星環保〔Blazing Star Environmental〕）。當我走下車時，這位生物學家熱切地歡迎我，亟於帶我四處參觀。爬蟲類與兩棲類是安大略省最隱密也最神祕的動物，而厄克哈特是揭露其祕密世界的專家。蠑螈尤其是該省最難以捉摸的野生動物。「我們絕對要知道得更多，」厄克哈特告訴我。「這裡有很大的資料缺口。」

我們先聊了一會兒，然後便開始了一次運動量相當大的健行，徒步走過一片開闊的仲夏之森。想跟上厄克哈特還挺費力的，腿長的他走得非常快，他率先走上第一個斜坡，以之字形來回移動。他不時停下來，像一個剛發現一條走廊的孩子打開一扇又一扇的門一樣，把木頭往後滾。他從一棵倒下的樹移動到下一棵，抬起每塊木頭，仔細觀察下面，研究了一會兒，彷彿在看著一條陌生的黑暗通道。「在那裡。」他在我趕緊跟上時說道。一個黑色的小東西突然從陰影中竄了出來，乍看之下像是一隻快速逃跑的甲蟲。厄克哈特靈巧地把牠撈了起來，露出來的是一隻小到不可思議、發育完全的蠑螈，牠閃閃發光的眼睛不比標點符號來得大。「紅背蠑螈*的幼體，」他解釋道。「這可能是一週前孵化的……或者只有幾天大。」

有那麼一瞬間，即使厄克哈特都被牠的比例嚇了一跳；這麼小的動物，即使是經常探訪原木下方隱密處的訪客也難得一見。「紅背蠑螈是安大略省唯一沒有水生幼蟲階段的兩棲動物，」他告訴我。「其他蠑螈與蛙的幼體會以蝌蚪的形式生活在池塘與溪流中，像這樣的紅背蠑螈幼體是唯一在陸地上孵化的，看起來就像是成體的迷你版。」

厄克哈特了解他的蠑螈，這一點並沒有太多人能做到。兩棲動物可以說是昆蟲之外，人類最不熟悉也最不了解的生物類群。在沼澤地響起青蛙蟾蜍鳴叫的春天大合唱之外，世界上的兩棲動物非常成功地保持低調。即使對許多博物學家來說，兩棲動物往往也是個問號——自然史的一個盲點。很諷刺的是，我們的森林是兩棲動物的家園，牠們的數量比任何其他包括鳥類與嚙齒動物在內的陸生脊椎動物都要多。蠑螈尤其繁盛：北美洲是全球蠑螈生物多樣性的中心；世界上已知七百三十八種蠑螈，有超過一半生活在北美洲（美國有兩百零五種，墨西哥一百五十一種，加拿大二十一種）。更重要的是，很少有其他動物對當地生態系有如此的重要性——牠們是其他動物的食物，當牠們從水生動物經過變態成為陸棲動物時，也將營養物質從豐沃的水池和池塘移到森林。同時，牠們在水生環境與陸生環境的典型雙重身分，讓牠們特別有資格成為環境變化的預警。[1]

＊ *Plethodon cinereus*。

這種角色就如煤礦坑裡的金絲雀，值得令人深思——尤其是考慮到蠑螈、水螈、蛙類和蟾蜍等是當前最受威脅的一類動物，地球上幾乎三分之一的極度瀕危生物都屬於這個群體。科學家表示，世界上已知並經過評估的六千七百七十多種兩棲動物中，有百分之三十二瀕臨滅絕（相形之下，鳥類為百分之十三，哺乳動物為百分之二十一）；目前已有三十四個物種正式列入野外滅絕物種，還有一百三十八個物種可能或推定已經滅絕。在熱帶地區，兩棲動物消失的速度幾乎可以與歷史上一些大滅絕事件相比擬。許多人認為，這是有史以來最大的保育災難。「我們快速地失去這些動物，」厄克哈特表示。「未來的狀況可能更糟。」[2]

不幸的是，根據許多研究人員的說法，未來的狀況幾乎肯定會更糟，厄克哈特的評論預示著一種新的致命殺手即將出現。最近，兩棲動物生物學家不停地發出警訊，表示有一種從前不為人知的真菌疾病正在毀滅歐洲的蠑螈，而且很有可能跨越大西洋。這種會侵蝕蠑螈皮膚表面的真菌是蠑螈壺菌（*Batrachochytrium salamandrivorans*，意為「蠑螈的吞噬者」），它的來臨可能會為北美洲的野生動物帶來災難。根據專家的說法，情況之所以會如此嚴重，是因為這種疾病的散播方式幾乎是勢不可擋。這種接觸傳染病搭上了國際寵物貿易的便車；事實證明，它的幫兇是不知情且喜歡寵物的人類。[3]

令人驚訝的是，行動鬼鬼祟祟、外觀不算可愛且不太好動的蠑螈是挺受歡迎的家庭寵物。幾世紀以來，兩棲動物愛好者一直受到這些動物卡通般的外型與絢麗的顏色所吸引。牠們身上豔黃、亮橘與鮮紅色的斑紋，為牠們掙得了「火蜥蜴」的綽號，民間傳說這些動物可以毫髮無損地在火焰中行走。有些人把牠們和神話特質聯繫在一起，例如不死之身，這是因為牠們能夠再生失去的肢體。水螈或者至少是牠們的眼睛，和巫術與神祕學聯繫在一起（部分歸功於莎士比亞《馬克白》〔*Macbeth*〕中攪著大鍋唸咒的女巫，還有英國劇團蒙提派森〔Monty Python〕各種荒唐可笑的短劇小品），收藏家尤其將這些外來種視若珍寶。根據美國魚類及野生動物管理局的數據，在二〇〇四年至二〇一四年間，估計有兩百五十萬隻五十九種活蠑螈進口到美國；光是在二〇一四年，就有價值高達一百三十萬美元的蠑螈（按市場價格計）進入美國，進到寵物狂熱愛好者的家中。專家認為，最令人擔心的是這種動物作為動物伴侶的受歡迎程度。科學家表示，放生或逃逸的寵物蠑螈，和牠們毫無戒備的野生表親相遇，可能是無法避免的；因此，蠑蠑壺菌在自然族群中的傳播，應該也必然會發生。[4]

讓科學家們擔心的還有另一個原因。這種真菌有一個讓人不寒而慄的先例：在過去幾十年間，全球數百萬隻蛙類的大量死亡與另一種由寵物交易引發的類似流行病有關。一個名為蛙壺菌（*Batrachochytrium dendrobatidis*）的姐妹種真菌，正在以令人恐懼的速度消滅蛙類蟾蜍的族群與物種。在蒼翠的赤道叢林與熱帶山林中，蛙壺菌的爆發尤其具有災難性。大約有五百種蛙類數量急劇下降，其中有九十種被認為已經完全滅絕。大約一千三百種蛙類與蟾蜍中，一半以上已被檢測出真菌感染的跡象。中南美洲色彩鮮豔的斑蟾所受的打擊尤其嚴重，其中包括受人尊崇但現已消失的巴拿馬金蛙*。[5]

在全球八十二個已採樣的國家中，有五十二國發現了蛙壺菌的蹤跡。最近，一個研究小組追蹤了這種病毒的基因足跡，發現該病毒的可能發源地在亞洲，可能是朝鮮半島的某個地方。研究人員得出結論，幾乎可以肯定，這種疾病的大規模傳播是由始於二十世紀早期的全球異國寵物兩棲動物貿易日益增長所造成。作者寫道：「兩棲動物的國際貿易無疑直接導致這種病原體在全世界傳播。」蛙壺菌現在被認為是有紀錄以來單一病原體感染脊椎動物的最嚴重病例。[6]

在熱帶以外的北美洲，蛙壺菌的影響沒那麼大；北美洲的許多兩棲動物雖然受到感染，但顯然並沒有造成大規模死亡。另一方面，蠑螈壺菌可沒有這麼寬宏大量；用蠑螈壺菌進行的實驗室測試已經顯示，這種新疾病至少對十幾種北美蠑螈與水螈是致命的。雖然科學家不知道蠑螈壺菌到底如何致死，但已知這種真菌會侵蝕蠑螈的皮膚，而皮膚在蠑螈的免疫系統與呼吸扮演著重要的角色。受感染的蠑螈會變得無精打采，不願進食，並在一兩週內死亡。例如在實驗測試中，被刻意感染的紅綠美東螈[†]（又稱紅點蠑螈、美東蠑螈，經常被當作寵物飼養）與粗皮漬螈[‡]（廣泛分布於墨西哥到英屬哥倫比亞省之間地區的物種）很快就出現症狀，而且最終全都死亡。按照這樣的思維，如果蠑螈壺菌抵達美洲大陸海岸，這些常見動物很快就會把疾病傳播給其他蠑螈種類，擴大感染範圍。我們這裡寒冷的冬天（一個經常能讓其他疾病無法蓬勃發展的原因）可能不大

---

* *Atelopus zeteki*。

† *Notophthalmus viridescens*。

‡ *Taricha granulosa*。

有幫助，研究人員表示，如果這種真菌感染了北美洲的野生蠑螈，幾乎不可能阻止。

二〇一九年，四十多名學者在頂尖期刊《科學》上撰文警告，蛙壺菌與蠑螈壺菌共同造成的影響（兩者造成的病症被稱為「壺菌病」）是迄今「有紀錄以來因為疾病而造成的最大生物多樣性流失」。作者群表示，自一九八〇年代以來，受到壺菌病感染的物種之中，有百分之九十完全沒有顯示出族群恢復的跡象，百分之四十的族群數量繼續減少中。其他更著名的動物致死性疾病，如鳥類的西尼羅病毒與蝙蝠的白鼻症，都比不上壺菌病迄今造成的破壞。科學家群警告說，如果讓這些真菌（蛙壺菌或蠑螈壺菌）傳播到新的地區，將會有更多兩棲動物死亡。[7]

二十多年來，荷蘭的國家兩棲動物監測計畫（National Amphibian Monitoring Program）一直在密切關注該國的蛙類、蟾蜍與蠑螈。就如加拿大的安大略爬蟲類與兩棲類分布圖，荷蘭的監測計畫也彙整了全國各地業餘自然觀察愛好者的觀察報告。這個地勢低窪的小國是歐洲人口最密集的國家之一，講到野生動物多樣性時，人們通常不會想到這個地方。儘管如此，這裡有豐富的綠地，而北海沿岸的瓦登海國家公園

（Wadden Sea National Park）有著歐洲最大的潮汐溼地。荷蘭有十六種兩棲動物，雖然有九種被該國列入受威脅或瀕危動物名單，並沒有任何一種有消失的危險——直到最近為止。

二〇〇八年，保育人士安妮瑪瑞克・斯皮岑・范德斯呂伊斯（Annemarieke Spitzen-van der Sluijs）在荷蘭扮演著與約翰・厄克哈特一樣的角色，是荷蘭監測計畫的專案經理。當時，第一批死亡的蠑螈出現了。在荷蘭南部已知的火蠑螈分布範圍，瀕臨滅絕的成年火蠑螈屍體，一次又一次地出現在森林小徑上，動也不動地躺在那裡。這些死去的動物似乎只是停止了腳步，沒有受傷的跡象。二〇一〇年，人們的擔憂升級了：監測志工發現的火蠑螈活體數量開始急劇下降，到二〇一二年，只看到兩隻火蠑螈（儘管人們投注更多心力尋找）。在捕獲三十九隻火蠑螈以進行人工繁殖計畫時，其中一半也死掉了，屍體剖檢並沒有發現包括蛙壺菌在內的兩棲動物常見疾病的證據。在七年間，數量遽降了百分之九十九點九。[8]

這完全就是個謎，對於從事保育工作並同時攻讀兩棲類疾病博士學位的斯皮岑・范德斯呂伊斯來說，這個謎題很恰巧地落在她身上。她的博士班指導教授是安・馬特爾

（An Martel）與弗蘭克．帕斯曼斯（Frank Pasmans），也恰好是比利時根特大學（Ghent University）的頂尖野生動物病理學家，專長是蛙壺菌與其他會造成蛙類與蠑螈死亡的疾病。研究人員開始在死亡蠑螈的肝臟、脾臟、腎臟與皮膚中尋找線索，在排除致命疾病中常見的嫌疑對象以後，他們在其中一個培養皿觀察到一種奇怪的真菌。基因分析發現，這是他們從未遇到過的東西，原來，蠑螈壺菌是一種科學上從未描述過的殺手真菌，這讓研究小組大吃一驚。[9]

科學家利用基因標記，小心翼翼地追蹤著這個新殺手，來到了它的故鄉。和蛙壺菌一樣，他們在數千公里外的亞洲發現了它，很可能是越南。在那個地方，這種真菌似乎能與泰國、越南與日本的蠑螈共存，不會損及蠑螈的健康，這些動物已經對它的致命效果產生抵抗力。那麼，這種疾病是如何抵達荷蘭的？研究人員分析來自歐洲寵物店、倫敦希斯羅機場與香港兩棲動物出口商倉庫中一千七百多隻兩棲動物的皮膚樣本，三隻圈養的越南疣螈（在國際寵物貿易的路上停停走走）被檢出對這種疾病呈陽性反應，其中兩隻已經於二〇一〇年進口到歐洲。研究團隊拿到確鑿的證據，並在《科學》期刊發表研究成果：在荷蘭殺害瀕危蠑螈的致命感染來源可能是寵物。

一名喜愛亞洲兩棲動物的荷蘭寵物愛好者，引發了一場新的保育災難。現在，歐洲各地蠑螈的多樣性（幾乎是生物分類學中整個目的動物）可能都處於危險之中。[10]

到二〇一六年，比利時和德國的野外，以及英國的一家寵物店都發現了這種真菌。研究人員試圖確定接下來會發生什麼，他們用電腦模型來預測情況可能變得多糟。他們報告說，「無限傳播」是有可能發生的。現在看來，這種真菌抵達美國海岸可能只是時間問題。[11]

五百多年前，歐洲與北美洲第一次建立起跨大西洋的聯繫，悲劇隨著這趟旅程的首批人員一起抵達美洲。哥倫布於一四九二年十月十二日登陸，這個日期標誌個歐洲傳染病浪潮的開始，在此後的幾世紀中，每年死亡的北美原住民人口都超過出生人口。歐洲殖民者帶來了天花、麻疹、流感與其他致命病毒，這些瘟疫像野火一樣席捲了對舊大陸病原體缺乏免疫力的原住民社區，造成數百萬人死亡。人類殖民者帶來了流行病，他們的家畜同樣也帶來了疾病。例如一八八九年，在非洲的義大利殖民士兵將牲畜帶去非洲，無意間帶進了一種被稱為「牛瘟」的麻疹類病毒。這種外來疾病很快就消滅了數百萬在非洲的牛、綿羊與山羊，以及肯亞九成的水牛，還有無數的長頸鹿、牛羚和其他野生動物。由於無法放牧或狩獵，三分之一的衣索比亞人與坦尚尼亞境內三分之二的馬賽人在幾年之內餓死。[12]

「當你遷動一個人或一隻動物的時候，你其實把一整個動物園的細菌、病毒和其他東西一起遷動了，」加拿大野生動物健康專家克雷格·史蒂芬（Craig Stephen）解釋道。「這對你我來說，就像對一隻狗和一隻青蛙一樣，沒什麼不同。當我們將一隻動物從一個生態系帶到另一個生態系時，我們也引進了寄生蟲、細菌或病毒，這些都是接收環境的動物從未見過的，牠們可能更容易受到影響。」

史蒂芬是加拿大野生動物健康合作組織（Canadian Wildlife Health Cooperative）的負責人，該組織是加拿大阻止新的野生動物疾病在加拿大找到立足點的先鋒。這位認真但友善的科學家留著大鬍子，總是笑容滿面，他在二〇一四年開始擔任該組織的負責人。這個機構的總部與位於加拿大地理中心薩斯喀屯的薩克其萬大學（University of Saskatchewan）西部獸醫學院（Western College of Veterinary Medicine）相連。加拿大野生動物健康合作組織的主要任務是協調與彙整第一線野生動物研究實驗室的工作，這些實驗室有輪床、檢驗室與顯微鏡，散布在加拿大境內的五所獸醫學院以及英屬哥倫比亞動物健康中心（British Columbia Animal Health Centre）。

加拿大野生動物健康合作組織獨立於政府運作，但資金來自約三十個不同的聯邦與省級部門，這些部門都體認到野生動物健康對人類日常生活的重要性。例如，野生動物疾病可能蔓延到農業，影響糧食安全。有些疾病會干擾貿易，其他疾病（試想愛滋病或禽流感）會直接感染人類並造成死亡，當然，最後一個考量是很重要的一點。科學家相信，如今威脅人類的大多數新興傳染病都是「人畜共通」，意指這些疾病源自（有時以突變種的形式）宿主轉換的動物疾病，野生動物之間基本上存在著一個基本上不為人知的巨大細菌庫。史蒂芬表示，加拿大野生動物健康合作組織的功能是一個早期預警系統。它在世界貿易組織的世界動物衛生組織（World Organization for Animal Health，原名國際畜疫會〔Office International des Epizooties〕）之下履行加拿大與各省的監測義務。[13]

野生動物疾病對保育也很重要，野生動物健康對生物多樣性的影響一直是史蒂芬長期關注的問題。在成為獸醫之前，他在自然保護區工作，後來才完成流行病學的博士學位，他的論文探討野生鮭魚的感染。史蒂芬解釋道，不久之前，野生動物疾病單純被認為是自然界淘汰弱者或重新平衡過大動物族群量的方法。「這是多年來的教條。但是在現在這個新興傳染病的時代，我們看到疾病正在將一些物種推向滅絕，或是推上瀕危物種名錄。」他告訴我，今天最大的不同在於「累積效應」。一個世紀以前，在氣候變遷、棲息地流失、都市化與全球化的廣泛影響還沒有發生前，野生動物通常具有復原能力，在疾病來襲時可以恢復。「但現在，當我們開始考慮到野生動物面臨的不同挑戰，一種新疾病的出現可能會將牠們逼上絕路。」

這就是為什麼我們因為親生命性而產生對寵物的熱愛，會讓那些擔心野外動物健康的人認為是個很糟糕的問題。多年來研究動物疾病如何傳播的史蒂芬認為，陪伴人類四處旅行的寵物尤其是活躍的野生動物感染媒介，許多寵物並不會受到牠們所攜帶疾病的影響，牠們可以帶著這些致命的疾病生活和旅行，隨著主人遊走八方。寵物傳播的疾病一直被認為是破壞全世界生物多樣性的罪魁禍首，從非洲到夏威夷和其他地方，大量動物的死亡都與同伴動物釋放到野外的病毒和寄生蟲有關。[14]

許多人認為情況特別糟糕，但史蒂芬警告說，問題的規模仍然難以確定。他說：「首先，在野外很難評估與疾病相關的死亡。」當動物已經因為許多其他的人類影響而陷入困境時，責任歸屬就更困難了。在考慮到底有多少野生動物疾病與寵物有關的時候，「挑戰是不要陷入『道聽塗說』的情況，」他解釋道。「我們的挑戰應該是提倡負責任的寵物飼養……在我們考慮要把什麼東西帶入一個國家，以及確保無論寵物帶著什麼（在牠們的體內動物園中）都不會被釋放到環境中的時候，就需要思考這個問題。」

東非的塞倫蓋蒂地區有著世界上最令人印象深刻的野生動物群，塞倫蓋蒂地區有兩個世界文化襲產與兩個生物圈保護區，廣闊的平原因為牛羚與斑馬雷鳴般的大規模遷徙而聞名於世，還有壯觀的大象、長頸鹿、狒狒與其他著名的動物。動物觀察旅遊的遊客蜂擁至此，以親眼目睹這個奇觀；然而，他們再也看不到非洲野犬*，這種稀有的群體狩獵動物於一九九一年在塞倫蓋蒂滅絕。科學家表示，牠們消失的同時，牠們的族群正

* *Lycaon pictus*。

遭受疾病的蹂躪。[15]不久之後，在一九九四年初，獅子也生病了，研究人員曾目睹六隻獅子因為癲癇大發作而全身抽搐。其他獅子在附近徘徊，要麼失去方向感，要麼昏昏欲睡。獅子的屍體數量開始迅速增加，在該年結束之前，已有超過一千隻獅子痛苦地死去，眨眼間，塞倫蓋蒂失去了三分之一的獅子。[16]

科學家很快就找出罪魁禍首：兇手是犬瘟熱（canine distemper, CDV）的病毒，而且研究人員表示，這種病毒的可能來源是鄰近村莊的寵物犬，造成獅子死亡的病毒株與寵物身上發現的相符。犬瘟熱是個可怕的殺手，會引起病灶、腹瀉和致命的腦腫脹與脊髓腫脹。研究人員表示，這些獅子從未接觸過這種病毒，對它完全沒有免疫力，非洲野犬同樣也很容易受感染（除了犬瘟熱以外，還會受到另一種與寵物有關聯的強大殺手——狂犬病所感染）。五年前，犬瘟熱幾乎消滅了世界上最後一種稀有犬類，衣索比亞狼*（可能經由衣索比亞貝爾山脈附近城鎮的狗所傳染）。在黃石公園重新引進原本在當地已絕跡的灰狼†數年後，犬瘟熱曾在一九九九年、二〇〇五年與二〇〇八年爆發，灰狼大量死亡也被認為與寵物狗（和郊狼‡與狐狸）有關。[17]

對許多保育人士來說，犬瘟熱（和狂犬病）是將狗視為野生動物的敵人，而非人類最好的朋友的一個原因。我們這四條腿的同伴，可能成為許多野生動物族群非故意死亡的泉源。雖然現在犬瘟熱與狂犬病幾乎隨處可見，甚至也存在於野生動物之中，但是通常生活在城鎮與鄉村附近的狗，為這些疾病提供了理想的儲積所，幼犬往往也不停成為新的易感染宿主。當條件適合，家犬與野生動物接觸以後，儲積所就會滿溢，從而爆發疫情。犬瘟熱最令人擔憂的地方，在於它轉換宿主的能力。這種疾病不只在狗和野生犬科動物（如狼）之間傳播，它還會感染各種動物，如港灣海豹※、海豚、老虎和猴子。幾十年前，犬瘟熱差點讓懷俄明州最後一批黑足鼬◎滅絕。[18]

對其他稀有且受威脅的動物來說，受感染的貓是更大的擔憂。二〇〇三年至二〇〇

---

* *Canis simensis*。

† *Canis lupus*。

‡ *Canis latrans*。

※ *Phoca vitulina*。

◎ *Mustela nigripes*。

七年間，西班牙南部數量稀少的伊比利亞猞猁*中發現了貓白血病病毒，這讓這種世界上最瀕危的野生貓科動物遭受了毀滅性的打擊。當時伊比利亞猞猁的全球族群總數勉強超過一百五十隻，有六隻受感染的個體死亡。科學家將此次疫情歸咎於帶原的家貓，貓白血病病毒是世界上貓咪的第二大殺手（僅次於致命外傷，如車禍）。每十隻被感染的貓咪中，有超過八隻無法擺脫病毒，在感染後的三年內死亡，好幾種野生貓科動物也被證明易受感染。除了伊比利亞猞猁以外，美洲豹†、美洲獅、截尾貓‡、甚至瀕臨滅絕的佛羅里達山獅都有被病毒感染而致死的案例。近數十年來，山獅的數量已經減少到幾乎不到兩百隻，在二〇〇〇年代初，以及二〇一〇年至二〇一六年間，這種病毒先由家貓傳給山獅，然後在掙扎的山獅族群中爆發疫情。在佛羅里達州南部，也就是已知這種稀有動物的唯一家園，生物多樣性已經遭受損害，更有三隻山獅因為受到這種疾病感染而死亡。[19]

然而，在野生動物滅絕的世界裡，佛羅里達州根本無法和夏威夷相提並論。根據美國鳥類保育協會的說法，這個太平洋的島嶼天堂是「全球鳥類滅絕之冠」。該協會表示，自從人類在一千多年前抵達這個群島後，該地區的一百四十二種特有種鳥類，有九十五種已經永遠消失了。許多已滅絕的鳥類屬於一群種類繁多、外觀狀似雀鳥的蜜雀，這些色彩繽紛、外觀各異的鳴禽，只用了數百萬年的時間，就從一個單一的島嶼祖先演化而來（比達爾文的加拉巴哥地雀還更戲劇化地說明了適應演化），不過現在這些物種大多已經消失。更糟糕的是，悲劇還在繼續；夏威夷現存的三十三種本土鳥類全都列入美國瀕危物種法案（US Endangered Species Act），其中有十一種鳥類已幾十年未見，可能已經滅絕。研究人員表示，在可愛島，島上剩餘的七種夏威夷旋蜜雀中，有六種可能在接下來的幾十年內滅絕；從各方面來說，夏威夷的生物多樣性災難仍然是進行式。[20]

寵物和疾病是其中最嚴重的問題。特別是從其他地方帶來並被放生的寵物鳥，無論是有意還是無意，都在夏威夷持續的滅絕危機中起了推波助瀾的作用。其他常見的嫌疑

---

* *Lynx pardinus*。

† *Panthera onca*。

‡ *Lynx rufus*。

犯也參與其中：外來掠食者（例如鼠類與貓）、伐木、狩獵、開發等。但研究人員表示，主要的罪犯是會造成鳥類死亡的禽瘧疾，尤其是被引入、會傳播這種疾病的蚊子。在十九世紀之前，夏威夷並沒有蚊子，一八二六年，蚊子幼蟲隨著威靈頓號船上的水抵達夏威夷——至少有個傳說是這樣的。自此以後，夏威夷鳥類的處境就每況愈下。寵物的到來使情況變得更糟。[21]

早期移民抵達這些島嶼時，往往帶著關在籠子裡的寵物鳥作為伴侶；亞洲鳴禽如鳴唱聲優美的噪鶥或綠繡眼最受歡迎，其他還有色彩繽紛的表演鳥如印度的紅梅花雀*。這些鳥在二十世紀初開始在島上自由活動，幾種雀鳥也被當成寵物帶了進來，直到一九六〇年代因為逃逸而進入夏威夷的地景。最近，被放生的寵物鸚鵡也隨著先前抵達的外來鳥類，進入此地的蒼翠森林自由生活。現在至少有五十八種外來鳥類在群島上安家，相較於當地原生的陸鳥，更多入侵陸鳥生活繁衍的狀態更佳。問題是，這些外來鳥類大多來自有蚊子的地方，而且已經存在數千年，其中有些鳥類對蚊子傳播的瘧疾有天生的耐受性，作為瘧疾帶原者也能活得很好。根據一些研究人員的說法，後果就是逃逸的寵物和牠們的後代現在很可能成為這種疾病的溫床，讓疾病能存續下去，引發痛苦。更脆弱的原生鳥類最近才開始遇到受感染的蚊子，因此面臨著更大的致命疾病風險。[22]

喬治亞大學（University of Georgia）生態學家彼得・達札克（Peter Daszak）與他的同事對這些和其他許多例子進行回顧後得到結論，認為保育工作者真的應該要認真對待野生動物疾病了，影響全球野生動物的新興傳染病已成為地球生命多樣性的重大威脅。這些研究人員在《科學》期刊上發表文章，為這個問題命名為「病原體汙染」，並將之歸咎於人類。他們說，人類正在把帶有傳染病的生物運送到新的、毫無抵抗力的生態系中。同時，人類造成的森林破壞與氣候變遷都為野生動物帶來壓力，進而助長了疾病的成功。雖然野生動物疾病危機似乎愈來愈嚴重，但它可能不是新鮮事。作者群表示，與人類殖民有關的傳染病，四萬年來在廣闊大陸與島嶼上一直與野生動物滅絕有所牽連。根據其中一種理論，在人類約莫一萬四千年抵達以後，這些傳染病可能幫助消滅了猛瑪象、乳齒象、駱駝、馬、地懶、劍齒虎與美洲大陸的其他大型哺乳動物。[23]

當然，寵物並不是全部的罪魁禍首，許多涉及人類的野生動物流行病，都牽涉到食

＊ *Amandava amandava*。

物與農場動物，如牛群帶入非洲的牛瘟，或是與亞洲家禽有關的禽流感病毒株。另一些則追溯到被感染的偷渡者，例如船上的老鼠將睡眠蟲病（錐蟲病）帶到聖誕島，造成島上嚙齒動物滅絕。然而，我們的寵物狗、寵物貓、寵物鳥、甚至寵物魚都與許多殺害野生動物的疾病爆發有關。

舉例來說，弓蟲這種寄生蟲會在貓體內繁殖，但牠感染、致病和殺害的卻是很多其他動物，從海豹、海豚到人類。帶有這種疾病的帶原家貓到處都是。多年來，加州海岸一直有瀕臨滅絕的海獺在死亡後被沖上岸。科學家最終發現，弓蟲症是罪魁禍首。這種微小的生物會感染海獺的大腦，直接殺死牠們，或是擾亂牠們絕佳的游泳技能，讓牠們使勁掙扎、錯亂、最後淹死。據信，雨水逕流將疾病從附近的貓糞帶進海裡，在海獺喜歡覓食的海藻林中漩流。最近，研究人員使用基因標記來追蹤岸邊家貓的關聯。該研究推翻了野生截尾貓與山獅可能是源頭的推測；造成海獺死亡的病毒株與居住在鄰近山丘的野生家貓有直接關係。同時，另一個由寵物傳播的殺手皰疹病毒，也在繼續著它的奪命旅程。例如，皰疹在全球鯉魚中的持續傳播，與世界各地寵物金魚和錦鯉的貿易有關。另一個同樣具有致命性的類似微寄生蟲稱為蛙病毒（ranavirus），也被發現感染了在幾個國家的寵物店出售的蛙類與蠑螈。[24]

隨著世界各地新興野生動物疾病問題開始引起世人關注（尤其是因為它們被認定會對人類健康造成威脅），野生動物死亡與寵物貿易傳播疾病之間的關聯性也慢慢顯現了出來。[25]

美國魚類及野生動物管理局立刻發現了寵物與造成蠑螈死亡的蠑螈壺菌之間的關聯：二〇一六年一月，該局禁止了兩百零一種蠑螈的國際或州際貿易，作為北美洲抵抗這種疾病的一種防禦措施。科學家認為，如果這種疾病抵達美國，可能會引發生物多樣性危機，而這個決定被認為是預防此一危機的最佳選擇。公告後，寵物蠑螈的進口或在境內跨州移動都被視為非法，懲處手段包括高達五千美元的罰款和六個月監禁。大衛・霍斯金斯（David Hoskins）告訴《紐約時報》（*New York Times*）：「美國有世界上生物多樣性最高的蠑螈族群，我們非常擔心這種真菌帶來的風險。」霍斯金斯是該局魚類暨水生動物保育計畫（Fish and Aquatic Conservation Program）的助理主持人。被封鎖的物種包括六十七種美國原生種在內，都是被認為最有可能成為病毒帶原者的物種，這是該局有史以來第一次將這麼多原生動物同時列為「有害野生動物」。「我們需要迅速行動。」霍斯金斯表示。[26]

一年多後，加拿大也下了同樣的禁令，而且禁止範圍更廣。加拿大環境暨氣候變遷部（Environment and Climate Change Canada）野生動物健康小組的生物學家薩謬爾·艾弗森（Samuel Iverson）表示，禁止**所有**蠑螈進入加拿大的決定，是阻止這種新真菌進入這片海岸的第一步。這項禁令針對的是每年大約一萬七千隻供應寵物貿易或供研究人員用作研究對象的進口蠑螈（包括水螈）。二〇一七年五月底宣布的規定禁止每個蠑螈物種的進口，除非獲得許可證授權，期限為一年。「我們將從非常謹慎的一年限制開始，」艾弗森表示，「與此同時，我們對這個疾病會有更多的了解，並集中精力研究出一個更具針對性的長期管理制度。」

許多兩棲動物愛好者和一些受此舉影響的科學家都說這個禁令是個壞主意，多年來一直在拍攝、書寫和飼養蠑螈的凱霍加社區學院（Cuyahoga Community College）化學老師約翰·克萊爾（John Clare）就是其中之一。克萊爾表示，這些禁令會扼殺北美地區的蠑螈愛好；克萊爾是網站Caudata.org的創始人，該網站是「網路上運行時間最長的兩棲動物愛好者社群」，也是使用者買賣圈養動物的平台。他說，該局的禁令很可能會讓安全且負責任的蠑螈繁殖者及賣家再也經營不下去。美國魚類及野生動物管理局的一份內部報告證實，寵物零售商的直接銷售損失可能會達到三百八十萬美元——若將蠑螈缸、棲息地和其他產品計算在內，則可能上看一千萬美元。克萊爾相信，會受到這些損失的大多是只交易原生物種的業餘愛好者與小型零售商。他告訴我，「與其破壞一種美好的愛好，透過隔離（阻止繁殖發生）來毀滅動物，還不如簡單一點，要求治療與檢測來達到目的。」[27]

還有其他人提出警告，表示寵物愛好者因為禁令而產生的挫折感，可能會增加北美地區的蠑螈壺菌風險，促成蠑螈黑市，讓蠑螈壺菌更有可能走後門進入北美。「這是不可避免的，」加拿大安大略省基奇納市全球異國寵物店（Global Exotic Pets）的老闆羅布·康拉德（Rob Conrad）如是說。「這不只是對兩棲類和爬蟲類，任何動物皆如此，只要你告訴人們不能擁有牠，牠馬上成為他們最想要的東西。」康拉德在全國各地銷售和運送異國動物，有些是蠑螈，許多來自國外。就在我們說話時，他店裡的陳列櫃就有幾隻來自歐洲的火蠑螈可出售——同樣的動物目前在歐洲大陸正因為蠑螈壺菌的蔓延而深受危害。他說，事實上，踩煞車往往起不了什麼作用。被禁止的物種對收藏家更具吸引力，這是因為牠們交易的稀有性或價格更高所致。同時，受禁令影響，當地野生物種的交易量增加，一旦這種真菌來到這裡，可能會加劇它在全國各地傳播的情形。

「聽著，如果他們真的想要保護地球，就必須採取極端措施，禁止特定種類兩棲動物的進口起不了作用，」康拉德告訴我。「人們繼續生活，繼續旅行，在現在這個地球村，只是試圖保護一個小東西是沒用的。」

蒙特婁大學（Université de Montréal）的史蒂芬．羅伊（Stéphane Roy）教授是在突然被禁止從肯塔基州的主要研究繁殖設施訂購墨西哥鈍口螈以後，才得知加拿大的這項禁令。羅伊每年進口約四百隻蠑螈，用於肢體與脊髓再生的研究，因為蠑螈在脊椎動物中是獨一無二的，牠們具有再生斷腿、神經與其他組織的能力。加拿大環境暨氣候變遷部的官員告訴羅伊，獲取許可（在證明蠑螈將獲得妥善安置與隔離之後）可能需要長達七十天的時間——長到足以讓羅伊失去他的夏季研究時間。「我理解他們實施禁令的原因，」他告訴我。「我們想要保護環境，當然，我希望我不會因此受到附帶損害。」

二〇一六年，美國地質調查局（US Geological Survey）凱薩琳・里格斯（Katherine Richgels）領導的美國研究團隊運用電腦模型進一部探討蠑螈壺菌對美國的威脅，這個模型試圖預測它的到來以及隨後在美國各地蔓延的情形，每州每郡的寵物店數量是關鍵的預測因素。研究人員表示，真菌最有可能進入北美的地方，是寵物零售商眾多的大型港口附近。這些地方包括佛羅里達州中部與南部、紐約市、以及加州南部。擁有兩百八十三間寵物店的洛杉磯尤其容易受到影響；換言之，有鑑於寵物貿易的規模，以及蠑螈壺菌的主要**傳播媒介**是熱情的寵物飼主，許多科學家認為北美爆發疫情的機率幾乎是肯定的。[28]

「喔，是的，當然，」蠑螈壺菌的共同發現者安妮瑪瑞克・斯皮岑・范德斯呂伊斯在我問及真菌在北美洲的傳播時預測道。「說不定早就爆發了。這個國家面積廣大，水生蠑螈的死亡率很難偵測，偏遠地區尤其如此。而且並不是所有寵物飼主都知道這些症狀，所以他們可能會丟棄動物，不會報告可能的蠑螈壺菌紀錄。」這位年輕的生物學家想了一下，繼續說道：「但也許，我現在太悲觀了。」

第六章

愈形蕭條的叢林

黃喉林鶯
Setophaga dominica

一隻黃喉林鶯*被粗暴地用膠帶裹著，無尊嚴地塞在一只垃圾桶後面。牠是在我抵達的一週前，在邁阿密國際機場（Miami International Airport）的一個航站裡找到的。這顯然是走私者藏的，可能是被海關與境管人員嚇到的緣故，這隻鳥還被裹著，動彈不得。沒人知道牠的目的地與來源地（黃喉林鶯是一種性情活潑的小型鳥，生活在美國東南部與墨西哥灣一帶）。牠的旅程從某處的森林陷阱中殘酷地開始，但在此中止，作為籠中鳥以鳴唱為生的命運得以倖免。這類發現並不罕見，如今的機場，被遺棄的鳴禽幾乎已是司空見慣，牠們往往被緊緊捆著，或是塞在捲髮器或藥瓶裡。這隻黃喉林鶯還有一個特別之處：在牠被發現之前，美國魚類暨野生動物管理局握有一份列有四十種鳥類的清單，這些都是被鳥類走私者鎖定，運到國內外販賣的對象；攔截到黃喉林鶯還是頭一遭。

「所以牠成了第四十一種，」大衛．法羅（David Pharo）表示，「牠是隨著當天抵達的眾多航班中的其中一架飛機來的，那人一緊張就把鳥給扔了。」法羅是美國魚類暨野生動物管理局南佛州辦公室的的調查員。他與一個約莫由二十名野生動物檢查員和調查員組成的團隊負責在佛州東南部、波多黎各與美屬維京群島執行野生動物保護法，包括瀕危物種相關法規、候鳥保護法（Migratory Bird Treaty Act）等。法羅的工作往往得祕密進行，有時會涉入長期、深入的調查與複雜的臥底行動。在一般人看來，緝毒刑警隊的工作可能很有魅力，但是根據法羅的說法，野生動物相關的執法工作同樣也讓人心跳加速（「我們使用與任何執法機構相同的工具與技術。」）。法羅是認真的，他可能對任何事情都很認真，所以看來甚至有些陰鬱。法羅的深不可測是種明顯的天賦，對臥底警察的工作可能相當珍貴，這個人看起來似乎也不愛笑。

我和法羅在一間沒有窗戶的會議室裡說話，這裏是美國魚類暨野生動物管理局南佛州總部，位於邁阿密，離機場不遠。伊娃・勞拉（Eva Lara）也在這裡，她是辦公室的野生動物檢查員督導，讓我欣慰的是，伊娃的性情開朗熱情。她和她那個眉頭緊鎖的同事形成了鮮明的對比，好像一個扮黑臉，一個扮白臉。這個房間過於明亮，建築物保有一座管理良好的倉庫所具備的一切優點——低矮的磚造結構，幾扇倉庫門，幾乎沒有其他地方可以讓外面的東西進來。飛機低空飛過，附近有邁阿密國際機場的繁忙跑道、飛

---

* *Setophaga dominica*。

機交通與航廈向外延展。根據機場管理部門的資訊，邁阿密國際機場是美國第三大國際旅客機場，也是第一大國際貨運機場。二〇一八年，在邁阿密國際機場起降的國內與國際航班將近四十一萬五千架次，旅客有四千五百萬人次，美國往返拉丁美洲與加勒比地區的航班大多在此起降。

當然，這一切都有助於說明為何邁阿密會成為全球數十億美元野生動物交易的國際中心。勞拉表示，每個月大約有一千兩百至一千五百件合法申報的野生動物相關貨物運送經過南佛州地區，其中絕大多數（超過百分之八十五）是活體動物，而且大部分顯然都是用作寵物。她解釋說，許多都是熱帶水族箱觀賞魚，不過蛇類、蜥蜴與其他外來的爬行動物和兩棲類也很受歡迎。大蜘蛛的體型龐大，哺乳類動物則沒那麼大，而受到城內龐大古巴社群喜愛的籠鳥，近年來的運輸量有下降的趨勢。勞拉說，下降的原因不完全清楚，但人工繁殖技術的改良可能與此有關，可以肯定的是，經過邁阿密機場的鳥類比以前少。講到這裡，她突然意識到自己的錯誤而頓了一下，說，「我指合法進出口的。」

桌子的對面，法羅一臉意味深長。「在佛州南部，捕鳥的問題一直存在，而且愈來愈嚴重，」他提供了一個聽來非官方式的澄清。「這個現象在全美都有持續增長的趨勢。」

法羅和勞拉認為，佛羅里達州與其他地方**非法**捕捉、交易和運送野鳥的數字，多年來一直在攀升。二〇〇〇年代中期，愈來愈多走私鳥出現在機場，而且情況愈來愈糟。走私者以縫進褲子裡、塞進隱形腰包、藏在行李中等各種手段非法運送這些動物，以滿足日益增長且急切想要色彩斑爛、叫聲悅耳或單純就是稀有罕見籠鳥的欲望。有些則是為非法鳴禽歌唱比賽提供參賽者，有些則落入賭徒之手，被放在鬥雞場裡互相較量。為了躲避偵查，走私者漸漸採用個人或小團體的形式。勞拉表示，「走私者一般會將二十至四十五隻鳥放在隨身行李或寄艙行李挾帶入境。」

許多來自古巴或波多黎各的鳥類走私者最後都來到邁阿密，而在佛羅里達州被陷阱捕捉的鳥兒則經常被走私到上述這些地方。官員表示，褐斑翅藍彩鵐*與麗色彩鵐†可能是非法走私量最大的鳥類。拉丁美洲的其他地區還有許許多多極其搶手的寵物鳥，拉

---

* *Passerina caerulea*。

† *Passerina ciris*。

丁美洲是世界上野生動物多樣性最高的地方，同時也是動物數量減少最快的地方。「我手上沒有最新發展的資料，無法確實用數量來進行任何說明。」法羅表示，「我們並沒有真正掌握實際狀況，非法走私都是祕密進行的，而且他們現在帶進來的數量比過去小得多……他們知道走私的風險，知道現在被抓到的後果有多嚴重，所以他們一次一個人只會帶一兩隻。」

正如法羅所述，走私者面臨的風險來自美國政府最近和正在進行的打擊行動——這是川普總統少數認可並持續推行的歐巴馬環保舉措。二〇一三年，一份國會報告將盜獵與非法野生動物貿易和販毒、武器走私甚至恐怖主義聯繫起來以後，歐巴馬總統發布了一項行政命令，宣布野生動物犯罪是個國家安全問題，並接著成立了一個跨部門特別工作小組，用於處理這個問題的經費從原本的數十萬美元增加到數千萬美元。在川普總統的首批行政命令之中，其中一項就是繼續這場戰鬥。

「撲翅行動」（Operation Ornery Birds）是其中的一部分，這是美國魚類暨野生動物管理局為一個正在進行的臥底行動想出的名字，這個行動目的在滲透並扯斷南佛羅里達州與更偏遠地區非法捕鳥販運集團的複雜網絡（最初的名稱為「憤怒鳥行動」（Operation Angry Birds），後來因為管理局高層擔心侵犯版權才改名）。該行動始於二〇一二年，迄今已在六起涉及四百多隻鳥的獨立案件中將六名鳥販子繩之以法，被認為是美國史上同類行動中規模最大的一次，法羅是負責的探員。「這些人不只是鳥類愛好者和狂熱者。」他如此表示。[1]

早先的調查讓探員意識到問題的嚴重性，早在二〇〇六年，非法鳥販與三家邁阿密寵物店因非法販賣受保護物種而被逮補。二〇一二年，一名七十六歲的男子從古巴飛往邁阿密，在海關被攔下時，褲子裡逢著十六隻古巴黑雀*。法羅表示，古巴黑雀在佛羅里達州的黑市上可以賣到一隻五千美元的價格。撲翅行動延續了之前的努力，一名冒充買家的探員在網路上回覆了一則廣告，表示對廣告中提到的違禁鳴禽波多黎各紋頭唐納雀†感興趣。探員在交涉時祕密把對話錄了下來，這名自稱「醫生（El Doctor）」的賣

---

* *Melopyrrha nigra*。

† *Spindalis portoricensis*。

家對自己的非法銷售大吹大擂，其中包括上週將六十隻北美紅雀*賣給一名加州買家的交易。在另一次早期逮捕行動中，一名來自哈瓦那的男子被捕，他身上帶了五隻古巴離草雀†、一隻古巴黑雀、一隻黃臉離草雀‡、一隻靛藍彩鵐※與一隻褐斑翅藍彩鵐，這些鳥兒先被用髮捲固定，然後藏在他的內褲裡。搜查這名男子在佛羅里達的住處時，還發現其他鳥類、幾只籠子和一個用於誘捕的霧網。「死亡率非常高，」法羅表示。「我們看到鳥兒身上羽毛有缺失、長滿蟎、肌肉萎縮非常嚴重。……很多鳥，與撲翅行動有關的物種，數量都隨著時間而持續下降。」法羅看著我，嚴肅地說道。「所以，是有影響的。」

地球上每種鳥類有三分之一的個體會被捲入愈形增長且經常是暗中進行的野生動物市場中；相較於其他非魚類的脊椎動物，鳥類在全球的交易與販運是最多的，其中大多是作為寵物。有些交易是合法的，有些則不然，而且往往牽涉到在險惡環境中由祕密走私者賣給黑社會集團的籠鳥。正如法羅所言，影響是存在的。鳥兒本身也會受到傷害，並經常死亡，這對世界各地生物多樣性所帶來的後果是更加難以衡量的。我們知道的是，目前地球上八種鳥中就有一種面臨滅絕的威脅。在科學家已經查明原因的地方，寵物鳥貿易已經成為一個危險（而且在過去經常被忽視）的主要嫌疑犯。[2]

「這真的是很大的問題，」生物學家伯特·哈里斯（Bert Harris）表示，「事實證明，寵物貿易是個大問題，尤其在東南亞，不過在非洲與部分拉丁美洲地區如巴西與墨西哥也不遑多讓。……設陷阱捕捉的作法正在導致滅絕。」

多年來，哈里斯和他的同事一直在追蹤在印尼富饒炎熱的叢林中被誘捕以供應寵物貿易需求的野生鳥類（主要對象是當地的鳥類愛好者）。他們至今發現的情況極其嚴峻，寵物貿易是十三個鳥種面臨的主要威脅，十四個獨立亞種目前被認為有全球滅絕的危險。研究人員表示，很有可能的狀況是，其中的五個亞種（日落吸蜜鸚鵡◎、三類白

＊ *Cardinalis cardinalis*。
† *Phonipara canora*。
‡ *Tiaris olivaceus*。
※ *Passerina cyanea*。
◎ *Trichoglossus forsteni*。

腰鵲鴝*與九官鳥†錫默盧亞種）已經在野外滅絕了。該地區對籠鳥的需求似乎永遠無法滿足，結果是很可怕的。科學家稱之為「亞洲鳴禽危機」，並將之描述為該地區許多最漂亮的鳥種可能很快滅絕的首要原因。很諷刺的是，印尼以鳥類為主的親生命性，已經讓該國鳥類置於危急存亡之秋。「而且這些鳥很難在圈養環境中繁殖，」哈里斯在他維吉尼亞州的家中解釋道，「所以對野生鳥類的需求才會一直存在，牠們中有很多死在市場上，也有很多死在運輸途中。所以，我不知道實際需求是否更高，但這絕對不可能持續下去。」[3]

他說，印尼鳥類的傷亡也令人心碎。哈里斯是國際荒野保護組織雨林信託基金會（Rainforest Trust）的研究顧問，在最近被任命為克利夫頓研究所（Clifton Institute）執行長之前，他原為雨林信託基金會的生物多樣性保育主任。克利夫頓研究所是一個位於維吉尼亞州的環保組織，關注的是生態恢復、教育與研究。哈里斯是位身材削瘦、書卷氣十足的生物學家，聲音低沉略顯緊繃，語調有種急促感。他說，他自小就沉湎於熱帶地區奇妙的羽毛生命，無法自拔。他回憶起孩提時期的貝里斯之行與隨後在哥斯大黎加的夏季田野調查，這些經驗就像是對他施了咒語一般。他對賞鳥的熱愛來自父親，而中美洲鳥類的絢麗與多樣性讓他嘆為觀止。

大學畢業以後，他在厄瓜多擔任義工，很快就發現我們對這些非凡生物的生活並不了解，更令人震驚的是，他開始意識到許多物種正在消失。「我真的體認到保育危機正在發生，」他回憶道。幾年後，在印尼以寵物貿易為題從事博士後研究期間，哈里斯開始充分認識到問題的嚴重性。「原來，那裡有一片片空曠的樹林，一切看來都很好，但是當你進去時，卻完全看不到鳥，牠們都被抓走了。」

這結果令人毛骨悚然，也讓人擔憂：保育人士經常藉由合適棲息地的衛星照片來估計一個鳥類物種的族群健全狀況，並假設鳥兒一定在那裡。在印尼蘇門答臘島和爪哇島的照片中，許多森林似乎非常適合大量鳥類生存，但是當研究人員親身前往，卻發現森林靜悄悄的，空蕩蕩的樹梢上完全沒有動靜。之後，哈里斯和他的同事們去逛了逛鄰近村落的市場，很快就找到了一些失蹤的鳥兒：牠們被關在竹籠裡，掛在市場攤位上出售。

---

* *Copsychus malabaricus*。

† *Gracula religiosa*。

在最近發表於《保育生物學》期刊的一篇論文中，哈里斯和他的核心研究人員將他們十四年來在一片蘇門答臘叢林裡搜集到的鳥類統計數據，與對捕獵者的採訪和各物種的當地市場價格等資訊集結起來。研究結果顯示，當一物種的寵物交易價值上升時，其野生個體數量就會下降。負相關關係很清楚；價格變化會讓一些鳥類族群陷入困境。長久以來，人們一直認為獵食與森林消失是印尼鳥類生物多樣性的主要威脅，而哈里斯和他的同事的研究卻顯示，寵物誘捕對生物多樣性的影響也同樣嚴重，甚至更糟。「事實上，價格是數量下降的最佳預測因子。因此，這是相當有力的證據，證實誘捕是族群數量下降的主要驅動力。」[4]

例如，對於三種極度瀕危的鳴禽來說，這種關聯是毀滅性的。黑翅椋鳥*指名亞種、黑翅椋鳥灰背亞種†、黑翅椋鳥灰腰種‡是親緣關係非常近的椋鳥，牠們有光滑灰白的身體、黑色的翅膀，眼睛後面有一塊光禿禿的亮黃色斑點。牠們曾被認為是同一個物種，目前仍然常常被統稱為黑翅椋鳥。這些漂亮的鳥兒只生活在印尼爪哇島西部，至少過去曾經是如此。二十年前，這些鳥在當地還很常見，在樹葉繁茂的樹枝上高聲鳴唱。後來，牠們成為極受歡迎的籠鳥，這引發了一股椋鳥捉捕熱潮。鳥類愛好者因為牠們美妙的鳴唱與醒目的外表而對牠們倍加珍視，在印尼一直很受歡迎的鳴禽比賽中，牠們很快就成為最受喜愛的選手。

由牛津布魯克斯大學（Oxford Brookes University）領導的一個研究小組追蹤了這個趨勢。他們追蹤了二〇〇九年至二〇一八年間當地七個地區禽鳥市場與網路上的鳥類銷售狀況。到二〇一四年，即黑翅椋鳥在樹梢上愈形稀少之際，市場上一隻黑翅椋鳥的價格達到最高，約為一百四十美元，這個數字大約是當地居民每月最低工資的四分之三。科學家估計，每年椋鳥的銷售量約為一千三百至兩千三百隻（包括捕捉與圈養繁殖），每年銷售額相當於十七萬美元，而且這還不包括其餘數百鳥販在爪哇島、峇里島與其他地方的鳥類集市上兜售的金額。[5]

---

* *Acridotheres melanopterus melanopterus*。

† *Acridotheres melanopterus tricolor*。

‡ *Acridotheres melanopterus tertius*。

椋鳥熱的影響很快就浮現出來：這種被大肆宣傳為會唱歌的寵物鳥，現在幾乎從爪哇叢林中消失了。雖然目前約有四萬隻生活在印尼各地家庭的竹籠與鐵絲籠裡，在野外自由飛翔的個體數已經不到五百隻。研究人員表示，黑翅椋鳥現在可能只存在於印尼全國各地的鳥籠中，就生態而言已經滅絕，也就是說，野外個體數量太少，無法維持住族群；印尼愛鳥人士的感情可能已經在爪哇島野生叢林中造成一種新的寂靜。「歌喉好的鳥兒是最受威脅的鳥兒。」哈里斯嚴肅地表示。[6]

情況還不僅如此：最棒的歌手都不見了，捕獵者就轉向下一個物種。哈里斯將這個情形稱為「向下誘捕」。例如，在整個東南亞大部分地區，黃冠鵯多年來一直在寵物貿易的頭號名單上。黃冠鵯*外觀並不特出，但卻是絕佳的歌手，這可能是牠們在泰國被抓到完全滅絕的緣故。在馬來西亞與印尼，牠們還勉強存續著，而在哈里斯研究的蘇門答臘叢林中，牠們幾乎完全消失了。「所以現在，」這位生物學家表示，「捕獵者將目標轉向鵲鴝，而鵲鴝的數量也在迅速減少。然後，他們又將目標轉向大綠葉鵯。大綠葉鵯†曾經是非常常見的鳥類，而且在某些地方仍然很常見，但現在牠的價值愈來愈高，捕獵者捕捉的速度非常快，這都是因為牠唱歌很好聽。所以基本上來說，他們快把首選的幾種鳥抓光了。」

「這些幾乎都是非法的，」哈里斯解釋道，「因為人們並沒有得到合法的許可證，然而，當地政府完全沒有在強制執行法律。在所有的村子裡，這些鳥兒都是公開出售的。」

市場裡也有貓頭鷹，而且自從《哈利波特》（*Harry Potter*）出現後，數量也多了許多。二〇〇〇年代早期，這個以知名巫師男孩為主角的暢銷書與強檔電影作為一股全球文化力量來到印尼，讓印尼全國人民也開始關注貓頭鷹（在故事中貓頭鷹是巫師的寵物，也是可愛但略顯笨拙的信差），大批亞洲捕鳥者回到森林裡尋找貓頭鷹。英國人類學家文森・奈曼（Vincent Nijman）與與安娜・奈卡里斯（Anna Nekaris）將這個趨勢記錄了下來。貓頭鷹在印尼被稱為「burung hantu」，意為「鬼鳥」，於一九八〇年代、一九九〇年代與二〇〇〇年代早期在當地市場進行的鳥類調查中並不常見。在《哈利波

---

* *Pycnonotus zeylanicus*。

† *Chloropsis sonnerati*。

特》出現以後，貓頭鷹開始出現在更多的鳥類銷售攤位上，而且更加頻繁。更多貓頭鷹物種也開始出現，包括倉鴞*、栗鴞†和好幾種氣勢十足的大型貓頭鷹如林鴞、漁鴞、鵰鴞等，這些鳥兒後來被稱為「**哈利波特鳥**」。在加爾各答與萬隆擁擠喧鬧的大型鳥類市場中，買家開始發現通常有三十到六十種貓頭鷹在出售，而每個鋪著防水布、燈光昏暗的攤位上，至多能看到八種貓頭鷹待價而沽。《哈利波特》中虛構的咿啦貓頭鷹商場成了現實，印尼野生鬼鳥族群可能正瀕臨滅絕，這全都歸因於奈曼與奈卡里斯所謂的「哈利波特效應」。[7]

「真正令人擔憂的是陷阱誘捕還沒有被認為是個大問題，但它**真的是**。」哈里斯表示。它也是個很難解決的問題。例如，阻止一項世代相傳的傳統，對當地捕獵者來說是無法想像的。哈里斯和他的團隊採訪了許多人，發現大多數人都是從父輩那裡習得這些捕獵技能，並依靠這些收入養家糊口。大多數人不知道這種作法正在傷害野生動物族群，科學界對他們的了解也不夠，無法對他們進行教育。研究人員幾乎尚未深入這些地區的許多宏偉森林，繁茂蒼翠所掩蓋的神祕依然存在。新物種仍然持續被發現，即使牠們在眨眼之間就消失了。對亞洲森林裡的許多生物來說，很多都是直到牠們消失了，我們才知道自己曾經擁有過什麼。

「對東南亞鳥類進行的分類研究並不多，」哈里斯解釋道。「所以，事實上，這裡有很多亞種是應該被分出來自成一個獨立物種的。但目前還沒有相關研究，或還沒發生——與此同時，這些鳥兒正因為捕捉而消失殆盡。」

情況危急的不只是鳥類，對於近千個已知瀕臨滅絕的物種來說，牠們面臨危險的其中一個原因（至少有一部分），是野生動物的國際貿易。研究人員指出，每年有價值約三千億美元的數十億動植物在合法商業交易中易手。寵物魚、哺乳動物、鳥類、爬蟲類與其他動物的貿易是其中相當大的一部分，創造了大約五十二億七千萬美元的貿易額。少有動物群體能僥倖逃過寵物產業的注意，或是逃過寵物主人想要飼養牠們作為伴侶的渴望。有寵物獅子和寵物樹獺出售，也有寵物蝸牛和寵物長頸鹿。有些動物有鱗片，有

＊ *Tyto alba*。

† *Phodilus badius*。

些有毛皮；有些有毒牙和致命的毒液。許多動物在野外的生存已經有困難，無數動物在運輸過程中或寵物店裡死亡（幾年前對一間大型國際野生動物批發商的調查，沒收了一百七十一個物種與亞種超過兩萬六千四百隻動物，其中約八成動物重病、受傷或死亡。該公司每週丟棄將近三千五百隻死亡或垂死的動物）。我們對接近野生動物的渴望，迫使數以百萬計來自數百分類群的動物來到室內與我們一起生活，或是在嘗試中死去。同時，野外的生物多樣性卻愈來愈低。[8]

就全球而言，外來寵物產業捕獲的鳥類物種（據估計有五百八十五種）比其他動物類群都來得多，但爬蟲類（四百八十五種）也是經常被買賣的對象。在市面上銷售的哺乳動物物種僅略少一些（一百一十三種）。同時，被寵物產業盯上的爬蟲類受到滅絕威脅的可能性是沒有被盯上的爬蟲類的五倍；被寵物產業盯上的哺乳動物被列入國際自然保護聯盟瀕危物種名錄的可能性幾乎是三倍。另外，鸚鵡不僅是全球最受歡迎的寵物鳥，也是最可能滅絕的——全球每四個鸚鵡物種中，就有一個面臨從野外消失的危險。[9]

「讓我先當個悲觀主義者，」加拿大政府最高野生動物警察、而且一直到不久之前還在擔任國際刑警組織野生動物犯罪工作小組（INTERPOL Wildlife Crimes Working

Group）主席的謝爾頓．喬丹（Sheldon Jordan）表示。「我先引用劍橋公爵威廉王子（Prince William）在二〇一六年十一月於河內舉行的野生動物非法貿易會議上的一句話。他說：『如果我是個賭徒，我會押生物滅絕這一邊。』」

喬丹是說話直率、腳踏實地的人，留著整齊的分頭，戴著方型眼鏡，整齊的H型鬍襯托出溫暖的笑容。今天很難得，他竟然會坐在加拿大首都渥太華對岸魁北克省加提諾市的辦公室裡。身為加拿大野生動植物處負責人（Wildlife Enforcement Directorate），他是政府單位中經常出差的官員，工作包括在北美洲與加拿大主要野生動物執法網絡以及世界舞台上擔任行政職務。他已花了超過二十五年的時間打擊國際犯罪，最先從毒品開始，然後是野生動物，在這方面有著備受尊崇的地位。當我聯繫到他時，他才剛從英國倫敦回來，此行是去參加英國關於野生動物非法貿易的會議，以及國際刑警組織野生動物小組的單獨會議。在此之前，他在俄羅斯索奇參加《瀕危野生動植物種國際貿易公約》（Convention on International Trade in Endangered Species of Wild Fauna and Flora，簡稱ＣＩＴＥＳ）第七十屆常務委員會會議。「我想，在過去的一個半月裡，我可以用兩隻手數出我在自家床上睡覺的次數。」他說。

世界上最接近管理全球野生動物貿易的規範是《瀕危野生動植物種國際貿易公約》，簽署國制定了自己的法律與條例以遵守其條款。例如在美國，《瀕危物種法》賦予美國魚類暨野生動物管理局對《瀕危野生動植物種國際貿易公約》相關規定的權力。加拿大有一部名稱很長的《瀕危野生動植物種國際貿易公約》相關法律，叫作《野生動植物保護暨國際與省際貿易法》（Wild Animal and Plant Protection and Regulation of International and Interprovincial Trade Act，簡稱「WAPPRIITA」，喬丹表示「這比較容易記憶」）。其他國家也有自己打擊非法野生動物貿易的規範和科學顧問，一份不斷增加的《瀕危野生動植物種國際貿易公約》附錄，目前已將超過三萬四千種動植物列為需要保護，這些物種任何跨境活動都需要獲得許可才能進行。其他國際協定也各有角色，例如加拿大、美國與墨西哥成為《北美自由貿易協議》（North American Free Trade Agreement，現為《美國－墨西哥－加拿大協議》〔Canada–United States–Mexico Agreement〕）的合作夥伴以後，設立了環境合作委員會（Commission for Environmental Cooperation）作為整個北美洲的一股保育力量。在此之前，美加兩國早在一九一六年就簽署《美加候鳥條約》（Canada–US Migratory Bird Treaty，世界上第一份國際保育協議），至今兩國仍有現行的鳥類保護法規。「我們有很多法律，」喬丹表示，「你實際要做的，是不僅要能執行，也又確保公眾支持這些法律。」[10]

這是個問題，在飼養或出售野生動物是一種傳統或文化習俗的國家，執行任何野生動物法規都不容易。例如，有些保育人士擔心，一些國家能取得不應發放的《瀕危野生動植物種國際貿易公約》出口許可。每年約有三十一萬七千隻活鳥與兩百萬隻活的爬蟲類，以及數百萬張爬蟲類的皮、珊瑚碎片和狩獵戰利品獲得批准可進行國際貿易，但是研究人員認為這個群體中據稱是人工繁殖的動物數量「不可信」；有些繁殖設施為非法野外捕獵提供掩護。《瀕危野生動植物種國際貿易公約》也因為不夠靈活而受到批評：該公約可能需要好幾年的時間（平均超過十年）才能規範那些已知受誘捕影響物種的貿易。在國際野生動物市場上交易並同時被認為瀕臨滅絕的九百五十八個物種中，超過四分之一目前完全沒有受到《瀕危野生動植物種國際貿易公約》的保護，許多物種瀕臨滅絕，甚至極度瀕危。公約對爬蟲類的保護尤其糟糕：在二〇一六年，受到寵物貿易直接當作目標的三百五十五個受威脅物種中，有一百九十四種未被公約列入名錄，也未受到管制。[11]

如果合法野生動物貿易會對生物多樣性造成影響，那麼黑市只會讓情況更加惡化。這方面，犯罪集團卻很少與營利聯想在一起。據估計，非法野生動物貿易的規模是合法貿易的三分之一。全球每年約有三億五千萬動植物在黑市出售，其中包括數以百萬計的潛在外來寵物。喬丹表示，光就動物而言，非法貿易的價值約在一百億到三百億美元之間。這個問題如今愈來愈嚴重。「環境犯罪以每年百分之五到七的速度增長，」喬丹解釋道，「那是二〇一六年的數字，幾乎是世界經濟成長率的兩倍。」[12]

各地的野生動物執法機構都試著加緊行動，例如，在我們談話前不久，喬丹領導了一場為期一個月的國際刑警組織打擊野生動物走私行動，其中涉及九十二國。這個「雷暴行動」（Operation Thunderstorm）是有史以來規模最大的野生動物犯罪奇襲，捕獲了堆積如山的象牙、數噸野味（如鯨魚、大象、熊和斑馬）、以及大多從野外捕獲以供應寵物貿易的數萬隻動物。為數兩萬七千隻的爬蟲類包括八百六十九隻短吻鱷和鱷魚、九千五百九十隻龜、以及一萬條蛇；將近四千隻鳥中，有鸚鵡、鵜鶘、鴕鳥與貓頭鷹。人們對外來寵物的胃口不僅愈來愈大，品味也愈來愈廣，渴望用作同伴動物的種類愈來愈大、愈來愈奇怪。美國佛羅里達州的一對夫婦養一隻大象當寵物達三十四年之久（還有一群其他動物），最後這隻大象才被主管機關沒收。幾年前，在加州千橡市有一隻體長一點八公尺（六英尺）的寵物白子眼鏡蛇逃逸，牠襲擊了一隻家犬，在社區造成恐慌，好幾天以後才被捕獲。二〇一九年，佛羅里達州根茲維有一名年七十五歲的老先生，被他的一隻（或多隻）寵物食火雞踢死；食火雞是一種不會飛的大型鳥，原棲息地在世界的另一邊，擁有匕首般的利爪。

這種奇怪的野生寵物趨勢，對最脆弱的動物影響最劇，鸚鵡與靈長類動物受到的打擊尤其嚴重。在對十四國、二十三個不同的野生鸚鵡研究進行盜獵問題統計長達二十年後發現，被觀察的四千多個鸚鵡巢中，幾乎有三分之一曾被人類盜取蛋和幼鳥，很可能被當作寵物出售。同時，現在已有超過一百一十種已知鸚鵡物種面臨滅絕威脅。在演化上與我們人類有著密切親緣關係的靈長類也深受其害，在二〇〇五年至二〇一一年間，約有一千八百隻瀕危的黑猩猩、大猩猩和其他類人猿在二十三國於運輸途中被攔截，許多都是作為寵物出售。根據聯合國環境計畫署（UN Environment Programme）統計，每年因為非法貿易而從野外消失的類人猿約在三千隻之譜。同時，多達七百隻寵物黑猩猩（許多來源不明）現在占據了美國各地私人住宅的客廳、地下室與其他地方。[13]

對外來寵物的飼主而言，愈稀有的物種愈令人嚮往，也愈有價值。稀少的動物愈來愈難得到，價格就會攀升。非法販賣者永遠不會虧損，野生動物面臨的壓力也不會減輕，即使族群數量急遽下降亦然。例如，寵物店銷售的丹尼氏無鬚魮*（俗名一眉道人），價格是同類水族箱觀賞魚的好幾倍。這種魚也是瀕危動物，在野外無可避免地走向滅絕。在印度西高止山脈還有幾條適合丹尼氏無鬚魮生長的溪流中，這種在當地被稱為「出血眼」（Chorai Kanni）的魚在過去幾年間族群數量直接折損一半。十年前，印度活體水族箱觀賞魚的出口總額為一百五十四萬美元，丹尼氏無鬚魮占了三分之二。然而對大多數水族魚種來說，寵物貿易造成的損害尚不清楚，因為一般不會有人追蹤這件事。[14]

雖然科學家認為觀賞水族產業是這些動物的生物多樣性的主要威脅之一，我們在這方面的所知太少，甚至無法猜測大多數野生魚類族群數量與牠們作為寵物的受歡迎程度之間有何關聯。例如，珊瑚礁魚類的貿易涉及來自四十多個出口國的一千八百多個物種，然而這些魚類的野生族群數量卻很少被追蹤。同樣地，我們對於到底有多少種魚以及其全球銷售運輸數量也不了解。光是美國的數字就表明，自二〇〇〇年至二〇一一年間，每年有九百萬至一千兩百萬條水族箱觀賞魚抵達美國。科學家最近彙整了美國水族箱觀賞魚飼養者所喜愛的七十二種亞洲魚類的生物學知識，他們發現，許多魚類的生命週期與其他生物學特徵，都讓牠們面臨過度捕撈與族群崩潰的高風險之中。[15]

美國不僅進口的觀賞魚比其他任何國家都多，也是最大的外來寵物市場。歐洲也名列前茅。最近，中東富裕國家民眾對擁有外來寵物的迷戀也愈形高漲。同時，在亞洲與南美，外來寵物飼養有著悠久的文化歷史，隨著愈來愈多富裕且有強烈追求的飼主能負擔起這種愛好，這股風潮又被重新點燃。從各方面來看，各地的需求都在攀升。某些物種適合圈養繁殖，但是對許多其他物種來說，在籠子或水族箱裡交配並非選項，至少繁殖數量非常少。就這些物種而言，野外捕獲容易許多。捕獵者和漁民通常來自偏遠地區的貧窮人口，少有其他機會，所以他們也樂於這麼做。同時，野生動物的增長卻無法跟上步伐。[16]

* *Sahyadria denisonii*。

「人類人口超過七十億，預計在接下來二十年左右還會增加十億，」喬丹說道。「所以，資源的壓力顯然會繼續產生影響。……顯然，執法並無法解決問題，當務之急是減少需求。」

不幸的是，處理這種需求並不容易：從許多人的角度來看，外來寵物的誘惑是強大而奇妙的。從未與野生動物一起生活過的人（根據那些曾與野生動物一起生活的人的說法）就是無法明白。外來動物讓人感受到一種發自內心的迷戀，這種體驗很難解釋，這種感覺具有不可言喻的特質，一種古老的、原始的特質。這些動物可以像獅子一樣高貴，也可以像鳴禽一樣光彩奪目，即使被客廳家具圍繞，牠們在森林中鍛造出來的美仍然可以保留下來。牠們的存在將親生命性化為有形，其中的敬畏變得真實且感人。這些動物是我們能觸及的野生動物，我們可以感受到牠們的溫暖，聽到牠們的呼吸。「我告訴你，」來自俄亥俄州的提姆．哈里森（Tim Harrison）在電話中表示，「世界上沒有比老虎對你做出像朋友一樣的反應更有趣的了。……和一隻巨大的掠食性動物在一起，例如世界上最大的掠食性貓科動物，老虎，每次被牠蹭來蹭去，或是感受到牠很高興看到你，你就會感受到那種心靈的聯繫。」

哈里森是個長相稚氣的退休警察，留著濃密的鬍子，戴著棒球帽，在俄亥俄州代頓市郊外過著忙碌的生活。他養過寵物老虎，曾和牠們玩摔角；他也養過獅子。熊、山獅、毒蛇、蟒蛇與無數其他野生動物，都曾經在哈里森家生活過——儘管他說他原本沒有這樣的計畫。哈里森在俄亥俄州奧克蘭市做了二十九年的公共安全官（集結了警察、消防員與急救護理人員於一身的工作），青少年時期，他曾擔任過獸醫助理，也在當地幾家動物園打過工，所以在成年後的工作中，便由他負責處理涉及逃跑與危險外來寵物的電話，這些動物的數量驚人。哈里森起初無法理解那些把大型貓科動物與危險的蛇當作寵物來飼養的飼主，當他找不到合格的庇護所與動物園收留這些動物時，他開始照顧牠們，他就是在這個時候開竅的。「有一種精神上的聯繫，」他說道，「你會變成狼。你會變成獅子。」

哈里森成了有名的「野獸男」，他開始在地區活動與學校演講，認為教育人們如何負責任地飼養外來寵物是很重要的。這位俄亥俄州危險動物警察上了新聞報導，隨後也受邀成為脫口秀的來賓。他成了全國聯播的電視台早餐節目「每日新聞」（*The Daily*

Buzz）的常客。他會帶著他的動物們一起上節目，觀眾們都很喜歡。

「我以為我在做好事，」他說道。「我以為這就是你教育人的方式，然後，我發覺情況愈來愈糟——實境節目開始了。事情就是這樣，這就好像打開了一個電燈開關。當實境節目開始，動物星球頻道（*Animal Planet*）史蒂夫・厄文（Steve Irwin）之類的節目上出現了一些世界上最危險的動物，我接到的電話從每年五六通變成一百一十二通。」

哈里森希望這些節目能教育民眾，但實際上，這些節目卻啟發觀眾去飼養奇怪的寵物。哈里森表示，帶著他的野生動物上電視節目，讓他成了共犯。把他馴養的野生動物搬上電視，反而讓危機加劇，人們對外來寵物的胃口也愈來愈大。「我也是問題的一部分，」他表示。對觀眾說「孩子，別在家裡嘗試。」是不會有效果的，寵物產業也隨時準備迎接新的需求。「當人們在電視上看到某種動物，」哈里森表示，「下個月你就會看到有人在賣了。」

當哈里森第一次前往非洲時，他對飼養外來寵物這件事的疑慮愈來愈大，但他在大草原上目睹的一切讓他深感震驚。「你得知道，我是那個從俄亥俄州特洛伊市外某個人的車庫裡把長頸鹿帶出來的人，」他表示，「有人買了一隻長頸鹿，把牠養在車庫裡。

這隻長頸鹿在將近一年的時間只能低著頭。當我們把牠弄出來的時候，牠萎縮的狀況很嚴重，後來花了將近八個月的時間才重新抬起頭來。我知道這有問題，但我不知道該去哪裡，該怎麼處理。所以我去了非洲，和其他人一起坐在車裡，抬頭看到了這些長頸鹿。牠們在這片土地上奔跑，就這麼跑著。我心想：『看這有多美，有多壯觀。』一想到他們在拍賣會上出售的長頸鹿，我哭了出來。我突然意識到：這是不對的。」哈里森決定不再帶他的動物們上電視，而這些節目很快就失去了興趣，他並不後悔。

二〇〇一年，哈里森和其他警察、消防員與急救護理人員一起成立了拯救受虐動物組織（Outreach for Animals）。他們的目的在於教育民眾將野生動物（尤其是危險的動物）當成寵物飼養的危險性，並支持以外來動物法規來規範這種作法。他說，在法律寬鬆的管轄地區，當巨型掠食者寵物的成年殺手本能取代幼崽般的情感時，飼主往往因而死亡。例如，在所謂曾思維爾動物大屠殺事件（Zanesville Massacre）發生之前，哈里森的家鄉俄亥俄州是違規最嚴重的地方之一。許多城鎮都要求給狗掛狗牌，但是卻沒有針對飼養老虎和其他外來動物的規定。然而在二〇一一年，悲劇發生了：俄亥俄州曾思維爾市一位名叫泰瑞・湯普森（Terry Thompson）的外來動物收藏家發了瘋，將五十多隻獅子、老虎、豹、山獅、猴子、狼與熊等放生到鄉間。他在自家門外自殺，屍體上滿是雞血與內臟，以鼓勵他的動物吞食他的身體。沒有其他人受傷，但副警長被迫射殺四十六隻危險的大型動物，因為擔心有人最終會受傷。二〇一二年，州政府頒布了美國國內最嚴格的外來寵物法規。

即使如此，哈里森承認，這仍然是一場艱苦的戰鬥。美國許多州和加拿大一些省份（例如安大略省）的相關法規仍然非常有限，仍然處於野生寵物的蠻荒時期。同時，更多人似乎受到擁有野生動物的想法所吸引。在這個科技進步、都市化的世界裡，這些動物的吸引力可能比以往任何時候都來得強。我們的親生命性已經從一種想法變成一種強烈渴望，而且野性愈強愈好。「與野外關係最密切的最貴，」哈里森解釋道。「他們透過黑市，購得實際從野外抓回來的幼崽。……人們為此付出雙倍的金錢。愈是接近野生的就愈受歡迎。」

在邁阿密，美國魚類暨野生動物管理局探員法羅認為，文化也起了一定的作用。他說，佛羅里達州對野生鳥類看似難以滿足的飢渴，在城裡的特定社區更為普遍。例如，對來自加勒比與南美洲的居民來說，讓家裡充滿叢林鳥類在樹梢上的鳴唱是傳統。從當地捕鳥者處取得鳥類，對拉丁國家民眾是司空見慣的事。就這個意義來說，親生命性是一個受過時間考驗的習俗。「邁阿密與佛羅里達州南部可以說是拉丁美洲的大熔爐，當然，很多拉丁文化將這類活動帶到了美國，」法羅解釋道，「他們對某些鳥類物種非常、非常熱中，它是從那裡發展起來的。」

法羅贊同謝爾頓．喬丹的觀點，即法律與更多探員的效果有限，關鍵在於意識。二〇一八年四月，法羅與其他邁阿密野生動物執法官員邀請電視與其他媒體來到佛羅里達大沼澤地國家公園（Everglades National Park）。他們希望記者群親眼目睹他們從一輛白色休旅車上拖出裝有約一百三十隻鳥的籠子，並把這些鳥兒放生到周圍樹林裡，這些都是在法羅的撲翅行動中救出來的鳥兒。拍攝畫面顯示攝影師沿著地面一字排開，一個大籠子的門被打開，數十隻五顏六色的鳥在空中迸發開來。「我很激動，我們佛羅里達大沼澤地國家公園超過一百五十萬的遊客可以再次看到這些鳥兒在牠們的原生棲地自由飛翔。」公園副園長賈斯汀．昂格爾（Justin Unger）向記者宣布，官員們希望這次精心策劃的媒體活動能增進民眾對保育層面的了解。[17]

這是很崇高的希望，在過去十到十五年間，野生動物犯罪呈爆炸性成長，根據世界野生動物基金會的統計，野生動物販賣已成為全球第四大犯罪交易，僅次於非法毒品、仿冒與人口販賣，每年有高達兩百億美元的貿易量。在整個美國，每年有相當於六萬次野生動物貨物非法轉手，其中可能涉及數百萬的動植物個體。網路與社交媒體為更快速、更難以追蹤的外來寵物銷售開闢了新的流動渠道，讓問題變得更加嚴重。事實證明，美國對親生命性有種特殊的汙名化表現，這讓美國成為世界上最大的非法野生動物消費國，而邁阿密就是這個非法交易的中心。「在這裡，這是個反覆出現的問題，」法羅嚴肅地表示。「這個問題在我有生之年可能不會消失。」[18]

第七章

貓抓了你的魚

沙丁魚
Sardina pilchardus

從加拿大艾伯塔省首府艾德蒙頓往北約三十五公里（二十二英里）的小城莫林維爾，道路平坦而筆直。廣闊無邊的草原和一望無際的地平線，幾乎沒有被遠處細瘦的白楊與雲杉給打破，這裡沒有什麼其他東西。十一月初，這裡灰濛濛的，毫無色彩，整片田野大多是毫無特色。不過天空則是另一番景象，草原的天空幾乎總是如此，巨大且引人注目。它向四面八方伸展，向內往上延伸，就像一座無限延伸的哥特式拱門。而且，至少在今天，這裡充滿了黑暗、危險的動態。一片片小雲朵在前方奔逃，就像受驚的牛群一樣，在它們的上方與後方，滾滾而來的巨大黑雲堆積在一起，翻滾向前。

由深色低矮建築群構成的莫林維爾出現在視野中，規模小得驚人；暴風雨的天空讓它顯得更加渺小，這地方的任何意義似乎都被雲層沖刷得一乾二淨。不習慣這個景象的人，一定會對這一切感到不知所措。這片土地似乎會讓人感到渺小，這裡的大自然是廣闊且持續的。這是艾伯塔居民憑直覺就能理解的事實。雖然該省民眾在環保方面常常將他人意見自動消音（主要是為他們的油砂辯護，油砂是該省動盪經濟的引擎），這裡也沒有人真的忽視自然，因為這不可能。在巍峨的大自然之前，必然會感到自己的微不足道：巨大的天空在翻騰，一望無際的草原綿延不斷，不遠處有高聳入雲的洛磯山脈。若此地居民對於保護他們的荒野與野生動物似乎不為所動，或是毫不在乎，這可能是因為他們不覺得人類有能力造成太大破壞；全然的宏偉，讓大自然顯得不可征服。

靠近城鎮處，莫林維爾的一個主要產業，即寵物食品生產的重要性逐漸顯現出來。烤爐煙囪與乾材料筒倉聳立在工廠、鎮上房舍、商業倉庫與附近鐵路機場的上方。社區建築似乎聚集在它們周圍，就像參觀紀念碑的遊客。冠軍寵物食品公司（Champion Petfoods）雖然位於市中心的東南部，卻是此地的象徵中心。這裡是莫林維爾經濟生活的重要組成，也是艾伯塔偏遠地區與石油不相干的一個罕見成功案例。

冠軍寵物食品公司目前是加拿大最大的獨立寵物食品生產商，這間公司設立於三十五年前，原本只是一家位於艾伯塔省偏遠村落的五人小公司。開設這間公司是萊茵哈德・穆倫菲爾德（Reinhard Mühlenfeld）的想法，他是當地一家飼料廠的經營者，當時的想法是要為當地農村客戶在農場飼養的健壯貓狗提供以肉為主的豐盛餐食。穆氏的食譜用上了大量的牛肉、雞肉與魚肉，非常受到寵物喜愛，而這對牠們的飼主來說就已經是非常充分的理由了。於是，需求逐漸上升。到一九九〇年代初期，該公司已成為一家出口企業，也吸引一位多倫多投資人加入。他們的策略很簡單：提高售價打造成頂級品牌（目前價格約是其他品牌的兩倍），提供肉類含量更高的高級寵物食品。該公司稱其產品為用「完整獵物標準」製作，並「符合動物生理需求」的寵物食品。乾飼料與罐頭產品使用五成到百分之百的肉類，包括「在我們草園農場飼養的走地家禽、從溫哥華太平洋水域捕獲的野生魚類、或是艾伯塔肥沃牧場的紅肉」。該公司在宣傳材料中指出，這就是我們的動物伴侶天生的飲食：如果可以的話，我們寵物的狼祖先和野貓祖先會在菜單裡選擇這些食物。

「我們一直致力研發的食品，使用的成分能反映出貓狗經過飲食演化而會吃的食物種類，」冠軍寵物食品公司董事長暨總裁法蘭克·勃茲（Frank Burdzy）解釋道。「我們專注於增加更高比例的鮮肉與生肉，將常見於寵物食品的碳水化合物含量降到最低。」

這個想法簡直是神來一筆，銷售額激增，公司也發展壯大。在價值八百四十五億美元且每年預計成長百分之六的全球貓狗食品市場中，冠軍公司的產品引起了人們的注意，成為（按該公司網站所言）「世界上獲獎最多的寵物食品」。訂單從世界各地蜂擁而來，現在已有超過八十個國家進口該公司的寵物食品，出口業務占了該公司銷售額的三分之二。該公司在莫林維爾與美國肯塔基州分別打造了自己的大型「廚房」（食品產業對生產工廠的稱呼），員工人數增加到五百人。最近有傳言聲稱，食品業巨頭雀巢公司希望以二十億美元的價格收購冠軍公司，但該公司否認了這項傳言。不管是不是新聞，這都說明了這家公司成功的祕訣。「有一種觀點認為，如果我們按自然界原本的意圖來餵養我們的寵物，」勃茲這麼告訴我，「我們的貓狗不但會存活下來，也會茁壯成長，成為最健康、最快樂的動物。」[1]

當我終於抵達位於莫林維爾的冠軍寵物食品公司工廠時，我在停車場見到了史考特・索貝爾（Scott Sobel）。這位衣著得體的美國公關顧問，為我安排了這次參觀。負責研發創新與產品開發的資深副總傑夫・強斯頓（Jeff Johnston）和該公司業務開發經理雷・牛頓（Leigh Newton）在裡面等著我。我們在寵物食品研究大樓的一間會議室裡碰面，這棟大樓名為「發現廚房」，是緊鄰大型食品製備暨包裝工廠的獨立建築。每個人都很友善，尤其是隨和親切且像草原一般溫暖的強斯頓。這位身材魁梧的紳士有一雙大手，為人誠懇謙遜。在我們坐下之前，這群人嚴肅地看著我，並坦白告訴我，他們說的任何事情我都不能報導。

我環顧四周，深感困惑。這次參觀是幾週前安排的，當初並沒有提到這樣的條件。索貝爾開了頭說，如果我要去參觀工廠，我了解到的一切都只能當成背景知識，我的錄音機會暫時被收起來，也不能直接引用任何人的話（上面那段勃茲的評論是後來索貝爾公關辦公室透過電子郵件傳過來的；精雕細琢且經過仔細審查，是我唯一能引用的文字）。今天的工廠參觀過程中，不會有任何採訪。這次參觀是為了了解背景，不能洩漏任何祕密，也不會有任何冒險的信賴。留著灰鬍子、有著深棕色眼睛的索貝爾至少看來有些抱歉：他說，當然，我能理解冠軍公司的立場。

的確，公司必須謹慎，在連續數十年的商業成功與獎項之後，冠軍公司現在意外面臨法律困境。多年來，這家公司在銷售產品時一直以「受世界各地飼主信任」為宣傳口號，但是部分飼主卻將這家公司告上了法庭。一切都始於總部在科羅拉多州的「潔淨標章計畫」（Clean Label Project）在二〇一七年發表的報告，指出冠軍公司與其他頂級寵物食品公司的產品含有砷、汞與多種有害重金屬。（該組織的新聞稿這麼寫著：「我們在慢慢毒害我們的寵物嗎？科學警告說，是的！」）飼主與熱心的律師提起集體訴訟，要求冠軍公司對他們所稱的「疏忽、魯莽與／或故意歪曲」其食品安全性的行為採取行動並給予賠償。

冠軍公司沒有預見到訴訟的到來，也沒有辦法預見。就該公司而言，法庭訴訟中提到的重金屬都是自然發生且無法避免的。根據該公司的研究，其產品的任何微量重金屬都符合現有的監督與建議準則，包括美國食品藥物管理局（US Food and Drug Administration）的標準。根據研究過的科學家所言，這些重金屬中沒有任何一種會因為如此微小的含量而對動物構成已知風險。冠軍公司本身的寵物食品開發測試已經很複雜，令人印象深刻。它在這裡的「發現廚房」研究設施規模龐大。在一個房間裡，一群營養學家在電腦螢幕後研究著（他們的腳邊有好幾隻狗，至少今天是這樣）。在另一個房間裡，身穿白袍的技術人員與科學家測試著配方。後面還有一個小型生產設施，用來測試各種想法。強斯頓的態度與對工作的熱忱，讓我覺得冠軍公司對寵物健康、寵物的飲食體驗、以及（最重要的）給飼主提供他們想要的東西的態度是真誠的。

諷刺的是，這似乎是問題所在：寵物食品買家想要更多新鮮肉類與魚類出現在寵物餐裡，他們希望他們四條腿的家庭成員能夠吃到和他們的晚餐類似的餐食。然而，更多鮮肉與鮮魚（冠軍公司的主要市場號召）自然含有更高濃度的重金屬（但顯然不是危險的）。造成飼主恐慌的原因可能是他們自己對寵物飲食的選擇，而不是其他原因。令人高興的是，這些選擇似乎不會真的讓他們的寵物置於危險之中。[2]

然而對野生動物來說，這些寵物的飲食選擇，則完全是另外一種危險。

「寵物食品的趨勢緊跟著人類飲食的趨勢，」營養專家瑪麗昂・內斯特爾（Marion Nestle）後來告訴我。「目前的趨勢是朝著增加寵物『人性化』發展，把牠們當成家庭的一份子。」內斯特爾是紐約大學（New York University）食品科學、營養學與公共衛生的名譽教授。她有好幾本著作以人與寵物的食物為題。她和同事合著的《正確餵養你的寵物》（*Feed Your Pet Right*）被稱為寵物營養學的流行路線圖。「如果飼主遵循原始人飲食法或生酮飲食，他們也會希望自己的寵物能這麼做，」她解釋道，「也會想出各種理由來為這些選擇辯護。」

所謂的原始人飲食法與生酮飲食，都是最近非常流行的人類飲食。這些飲食法反映出人們對早期祖先食物的演化懷舊：其想法是，當我們所吃的食物與早期人類在農業帶來大量穀物、乳製品與豆類之前所吃的東西相似時，生活會過得更好。寵物食品反映出古早時期野狗野貓的假定飲食，也是遵循著類似的邏輯。冠軍公司「符合動物生理需求」的寵物食品，確保貓狗能吃到更多的瘦肉與野生捕撈的魚類，就像牠們過去的日子一樣。

「你可以看到，我們的生活不斷轉變，趨勢是選擇那些能更自然地滋養我們身體的食物，」勃茲在他的電子郵件中寫道。「如今，人們有興趣知道食材的來源，也愈來愈喜歡從當地農民與種植者處尋找食物。在餵養貓狗方面，我們也看到類似的模式。寵物的天然營養需求、食品製作的透明度以及食材來源，愈來愈成為飼主決定購買哪些寵物食品的關鍵因素。」

追隨這些新的飲食趨勢，是冠軍公司成功的關鍵。例如，該公司狗食中使用的家禽、魚肉和蛋，在被該公司考慮為食材之前，都「適合人類食用」。愈來愈多公司群起效仿，在大型跨國企業如雀巢普瑞納（Nestlé Purina）、瑪氏（Mars）與斯馬克公司（J. M. Smucker）等仍然主宰著超市寵物食品貨架的同時，數百家規模較小的寵物食品公司已經往所謂自然寵物食品推進，銷售額達到約八十二億美元（二〇一六年的數字），在美國寵物食品市場的市占率高達四分之一。儘管沒有充分證據能證明這些高蛋白飲食確實能改善寵物健康，但這顯然沒什麼關係。雖然這些寵物食品愈來愈受歡迎，研究至今尚未證明貓兒狗兒有因此變得更好。[3]

「我們根本不知道貴的產品是否比便宜的產品更好，或是高蛋白飲食對寵物健康與長壽是否比低蛋白飲食更有利。」營養學家內斯特爾表示。「寵物食品公司對這種研究不感興趣；他們主要的研究在於產品在寵物與飼主之間的接受程度。」

換言之，趨向「完整獵物」肉類與更多野生魚類的寵物食品趨勢，對我們家裡的動物來說可能沒有太大區別，然而，對野生動物來說就差很多了。

在一個不眠之夜，加州大學洛杉磯分校（University of California, Los Angeles）地理學教授葛雷格里．奧金（Gregory Okin）突然意識到，美國寵物每年吃下的肉類和魚類，實際上足以養活一個中等大小的國家。奧金說，當時他躺在床上，突然想到寵物消耗的肉食量是如此巨大，感到情緒焦躁。他笑著說：「我其實先想到的是後院的雞。」他推論道，城市後院的雞等於為寵物提供了蛋白質，而寵物貓狗不過是蛋白質的消費者。這個對比讓他突然想起：我們的寵物到底吃了多少東西？他下了床，拿著一支鉛筆寫了起來。

他那天晚上經過幾次簡單計算綜合出的發現，與後來參考更多數據、更仔細推敲後得到的答案相當接近。這個研究在幾年後於學術期刊《*PLOS ONE*》發表，簡單的結論是：我們的寵物吃掉很多東西，尤其肉類的量特別驚人。「狗與貓如果自成一國，大約會是全球第五大肉類消費國，」坐在加州大學洛杉磯分校辦公室與我通電話的奧金表示。只有俄羅斯、巴西、美國與中國所吃掉的肉可能比寵物更多。光是在美國，家庭寵物吃下的動物來源熱量就相當於美國三億兩千五百多萬人口的三分之一。總之，美國寵物所消耗的食物熱量（包括肉類與其他所有食物在內）相當於整個法國人口所消耗的食物能量。「其實正是我第一個晚上做的計算讓我覺得，這裡頭有些東西可以研究，這是個很有趣的問題。」奧金回憶道。「這些數字大到足以讓人們感到驚訝。」[4]

對這世界上的野生動物來說，這不僅令人訝異，也是一場潛在危機。肉量豐富的寵物食品正在為野生動物帶來災難，包括瀕臨滅絕的動物在內，問題在於肉的來源。為人類飼養肉牛愈來愈被認為是野生動物棲息地被改成農田的主要原因，為寵物食品養牛也不例外。同樣地，規模龐大的捕魚業正在海洋中以拖網撈捕許多飼料魚，而這些是許多海洋生物賴以生存的食物。人類自己也大量使用這種魚，但許多是用來餵給寵物吃的。研究人員表示，有時一些寵物食品配方甚至會直接使用受威脅的魚類。

奧金對高含肉量寵物食品對可用土地的影響特別感興趣：全球肉類產量在過去四十年間增加了兩倍，目前約有百分之七十的農地（幾乎占地球陸地總面積的三分之一）以某種方式用於家畜飼養。在我撰寫本文之際，世界各國領導人正為二〇一九年迄今影響亞馬遜雨林的近八萬場火災絞盡腦汁，大多數火災都是由農民放火燒墾導致，通常超過四分之三的土地會被轉為牲畜牧場與飼料作物。同個時候，野生動物也倍受壓力，牠們快沒有生存的空間了。[5]

研究人員將六分之一的全球各地生物多樣性損失歸咎於畜牧業。國際自然保護聯盟列為「受威脅（threatened）」或「近危（Near Threatened, NT）＊」的八千六百多個物種中，有近三分之二（五千四百零七種）之所以會陷入這種不幸的境地，至少有部分是受到農業的影響，家畜尤其是主要的威脅。例如，非洲獵豹[†]數量不斷減少的悲劇就與畜牧業有關。在非洲，這種世界上速度最快的陸域哺乳動物的數量因為當地牧民而持續減少，牧民指責獵豹捕食牛隻，為了確保牲畜的安全，於是捕殺獵豹。同個時候，南美洲的智利馬駝鹿‡則因為放牧的牲畜和林地開墾，被迫離開牠們的森林家園。分布於世界各地超過兩千三百個其他物種，因為人類需要更多土地飼養牲畜或供應乳製品而受到直接影響。同時，為了種植作物而進行的土地開墾（包括用於餵養牲畜的大量作物）則危害到超過四千六百個物種，其中包括弗雷斯諾跳囊鼠※（因為核桃、橙子或其他蔬果的種植園而被擠出牠在加州聖瓦金山谷的棲息地）與撒哈拉以南非洲的非洲野犬。[6]

畜牧業也會對維持地球運轉的較大自然生態系造成大規模威脅。根據聯合國糧食及農業組織（UN Food and Agriculture Organization），世界上八百二十五個陸域生態區（eco-region）之中，有約三百零六個受到牛隻與其他農場動物產量飆升的威脅，這些

＊這裡的「受威脅」包含嚴重瀕危級（Critically Endangered, CR）、瀕危級（Endangered, EN）、和易危級（Vulnerable, VU）三個等級的物種。「近危」則只包含近危級（Near Threatened, NT）的物種。

† *Panthera pardus pardus*。

‡ *Hippocamelus bisulcus*。

※ *Dipodomys nitratoides*。

生態區都有著獨特的生物相與地理環境。該組織表示，畜牧業正在野生動物豐富的熱帶地區迅速擴張，目前全球已知生物多樣性熱點有超過三分之二受到畜牧業威脅。自然界（至少在陸地上）毀滅的原因中，再也沒有比人類在地球表面造成的變化（尤其是藉由農業）還更具災難性了。[7]

寵物食品的問題，以及奧金對這個問題的驚人回答，實際上是知識份子想探索世界的強烈渴望所導致的結果。這位地理學家的主要工作是研究沙漠，他觀察的是乾旱地區的土壤與植物。這位地理學家表示，這些地方看來險峻卻非常迷人。（他說：「實在太美了，樸實又簡單。」）他對於這片荒涼但令人屏息的廣闊土地有著難以自拔的迷戀，這都始於年輕時在美國西部荒野徒步旅行與露營的經驗，從那以後，他就一直努力想了解。沙漠的沙塵尤其引起他在學術方面的關注，被風捲起挾帶的礦物質與營養物質，可以對遠方的植物與其他生命造成深遠的影響，而且通常是以令人訝異的方式。聽似變化無常，也難以預測。邊聽奧金的描述，邊覺得這種特性似乎和他一派輕鬆、廣泛涉獵的才智非常契合。

奧金的寵物食品計算是一種精神轉移，但研究結果為養寵物的巨大環境足跡提供了其他證據。例如在十年前，墨爾本維多利亞大學（Victoria University）的澳洲建築師布蘭達（Brenda）與羅伯特・維爾（Robert Vale）曾計算飼養一隻普通寵物狗會釋放多少碳量到大氣中。考慮到生產狗食所耗費的精力與能量，這個數字搭約是一輛4.6 L休旅車一年行駛一萬公里（六千兩百英里）所排放碳量的兩倍。他們寫了一本很挑釁的書《該吃狗了——永續生活指南》（*Time to Eat the Dog: The Real Guide to Sustainable Living*），在書中提倡飼養非食肉寵物（最好還飼養可以吃的寵物如兔子或後院的雞），藉此提高典型現代家庭的永續性。[8]

奧金的計算根據的是美國寵物產品協會（American Pet Products Association）對美國寵物數量的估計、貓狗平均體重數據、以及根據流行與頂級寵物食品成份表的估計，它從不同角度探討餵養寵物的成本。例如，考慮一下寵物產生的大量糞便，如果美國所有貓狗的糞便都被當成路邊垃圾丟棄，這些鼓鼓囊囊、臭氣熏天的垃圾袋的重量，相當於麻薩諸塞州每年製造的垃圾總量。同時，美國寵物食品消費所產生的溫室氣體同樣也非常驚人：奧金估計這些會造成氣候改變的氣體相當於每年約五千八百萬公噸（六千四百萬噸）的二氧化碳，比愛爾蘭、瑞典或丹麥等國家的產量還多。他還說，淡水的供應也面臨愈來愈大的風險。[9]

截至目前為止，農業消耗的水比任何其他人類活動所消耗的都來得多，而且畜牧飼養消耗的水尤其多：據估計，光是一公斤（二點二磅）牛肉的生產就要消耗掉約一萬五千四百一十五公升（四千零七十二加侖）的水。換句話說，每製作四個牛肉漢堡，我們需要用的水比一輛水車能載的水量還多。同個時候，農業與食用動物也造成了將近三分之一的水汙染（主要來自糞便、抗生素與荷爾蒙、肥料、殺蟲劑、以及被侵蝕牧場上的灰塵和汙物）。在美國，畜牧業被認為造成一半以上影響水路的侵蝕與沉積物、超過三分之一的殺蟲劑使用量、一半的抗生素使用量、以及全國河流、溪流與湖泊中三分之一的氮與磷。[10]

奧金對與寵物貓狗食品有關的問題所作出的估計，並不是要直接挑戰寵物飼養這件事；他對貓狗過敏，但他也很喜歡牠們。在撰寫論文時，奧金只是好奇，也希望能好好睡一覺。然而，這篇文章幾乎立刻引發強烈反彈。就如彼得·馬拉對貓與鳥的研究一樣，奧金這篇文章被視為對寵物飼主生活方式的抨擊。他受到圍攻，並首當其衝地遭受猛烈反擊。「我收到很多負面的回應，」他回憶道，「我覺得他們很搞笑。對這篇文章做出負面批評的人（事實上，莎拉．裴琳〔Sarah Palin〕和拉什．林博〔Rush Limbaugh〕都曾順帶提到這件事，我對此感到驕傲）甚至沒有讀過新聞稿，我在撰稿時非常仔細，就是為了確保自己沒說出人們不該養貓狗之類的話。」

這並不重要，評論家站出來抨擊這篇文章，寵物擁護者非常憤慨。美國人道協會（Humane Society of the United States）表示，奧金的寵物數字估計被誇大了（美國寵物產品協會的數字經常受到質疑，因為該組織出於商業目的往往會採用較高的數字）。奧金一直保持著處變不驚的態度。他說，即使寵物數量減少意味著寵物食品消耗量減少一至兩成，加總起來的肉類消耗量依然驚人。「寵物就好比不可侵犯的聖牛，」奧金告訴我，「這基本上顯示，這聖牛是有些代價的。這就是我想說的，這是有代價的……」

「作為科學家的職責，就是要試圖給出我所認為客觀現實的資訊，而我的角色就是不要參與其中。這就是為什麼我不會試著告訴人把他們的寵物吃掉。」他笑著說道。「你知道嗎？那不是我的工作，我的工作是告訴人們事情的真相：如果你在乎，那請好好注意這件事；如果你不在意，就不用管。」

也許吧。然而，或許我們更難忽略魚類：雖然我們的同伴動物吃下的大量肉類來自牛、雞與豬，另外還有數千噸肉質蛋白質來自從海上捕撈的野生魚類。這些魚類一網網沉甸甸地從海中被撈上來，大多是沙丁魚、鯷魚、鯡魚和其他銀光閃爍的魚類，科學家稱之為「飼料魚」。這些飼料魚支撐著地球上規模最龐大的漁場（每年賺取約五十六億美元），占全球漁獲總量（按重量計算）的三分之一。寵物食品只是其中的一部分，但仍然具有重要意義：如果將一船船的魚分別運到岸上，用於不同的人類用途，例如作為人類食物或寵物飼料，那麼每七艘中就有一艘是專門靠岸給寵物餵食的。[11]

「你看看世界上的大型漁場，大多數都在捕撈這些小型銀魚群。」華盛頓大學（University of Washington）生物學家提姆．埃辛頓（Tim Essington）解釋道。埃辛頓是個說話率直的科學家，總是笑容滿面，他研究海洋中的小型魚類已經很多年了。飼料魚幾乎位於食物鏈最底層，但牠們在世界各地的海洋生態系中都是關鍵的環節。牠們以微小的浮游生物和其他小型生物為食，反過來又成為許多海鳥、鯨魚、海豹與更大型魚類的食物。牠們的繁殖能力很強，產卵數量多到難以計數。牠們也很美味。「從動物的角度來看，這些東西就像水生世界的神戶牛肉，」埃辛頓告訴我。「這些胖嘟嘟的小魚非常肥美，而且似乎在許多食物網中扮演著重要角色。基本上，牠們非常非常有效率地吃掉微小的食物，將這些微小食物打包成一口美味小食，然後很容易就被其他掠食者發現捕獲。」

或者是被人類捕獲，從遠古時代起，人類就開始撈捕這些小魚為食。隨著人口數量上升，愈來愈多飼料魚被拖網漁船一網打盡。時至今日，魚兒不僅是人類的食物；牠們也被當作牲畜與養殖魚類的飼料，用來餵養寵物的情況日益增加。問題是，我們撈捕的這些魚兒，也是其他野生動物賴以維生的食物。「牠們對我們來說非常重要，」這位生物學家解釋道。「同時，這些動物對於我們也關心的許多動物來說，顯然也是首選的食物類型，比如許多海洋哺乳動物、海鳥、以及我們喜歡捕捉的魚如鮪魚、鱈魚等等。」

在寵物食品中加入大量魚肉，是一個不斷增長的趨勢。每年有數十萬噸的鯖魚、鯡魚、沙丁魚、鯷魚、油鯡與其他魚類被運往世界各地的寵物食品工廠。這些魚肉被做成貓食罐頭，或是成為高蛋白乾糧配方的成分。光在澳大利亞，家庭貓食每年就會消耗掉大約兩百五十萬公噸的新鮮或冷凍魚肉，這相當於每隻貓每十二個月會吃掉十三點七公斤（三十磅），這個數量比澳洲人每年平均吃掉的魚肉海鮮都來得多。在某些情況下，寵物食品可能含有來自瀕危大型海洋魚類的產品，例如鮪魚和鯊魚。最近，渥太華的研究人員報告說，儘管有幾種鮭魚名列瀕危物種，仍有好幾個寵物食品網站在宣傳時提到產品含有太平洋鮭魚*。隨著全球寵物飼養數量不斷攀升，寵物食品朝著頂級高蛋白飲食發展，對飼料魚群及依賴牠們的鳥類、魚類與其他野生動物的影響，已成為日益嚴重的保育問題。[12]

不幸的是，我們很難去了解這個問題的規模到底有多大。令人困惑的事實是，飼料魚的數量向來都是上上下下，有時變動很大。早在人類捕捉牠們之前，這些小魚就已經受到多年或十年的洋流變化或其他大規模環境變化所影響。有時，這些變化會幫助魚群，讓牠們的數量激增。有時，就像經常發生的那樣，變化會造成魚兒的數量崩潰。我們很難知道捕魚如何影響這個蹺蹺板，繼而更難了解它對以這些魚兒為食的野生動物會造成什麼衝擊。「這些事情有趣的一個定義特徵，是一群生物的數量有繁榮期與蕭條期，」埃辛頓解釋道。「這個數量肯定會在不同時間範圍內波動。在同一系統的兩個物種，一個可能會有三十年的週期，另一個則有十年或十五年的週期。……所以我們當然承認，有一個重要的環境過程存在，但關鍵問題是漁業撈捕在這個過程會有什麼作用。」

不久之前，埃辛頓決定解決這個生態難題：「我真的很厭倦一些人或管理階層的的發言，有人會說，我們做什麼都沒關係，反正這些事情都是受到環境所驅動的。」在《美國國家科學院院刊》（*Proceedings of the National Academy of Sciences*）發表的一篇頗具影響力的論文中，他和他的同事設法解開了謎團——至少是一點點。藉由計算出多少數量變化是自然發生的，他們反過來推算出飼料魚漁業對魚類數量上上下下的影響。「如果我們能說，嘿，這件事的發生是環境與漁業共同造成的影響，那麼一旦知道其中一個環節，就能找出另一個。」[13]

正如埃辛頓所言，「重點」是世界各地的漁民正是在魚群數量下降時對這些小魚進行最嚴重的捕撈。雖說沙丁魚、鯷魚與其他飼料魚的數量會自然上升下降，埃辛頓的研究顯示，漁業可以「急劇放大」數量下降的程度。這意味著數量下降的幅度會更大，也

---

* *Oncorhynchus spp.*。

更頻繁。而且，一但數量下降到正常水準的四分之一以下，許多魚類族群（大約一半）就會完全崩潰。「基本上，」這位生物學家解釋道，「這種意外加速（在某些情況下）會讓自然族群的崩潰相當程度的放大。族群數量可能比原本狀況低三到四成，從掠食者的角度來看，這可能真的非常重要。因為實際上的意思就是，在食物稀缺的時期降低食物量。」

對數以百萬計的海鳥（包括海鷗、燕鷗、海燕、鰹鳥、海雀等），以及海獅、瓶鼻海豚與其他許多野生海洋動物來說，這是個很大的問題：飼料魚資源崩潰可能意味著這些野生動物會挨餓、無法繁殖、最終死亡。根據國際自然保護聯盟，光是海鳥，全球就有三分之一的物種瀕臨滅絕，而且一半的物種已知或被認為數量正在減少。在一九五〇年至二〇一〇年間，海鳥群聚的平均數量下降了七成。超過四十個物種被世界保育組織認定為「瀕危（Endangered, EN）」或「極度瀕危（Critically Endangered, CR）」，其中有十八種海燕、九種信天翁與三種企鵝。許多以飼料魚為食的海豹、鯨魚與其他海洋哺乳動物的狀況也很糟。二〇一九年三月，墨西哥政府的一個委員會報告，世界最瀕危的海洋哺乳動物「小頭鼠海豚」*（一種小型鼠海豚）目前在野外的數量不到十隻。[14]

飼料魚數量驟減並不必然會危及這些動物，但研究顯示，魚類數量減少會導致牠們無法獲得足夠的獵物，難以餵養幼魚，甚至無法生存。一項研究顯示，雖然在一九七〇至一九八九年與一九九〇至二〇一〇年這兩段時間，世界各地的漁業漁獲量增加了將近一成，但在同個時期，海鳥的食物量卻減少了將近兩成。有些海鳥被認為是「極度倚賴」飼料魚，飲食中有四分之三或以上是飼料魚。在一些地方，這些小魚對其他海洋生物的重要性尤甚。例如在加州海岸，有十九種海洋哺乳動物、三十三種海鳥與超過四十種海洋魚類，全都倚賴沙丁魚與其他數量豐富的飼料魚維生。在這些物種中有瀕臨滅絕的鳥類、數量正在萎縮的石狗公、以及八種鯨豚。在一九七〇年代早期，飼料魚漁業與褐鵜鶘加州亞種[†]的減少有關，褐鵜鶘因此名列瀕危物種。雖然殺蟲劑造成蛋殼變薄可能是對鵜鶘造成最大打擊的因素，但是牠們最喜歡吃的美洲鯷[‡]，也在繁殖地附近被一

---

* *Phocoena sinus*。

† *Pelecanus occidentalis californicus*。

‡ *Engraulis mordax*。

卡車一卡車地捕撈。[15]

幾年前，科學家回顧了從前的研究，探討飼料魚數量的不穩定是否對野生動物命運的變化造成影響。他們計算了海裡必須有多少小魚才不至於讓以牠們為食的動物挨餓。他們得到了三分之一這個神奇的分數：如果可取得的飼料魚獵物數量下降到正常數量的三成以下，海鳥築巢就可能失敗，成鳥會開始死亡。如果食物匱乏的情形沒有改善，鳥類繁殖成功率過低的情況就會持續，整個族群（甚至是整個物種）就會開始走下坡。科學家總結道，在捕撈飼料魚群的時候「留下三分之一給鳥類」，對於確保海洋生態系的健康非常重要。「基本上，我們從一些海鳥研究中得知，」埃辛頓表示，「當這些飼料魚的豐富度下降到平均水準以下時，你就會開始看到鳥類繁殖成功與食物豐富度之間的相關性。」[16]

魚很重要，魚的短缺是很大的問題。這些日子以來，這個教訓不能再更貼切了。全世界的漁業都在衰退，寵物食品業對魚肉餐日益增長的胃口，更是讓人擔憂：科學家表示，**全球**約一半的魚類資源正在被撈捕到最大限度，而將近三分之一要麼正被過度捕撈，要麼在過去已遭受漁業捕撈的打擊。根據預測，地球上最後的野生魚類族群將在本世紀中葉崩潰或接近崩潰。這對人類來說是個壞消息：根據聯合國糧食及農業組織，我們有百分之十的人需要魚來維持生計，而四十三億人口吃魚來獲得百分之十五以上的動物蛋白質。這對以魚為生的野生動物來說也是壞消息。漁業已經在重塑（或已經重塑了）世界各地海洋大部分地區的生態特性與機制，在一些情況下，它甚至改變了海洋生物的演化路徑。[17]

「隨著時間推移，人類在食物網上收割的範圍愈來愈廣，」埃辛頓表示。「而且，不加考慮就這麼做並不好。……漁業發展的這些模式在某種程度上是在權衡取捨，因為你不可能一邊從頂部繼續擴大你的漁場，又同時挖掉食物網的中間部分。」

「飼料魚基本上扮演著兩個對我們有益的角色，牠們既是我們的食物，也是我們想吃的東西的食物或是我們因為其他原因而關心的動物的食物。問題是，我們該如何取得平衡。」

在我拜訪莫林維爾的幾個月後，籠罩在冠軍寵物食品公司頭頂的法律烏雲似乎正在消散。在威斯康辛州，一名聯邦法官裁定，在該州針對冠軍公司的集體訴訟不值得司法體系花更多時間。在一份簡易判決中，法院表示針對冠軍公司的證據並不足以令人信服。關於該公司產品危害寵物健康或與廣告不符的說法，並沒有任何證據可以支持這樣的結論。自然存在的微量砷、鎘與其他重金屬似乎並不像某些人說得那麼具有威脅性。一個月前，在伊利諾州與麻薩諸塞州對冠軍公司提出的集體訴訟，也達成類似判決（在我撰寫本文之際，最初的加州案尚未得到結論）。

這些訴訟背後的法律團隊無疑是失望的，原告寵物主人可能也是如此。這裡的諷刺之處似乎是有點奇怪。當你得知你一直拿來餵狗的這種「符合動物生理需求」的高含肉量食品並不是毒藥時感到灰心喪氣，是個怪異的反應。但是，兩年來複雜昂貴的法律糾紛可能讓人感到迷惘，而且困惑可能從一開始就存在了。在備受爭議的寵物食品業評鑑報告中，潔淨標章計畫並沒有針對重金屬相對於已知或廣泛懷疑有害物質的危害程度進行測量，而是將該公司產品與其他寵物食品中的含量進行比較。消費者組織相信，產品含量較低的公司比產品含量較高的公司來得好，即使所有產品的微量重金屬水準並沒有可識別的影響。[18]

「歸根究底，」該組織執行董事傑基．鮑文（Jackie Bowen）在電話中告訴我，

「我們潔淨標章計畫的信念是，接觸較少的工業與環境汙染物總是比接觸更多汙染物來得好。」該組織曾因為對生產嬰兒配方奶粉與蛋白粉的公司進行類似的評鑑報告而受到批評，並不是所有人都認同這種「不是零就是過度」的想法。就已知情況來看，這些元素中大部分在微量情況下並不需要擔心。在我們人類吃的食物中，它們一般也是不可避免的，尤其是因為它們往往會聚積在魚肉與動物組織之中。

更讓人困惑的是，含肉量高的高級寵物食品可能會帶來其他後果：你的寵物可能不會受到那些聽來嚇人的微量元素所影響，但野生動物可能因為寵物食品的巨大供應需求導致的耗損，讓牠們失去獵物與棲息地而飽受威脅。隨著寵物食品變得更人性化，並受到原始人飲食風潮的影響，愈來愈多飼主相信貓狗應該吃得跟我們一樣，或至少應該吃得跟牠們紅牙利爪的祖先一樣，這又讓野生動物受到的威脅進一步惡化。「狗食有美食等級的，也有一般等級的，」加州大學洛杉磯分校的奧金教授解釋道。「在一九七〇年代，每隻狗都只吃一般狗食，而現在則有一股追求美食的浪潮。這種高級狗食之所以高級的原因（同理適用於貓食），在於它含有更多的肉；而且不只是更多肉，還是更好的肉。」

「我想，人們應該以更批判性的態度來面對行銷。你知道嗎，有些電視上的寵物食品廣告將狗描繪成需要獵捕水牛的狼。狗不是狼，也不需要獵捕水牛。……我不是要告訴人們不要養寵物，」奧金略帶歉意地補充道。「我只是想讓他們知道，如果這是你關心的事情，那麼這可以影響你養哪種寵物的決定。你知道，與其養一隻大丹犬，你可以養一隻迷你貴賓，而這將讓你造成的影響大為不同。」

奧金想了一下，說：「或者，與其養一隻黃金獵犬，你可以養一隻倉鼠。」

第八章

最親近也最親愛的

太陽錐尾鸚鵡

Aratinga solstitialis

從多倫多聖誕寵物展（Toronto Christmas Pet Show）的一個側門走進去，要通往人潮洶湧紛擾的活動中心，最清楚的一條路是穿過聖誕老人村。展覽總共用了三個大型會議廳，這個用聖誕彩帶與聖誕樹裝飾的空間占據了其中最大會議廳的一個角落。隔壁有一個小型、開放的犬競賽場，不過目前是空的，在幾個小時內並沒有任何安排。許多人帶著寵物排隊，期待與聖誕老人合影留念：貓兒或狗兒與這個快樂老精靈一起坐在大紅椅上的景象非常討喜，這樣的照片保證會讓家人朋友喜歡。照片以易於分享的電子檔形式提供，每個檔案只要十元加幣（約七點六美元）。

聖誕老人再過去的地方，有一個更寬廣的空間。巨大的空間擠滿了人，相當驚人，發出的聲音是一股低沉的吼叫聲，其中夾雜著狗吠與嘎嘎的鳥叫。那裏大約有兩百四十個攤位，代表一百七十多家不同的企業。凡是你能想像到的所有寵物產品和服務，幾乎都可以在這裡找到。這些攤位在展場中緊密地排列在一起，在占地廣大的密西沙加國際中心（Mississauga International Centre，在多倫多皮爾遜國基機場〔Pearson International Airport〕寬闊跑道旁低矮綿延的建築）占據著約兩萬八千八百平方公尺（三十一萬平方英尺）的面積。為期三天的活動，預計會有一萬七千名參觀者（每人只要支付十八元加幣的門票費用），每天都會有數千名參觀者被迫加入移動緩慢的人龍。許多人帶著他們的狗、貓與其他寵物（動物可以免費進入，但需要簽署疫苗接種狀態與飼主責任的免責聲明）。面帶微笑的參展商似乎很高興看到他們的到來，但連著好幾個小時待在通風不良、無色光照的展場中，也考驗著他們熱忱的極限。

梅根・維克爾（Meghan Vickell）的攤位從我的參觀起點算起來在第二排。在抵達她的攤位之前，我看到的各種寵物商品讓我感到頭昏眼花。在名為「政治不正確寵物！」（Politically Incorrect Pets!）的攤位上，有類似美國總統唐納・川普（Donald Trump）的啃咬狗玩具（大號售價二十五元加幣，小號售價十二元加幣）。有位音樂家賣的是他太太的童書《汪星閒人傑克》（*Jake the Road Dawg*，他們現實生活中寵物狗的故事），他極力推銷，說這是本好書，每本只要二十五元加幣。有個攤位銷售的是有取得授權的貓狗運動衣。如果哪個國家曲棍球聯盟、橄欖球聯盟或其他運動隊伍的授權運動衣沒有出現在貨架上，也可以訂購（中號上衣在展場特價三十五元加幣；平時訂價為四十元加幣）。巴克利狗食（Barkley Bites）的銷售商表示，一包乾燥雞爪的價格約為十元加幣，而好朋友服裝（Best Friends Apparel）的工作人員則聲稱，他們銷售的服裝是由狗飼主開發的，能反映出真正的「狗主人生活方式」（一件印著「我可以摸你的狗嗎？」的圓領毛衣只賣四十元加幣含稅）。在閃亮狗精品（Sparkle and Barkle Doggie Boutique），一個優雅、閃閃發亮的寵物項圈（用施華洛世奇粉水晶、極光水晶球和水晶珠裝飾），按寵物頸圍要價從九十三元九十五分加幣到一百二十七元九十五分加幣不等。

然而，維克爾的攤位卻讓我整個愣住了。她的招牌和材料都很低調，很有品味，有個「現代杜立德」的標誌。上光的卡片上印著：「你和你的寵物之間是否出現了問題，卻無法解決？你想更了解毛孩子的需求與欲望嗎？也許你只是好奇牠們在想什麼。」宣傳手冊寫著，維克爾絕對能幫上忙：「就像現代的杜立德博士，她能與動物對話。」

我停下腳步，重讀了這句話。一名年輕女子走上前來，目光炯炯，態度和藹可親，身形苗條，時髦且吸引力十足。她穿著長寬褲，熨得很平整，上衣顏色鮮亮，長髮剪得很漂亮（大概不便宜？）。她給我的印象是一名年輕、熱情、都會專業人士的典範——在多倫多市中心專業公司那種光鮮亮麗的成就者。事實證明，我看得還算準：這就是維克爾，在過去五年的大部分時間裡，她是一名公關專家。她曾是 eBay 加拿大分公司的公關暨行銷主管，後來才自立門戶做起顧問。她說，她的專長是品牌發展與行銷，大部分工作是與那些想要藉由寵物產品賺大錢的公司合作。不過在一年前，她開始改變方向，大部分人多半會把這種改變描述為激進的轉向。「我的職業是公關與行銷，還有寵物品牌傳達，」她愉快地表示，「而這是一種不同的動物溝通。」

維克爾的新工作是「寵物溝通師」，而且才剛剛開始而已。她的職稱說明了一切；她與動物「交談」，她向動物提問，了解牠們的想法與感受。她解釋道，這是她的天賦，也是最高的使命。每節費用約為一百元加幣（約七十六美元），如果她親自上門，費用會更高。維克爾會與你的寵物進行雙向心靈感應，然後告訴你所有的情況。她說，信息會透過符號、標誌與圖片來分享，而且在通常情況下，也有一個窗口可以窺探寵物的情緒狀態。另一方面，寵物不需要在溝通師面前；維克爾可以在不見到動物的狀況下進行溝通，甚至不用看到動物本身（或照片）——她解釋道，「這就是心靈感應的魅力所在。」然而，科技確實有幫助。這位年輕的千里眼說，許多工作是透過 Skype、Viber、FaceTime、甚至 Instagram 進行的。她有許多客戶在千里之外的地方，或在世界的另一端。她說：「新加坡與紐約對我來說是很大的市場。」

維克爾告訴我，她的服務有相當大的需求。對很多人來說，了解寵物想法與欲望的誘惑力變得愈來愈不可抗拒。飼主喜歡他們同伴的陪伴與喜愛，但有時這樣還不夠，許多人也非常好奇。寵物與飼主之間的神祕連結是深刻且感人的，也是晦暗、深切且迷人的，以至於這種本質上的無知所帶來的挫敗感可能會讓人感到困擾。親生命性渴望更深層次的聯繫，對大多數熱中於寵物的人來說，這種惱怒會隨著時間惡化，就像在太過濃密的狗毛中滋生的跳蚤。這種無知需要一種補救措施，而維克爾就能提供。

「典型的問題是，我的狗快樂嗎？」她說，描述著她每節溝通時間的劇本。「牠們的飲食可以嗎？牠們對我把牠帶去這個地方或那個地方，覺得還可以嗎？為什麼牠會針對這種狗而不是那種狗？」

「有時我們會更深入，這取決於飼主的心胸有多開闊，思想有多開放。根據這一點，我們可以更深入探討前世之類的主題，像是我的狗是否（將）轉世之類的。很多失去寵物的飼主會和我做一次信息閱讀，因為他們想要知道寵物是否會轉世，也想知道周圍的跡象與符號。比如說，我的狗是不是想跟我溝通？你看到什麼？牠們如何傳遞信息？」

我覺得自己既感到迷惑，又掙扎想跟上她在說的一切。同時，維克爾表現出極大的魅力與耐心。她仔細觀察著我，試著不把我落下，她的眼睛很會說話。她最讓人消除敵意的地方，在於大膽且實事求是的態度：她可以是個講課活潑的商業教授，正在解釋品牌發展與消費者心理學原則。她說，輪迴對寵物來說是很常見的（「我現在養了一隻狗。她是一隻被救援的狗，而且〔這是你必須敞開心扉、用開放態度看待的地方〕牠實際上在前世曾經和我在一起。」）。維克爾告訴我，寵物以不同的寵物身體回到主人身邊的情形並不罕見，不過也不是必然會發生。「牠們有時會猶豫不決，」她說。「如果主人很悲痛，而且他們必須處理一些事情，（寵物）會希望主人能適當地哀悼。……牠們不會只是為了安撫主人而回來。這都是人生的課題，對嗎？」

這位動物溝通師停了下來，靜靜地看了我一會兒。在這個人潮洶湧、燈火通明的會議廳裡，人多到可以說是接踵比肩，我想像著一朵微小的疑雲在屋頂上飄著，「你被震撼了嗎？」她問道，開心地笑著。「對有些人來說，這些訊息是完全無法接受的。有時人們會覺得這些訊息太過，消化不了。」

多倫多聖誕寵物展和春季的加拿大寵物博覽會（Canadian Pet Expo）是加拿大境內規模最大的室內消費寵物展。在北美，針對寵物飼主舉行的寵物產品展很少能超過這兩個展覽的規模。主辦人格蘭特・克羅斯曼（Grant Crossman）估計，這兩個展覽在北美洲各地以飼主為中心的寵物展中，應該名列前茅（幾個大規模的寵物業貿易展如拉斯維加斯的超級動物園〔SuperZoo〕，是以寵物同業為對象）。這樣的說法可是誇下海口了，畢竟每年在美國與加拿大各地為消費者舉辦的寵物展有好幾百個。大型展覽如多倫多聖誕寵物展、加州的美國家庭寵物博覽會（America's Family Pet Expo）、以及大型戶外寵物產品節「Pet-a-Palooza」等，都能吸引來自各地的供應商與參觀者，這些展覽會的交易金額相當大。自十四歲起就以不同方式參與寵物展的克羅斯曼認為自己很幸運：他在這個行業的職業生涯剛好就是有史以來寵物產業最爆炸性成長的時期。

在過去二十五年間，我們花在餵養、梳理和寵愛寵物的錢大幅增加。光是在美國，用於家庭寵物的支出在這段時間內幾乎是原本的四倍。二〇一九年，美國人預計花在寵物產業的金額約在七百五十三億八千萬美元（比二〇一八年增加將近三十億美元）。根據總部位於倫敦的市場研究機構歐睿國際公司（Euromonitor International）的數據，二〇一七年全球花費在寵物產業的總額達到一千一百六十六億美元。而且這個市場完全沒有放緩的跡象，每年大約以百分之三的速度成長，這是非常驚人的現象：如果寵物自成一國，牠們的經濟表現將緊跟著世界上最富有的六十個國家。[1]

我們的親生命性已經成為一個龐大的全球經濟引擎，二〇一一年，美國家庭每花一百美元，就有一美元是花在寵物身上。試著思考我們每天需要花錢的所有事情，從貸款、食物、手機、到 Netflix 等，這個現象值得我們深思。如果飼主為寵物付出的只是最基本的費用，包括訓練、注射疫苗、定期體檢和寵物保險，根據獸醫的說法，養一隻小狗每年的費用約為兩千八百一十六美元，而成狗則降至兩千四百六十三美元。飼養幼貓第一年的費用是一千七百八十八美元，成貓的每年費用約為一千五百八十三美元。如果你的貓或狗活到老年，就說十三歲好了，那麼值得反思的是，你寵物一生的花費足以購買一台新的Lexus休旅車，而且這台耐久實用的車可能也會讓你使用同樣長的時間。還不只如此：許多額外的花費，如寵物溝通師的費用或其他高檔寵物奢侈品，都不便宜。[2]

人們為動物伴侶掏腰包的意願，催生了整個北美洲成千上萬的寵物企業，它們的規模、型態與結構各有不同。例如，新的寵物科技在一個渴求各種器具與用品的市場上蓬勃發展。「Toletta」就是其中之一，這是一個用來監測貓咪健康狀況的貓砂盆，它首先會用面部辨識軟體辨識出個別的貓咪，然後追蹤貓咪的體重、尿量與使用貓砂盆的頻率。之後，機器會提供診斷建議，並將數據傳送到你智慧型手機的應用程式上；「DOGTV」是另一個，這是一項訂閱的電視服務，提供「科學開發的景象與聲音」，當你不在的時候可以幫助狗兒放鬆並提供娛樂；「Dig」是愛狗人士的約會應用程式；「SpotOn.Pet」是類似於優步（Uber）的載客車輛媒合服務，能保證司機願意載寵物，服務包括汽車坐椅套與貓狗專用安全帶等。[3]

根據美國勞工統計局的資訊，二〇一一年美國家庭在寵物上的花費比在酒精（四百五十六美元）、市內電話（三百八十一美元）、或男性男孩衣物（四百零四美元）還來得多。光是用於寵物食品的現金就超過了糖果（八十七美元）、麵包（一百零七美元）、雞肉（一百二十四美元）、早餐麥片（一百七十五美元）或閱讀（一百一十五美元）。在二〇〇八年至二〇〇九年經濟低迷期，許多美國人雖然經常覺得自己沒有理由上館子吃晚餐，但購買寵物食品的錢卻絲毫沒有減少。克羅斯曼聳聳肩、理所當然地說道：「人們喜歡在他們的寵物身上花錢。」寵物是家庭成員，當情感投注很高的時候，自然會進行一定比例的資本投資：我們愛動物，我們願意付錢。[4]

也就是說，只要是為了住在**我們**家裡的寵物，我們都會付錢。至於數以億計的野生動物就沒那麼幸運了，牠們之中有許多都在不斷縮小的原野中瀕臨滅絕。

二〇一四年，美國人在寵物身上的花費，幾乎是美國聯邦政府與州政府為幫助將近一千五百個被列為受威脅或瀕臨滅絕的美國本地物種所支付費用的四十五**倍**。在加拿大，飼主在二〇一六年為寵物照護與揮霍的花費將近七十七億元加幣（五十九億美元），而聯邦政府在二〇一五／二〇一六財政年度為全國境內瀕危物種計畫的所有支出，只有九千五百萬元加幣（七千兩百三十萬美元）。總的來說，全球寵物人士在他們的狗、貓、鳥與其他寵物身上花的錢，大約是世界上大多數國家為拯救地球上奇妙且不可替代的豐富生命所付出總金額的四倍多。由於可能繼續存在的物種有一百多萬個，與我們有錢、舒服且經常超重的寵物相較之下，野鳥、哺乳動物、爬蟲類、兩棲類與魚類等，可以說是生活困頓的窮親戚。難怪在過去三十年間，美國的貓狗數量遽增了六成，而同期全球昆蟲以外的野生動物的數量卻直線下降，物種滅絕的整體風險也在攀升。[5]

「我不知道是否有一個明顯的事實能解釋，我們為何不願意為野生動物保育支付更多經費，」生物學家安東尼．瓦爾德隆（Anthony Waldron）表示。「我們知道這樣的經費不夠。」也許我們有意識地迴避了這個問題，或是只是沒有去思考這個問題。沒有任何證據顯示，花在寵物身上的錢會以犧牲野生動物的經費為代價。寵物就在我們身邊，有能力要求我們的注意力，以及我們的情感。牠們每天看著我們，懇求又可愛的樣子，跟我們面對面。另一方面，野生動物往往是眼不見心不煩。對於那些愈來愈稀有的生物來說更是如此。這並不是寵物與野生動物的對抗，甚至不是關於平衡人類的物質欲求與自然界的需求。它反而主要是關乎我們本身，有些人認同自己的親生命性，其他人則不然。

「很多人都有這樣的誤解，以為從本質上來說，人與自然之間存在著一場奇怪的戰爭，」瓦爾德隆在英國劍橋家中用 Skype 和我聊天時這麼告訴我。「事實上，更準確的描述是，這是一場想要保護自然的人與不想保護自然的人之間的戰爭，這絕對是一場人類的衝突。而奇怪的是，大自然在這裡並沒有發言權。」

瓦爾德隆是個很細心的英國人，他頭髮蓬亂，有著精靈般的笑容，還是個冷面笑匠。在過去幾年間，這位生物學家已成為聞名全球的生物多樣性保育經濟與財務專家。他隸屬於劍橋大學（Cambridge University），但大部分工作都是以獨立顧問的身分進行。他現在的主要工作是與懷斯基金會（Wyss Foundation）資助的「保護自然運動」（Campaign for Nature）計畫合作，這是一個多方利益相關者的夥伴關係，幫助聯合國生物多樣性公約制定了一個到二〇三〇年保護地球上百分之三十原野地與海洋的計畫（目前保護區覆蓋了百分之十五的土地與淡水區以及百分之七的海洋世界）。瓦爾德隆領導的團隊試圖計算出保護地球上約三分之一的原野地可能需要的費用。他們希望在二〇二〇年底於中國昆明舉行第十五次締約方大會之前能夠有點概念。「這是很大的挑戰，」他表示，「尤其因為沒人真的知道他們想把保護區設在哪裡。」[6]

瓦爾德隆是在難以計算的生物世界中從事金融與數字工作的人，他承認，自己已經和大學早期消化馬洛禮亞瑟王傳說與莎翁輝煌文彩的那個自己，有了相當的距離。他原本主修英語，對中世紀文學特別感興趣。他畢業時取得英語學位，而就像許多主修英語的人一樣，他也在納悶自己的下一步是什麼。機緣湊巧，就有這麼一個機會出現了。

「由於一些奇怪的原因，」他含糊地說道，「我最後成了亞馬遜的森林嚮導。」一切都變了，他逐漸愛上了那裏的蒼綠、花兒、鳥兒和生物學。他返回校園，攻讀生物學碩士。這種專業的轉換不可謂不大，不過因為他的計畫中包含了經濟學訓練，轉變就更大了。這個專業和蕭伯納差得可遠了，不過這是他回到熱帶地區所需要的基礎。他加入了一個非政府組織，幫助可可農民找到維持盈利的方法，並儘可能保護自然。可可產業目前已被認為是永續農業的典範，重要的是，這是透過環境認證計畫實現的市場轉型。

「在那裡我了解到，生物學無法拯救地球，」瓦爾德隆說道，「我們需要考慮更廣泛的情況，而自此以後，我一直都試著這麼做。」二〇一三年，瓦爾德隆與喬治亞大學（University of Georgia）的一個團隊發表了第一篇有關全球保育資金「更廣泛前景」的全面性探討。這項研究發表在《美國國家科學院院刊》上，它建立了一個龐大的資料庫，以追蹤用於保護自然的複雜資金流。他說，這是一項複雜艱難的工作，涉及複雜的數學與精密的鑑識會計，研究成果讓人們得以一窺誰在自然保育方面花了什麼錢，以及花在哪裡。它呈現的是有關保育的財務決策是如何做出來的，而且重要的是，用於自然的開支真的應該往哪兒去。[7]

根據該研究，二〇〇一年至二〇〇八年間，全球的保育支出平均是每年兩百一十五億美元。也就是說，人類為了阻止自恐龍滅絕以來最大的生物多樣性消失而支付的金錢，大約是美國人每年日常咖啡支出的一半，這是個令人沮喪且微不足道的數字。但瓦爾德隆堅持認為，這個消息至少在一個方面是好的：這項研究至少辨識出資金不足卻有高度生物多樣性的地區，只要少許保育資金就能造成很大的影響。也就是說，我們可能不用傾家蕩產去改善許多野生動物的狀況。[8]

「關於人類活動如何對自然界造成負面影響的研究已經有很多，」瓦爾德隆解釋道，「而且你知道嗎，樂觀保育這個新領域幾乎是完全獨立的，你在這裡尋找的是保育工作的有效性，了解它造成什麼影響——去觀察最有影響的地方，這也是提升工作效益的一個好方法，這就是所謂基於證據的保育工作。」研究發現，有將近三分之一的受威脅哺乳動物物種生活在四十個保育資金最匱乏的國家之中，而且這些地方也是地球上物種最豐富的地區。在納入政府效率與國家穩定的相對影響以後（大多數處於戰爭中的國家也有更高的野生動物多樣性與更多的野生動物威脅），該資料庫可以引導保育經費去向的重要決策。由於發展中國家的大部分保育經費來自國際捐助者（已開發國家通常會自行負擔保育費用），這些數字描繪的情景可以說是保育資金流向的重要路線圖。

這個研究多少也呈現出美國與加拿大等富裕國家的相對保育支出並不是什麼太光彩的數字。在二〇〇一年與二〇〇八年之間，就預期自然保育支出而言（假使將國家規模與政治經濟環境列入考慮），美國在所有一百九十九個國家中排名殿後，加拿大的情況也好不了多少。相較於經濟力量相當的國家，美國與加拿大在自然保育的支出低於平均水準。法國在保育支出方面是排名倒數第三十五名的小氣鬼，英國與澳洲在保育資金不足的國家中，排名也在前三分之一。[9]

「本質上來說，從陸地與海洋資源開發中尋求經濟發展（甚至說不上經濟發展，而只是經濟利益）的呼聲普遍都比較高，」瓦爾德隆表示。「這部分是因為外部性問題：這些人從自然界獲得經濟利益，而且是免費的。因此，他們就不會允以考量。對他們來說，從短期來看，不斷索取不會有什麼問題。」即使是保育支出高於平均水準的國家（相對於預期），可能也沒有為陷入困境的野生動物提供足夠的支持。大多數科學家和保育人士都同意，能使用的保育經費根本就不夠。讓更多物種免於消失必須要投注大量的成本，而至今這並不是許多人的優先考量。瓦爾德隆表示，一部分問題在於，很少人能就保育投資到底要多少才算足夠的問題達成一致的意見。雖然確實有估計數值，但距離共識似乎還很遙遠。

有人說，八百億美元可能夠。幾年前，一群英國保育份子提出這個數字，作為能明顯改善所有被國際自然保護聯盟列為瀕危物種者命運的成本。由保育經濟學家多納爾・麥卡錫（Donal McCarthy）與英國皇家鳥類保護學會（Royal Society for the Protection of Birds）領導的研究人員想知道，要把物種的保護狀況至少提高一個級別到底需要多少錢。也就是說，將野生動物從「極度瀕危級」降級到「瀕危級」，從「瀕危級」降將到「易危級」等等，需要多少代價。他們將研究結果發表在權威期刊《科學》上，認為每年直接幫助野生動物的經費大約需要四十億美元，另外還需要七百六十億美元來保護棲息地。這是最早估算出保護生物多樣性所需的全球總成本的一篇論文，此後這篇文章更是被引用了好幾十次。[10]

然而對有些人來說，這個數字看來仍然很像猜測。麥卡錫和他的合作者在計算時，先從鳥類專家對幫助兩百一十一種受威脅鳥類（約為全球受威脅鳥類的五分之一）所需的資金進行推算。然後，他們用這些估計值來外推出其他受威脅鳥類與野生動物的費用。「就像在英格蘭北部，」瓦爾德隆表示，「這就像是走到一名農夫面前說，你怎麼看？而他會咬著牙說：『噢，好吧，我覺得是兩倍。』這相當於走到兩百一十一位農夫面前，然後他們全都在咬牙。當然，這樣講有點不公平，因為這些都是備受肯定的鳥類保育專家，但你還是可以看到從兩百一十一種鳥推斷到拯救地球的過程中所涉及的一些陷阱。」

另一個估計值可能更接近，比如在一千五百億美元到四千四百億美元之間。二〇一四年，聯合國生物多樣性公約（Convention on Biological Diversity）的一個高階小組提出，要在二〇二〇年達到該公約的世界生物多樣性目標，可能要付出如此龐大的代價。這些目標被稱為「愛知生物多樣性目標」（Aichi Biodiversity Targets），是由公約締約國於二〇一〇年在日本愛知縣核定的。它們包括改善或維持地球上所有受威脅物種的狀況，保護百分之十七的土地與百分之十的海洋。在其報告摘要中，作者群承認了（我猜是有些不好意思的）極大的誤差幅度。他們寫道：「小組承認有一系列的不確定性，也意識到進一步研究對於幫助推敲這些估計值是非常重要的。」文中用了「推敲」一詞，讓人有種刻意輕描淡寫的感覺。研究小組繼續說道，「許多因素都會影響到資金需求的規模。」這種承認帶著一股惱怒的感覺。根據瓦爾德隆的說法，這沒什麼好訝異的。「沒有單一的正確答案，」他說道，「因為這取決於你如何平衡你處理保育的方式。」[11]

任何事情都不簡單。你可以把所有的錢花在野生動物最受威脅的地方，卻發現這些地方太窮、太腐敗或太動亂，看不到捐助造成的影響。或者，你可以把錢花在一個穩定的國家，雖然那裡的野生動物較少，保育需求較低，但這些錢能被花在需要的地方。有些平衡涉及解決保育目標的差異。有些人希望資金能集中在發現最多物種的地方（也就是生物學家所謂的「生物多樣性熱點」）。其他人則希望資金的分配能讓所有不同地區的野生動物得以保存。當然，這些決定都會影響到保育成本。提出一個有用的成本預測，往往意味著首先得做出艱難的選擇。「本質上來說，這關乎政治，」瓦爾德隆表示，「這包括保育政治在內。」

這確實是個問題：不確定性最令人無力的症狀就是功能癱瘓。擁有環保資金的人因為擔心經費被濫用或誤用，會收緊荷包，節省開支。沒有人願意支付幾百萬美元來拯救一頭犀牛，到頭來卻發現只有微不足道的幾千美元確實幫助到這頭野獸。如果不知道對野生動物的投資能帶來什麼好處（如果有的話），很少會有人願意把錢放在這上面。瓦爾德隆說：「例如，我曾與一些在環境領域與企業合作的顧問交談過，他們說，大型企業等著為生物多樣性做些什麼，和他們對氣候變遷的態度是一樣的。他們只會說：『告訴我們該怎麼做。』我們只是還沒能確定一套他們能接受的行動、目標與指標。」

沃爾德隆的解決方案，是在展望未來之前先回顧過去。在《自然》期刊二〇一七年一篇具有里程碑意義的論文中，這位生物學家和他的同事探討了一百零九個國家十三年來（自一九九六年至二〇〇八年）的保育貢獻。這項研究是另一個龐大的會計挑戰，研究人員不僅評估了每個案例付出去的保育資金，也評估了（本質上）不利於保育工作的當地經濟、農業與人口壓力。他們將這些數字與他們對這些地方野生動物命運的了解進行了比較。「如果你想實際量化保育工作，」瓦爾德隆表示，「我們知道，根據當地成本修正的投資金額是你獲得成果的一個基本驅動力量。所以，讓我們把這些都放在一起。讓我們把壓力與量化為支出的積極努力都放到一個單一模型中，看看它是否真的能解釋這十三年間全球生物多樣性的變化。而事實證明確實如此，而且幾乎一模一樣。」[12]

第一個重要教訓是，保育支出是有效的。有資金幫助野生動物的時候，牠們能過得更好。這聽起來是很顯而易見，但由於缺乏對保育成果的明確認識，就會讓這個領域的工作給人一種徒勞無益的觀感（瓦爾德隆表示，「對捐款者來說，簡單些的說法是表示自己因為×國腐敗程度似乎很高而不想在該國投資。」）。該研究提供的是保證：在一百零九國中，保育花費讓物種保育狀況的惡化程度減少了將近三分之一（平均而言）。在其中七個國家，野生動物的狀況實際上獲得改善。「資金愈充足，通常你雇用的人就愈多，能守護的區域也愈大。因此，這裡確實有一種相當直觀的相關性。」

第二個教訓是，拯救世界上瀕危物種所需的數額並不是一個數字，更像是一個方程式，一邊的數值變化可以藉由平衡另一邊的數字來抵消。瓦爾德隆描述了一個高中物理問題：保育資助者從後面推著一輛車子上坡，而人類發展的許多力量則在前面將車子往後推。在一端或另一端加入更多力量，會決定你拯救自然的努力最後往哪個方向發展。「整件事最後就像一場拔河，在我之前描述人類努力的兩方之間拉鋸：一邊想要保育自然，另一邊想進行有害於自然的行動。本質上來說，它達到平衡，並導致一個相當簡單的等式：當你把所有因素都放在一起，再算進這些壓力，就是你要讓汽車維持在原本位置所需要的資金數額——這裡的汽車代表世界上的物種。」

這個方程式雖然建立在過去的基礎上，卻還是讓研究人員能預測未來。尤其是，研究人員可以問，隨著人類發展不斷高漲，生命多樣性會發生什麼變化（整個變化過程還在繼續），以及保育工作可以做什麼來加以平衡。這種推我拉你的模式讓研究人員能探討一方力量（例如經濟利益）交換另一方力量（例如防止物種滅絕的經費）的情境。「這是一個預測模型，它是用保育人士的支出與過去被證明會影響生物多樣性的人類壓力來發展的，」這位科學家解釋道。「我得進行情境說明，如果你想這麼看，那麼你會往這邊發展；如果你用那樣的方法，事態就會往那邊發展。」

「有些情境涉及政治與經濟現實，我必須從本質上去平衡這些需求與生物學家的言論。所以，正因為如此，這還是涉及權力政治，也就是誰的聲音能被聽到、誰有影響力、誰有權利，這就是政治。」

換言之，光靠科學並無法提供直接的答案。要估算保育成本需要瓦爾德隆更廣泛的觀點，將人們認為重要的所有事情都考慮進去。比如商業與經濟成長（他說：「我之所以這麼說，是因為花在經濟發展上的錢比花在生物多樣性保育的錢要多得多。」）。又比如工作與舒適度。甚至於我們喜愛的其他動物——家裡的寵物。

不幸的是，現在大多數人的想法都嚴重偏向於把我們人類所關注的問題以及我們的寵物放在第一位。許多人還沒有理解或接受這樣的觀念，即自然與其服務對於許多人類關注的問題也很重要。與此同時，花在自然保育的經費其實也沒宣稱的那麼多。例如，總部位於美國亞利桑那州的非營利機構生物多樣性中心（Center for Biological Diversity）在二〇一七年的一篇報告就指出，美國魚類暨野生動物管理局為復育瀕危物種族群做出許多承諾，但該局每年只花了八千兩百萬美元來實現這些承諾。該機構表示，履行承諾的真正代價大約是每年二十三億美元，約為實際經費的二十八倍。「我們做的每一個選擇都是『去保育』，但是我們並沒有適當提供資金。」[13]

回到多倫多聖誕寵物展，離格蘭特．克羅斯曼管理展會運作的服務台不遠處，一位女士的手指上停著一隻顏色鮮豔的黃橘色太陽錐尾鸚鵡*。牠頭上戴著一頂小小的墨西

---

* *Aratinga solstitialis*。

哥帽，穿著一件色彩鮮豔的披風。這隻鳥名叫克亞，是個情願、自在的模特兒。

當然，這些衣服是個滑稽的玩笑。每個人都覺得牠很可愛，很少有人能理解這個笑話的文化挪用意義：墨西哥並沒有太陽錐尾鸚鵡。牠們幾乎已經不存在於南美洲東北部狹小的原棲地了，大多數已經被捕獲並賣給寵物貿易。雖然圈養繁殖試圖滿足愛鳥人的需求，國際自然保護聯盟表示，對野生鳥類的誘捕仍在繼續，野生太陽錐尾鸚鵡的數量仍然在下降。許多人相信，該物種在曾經數量豐富的原棲地蓋亞那南部已經完全消失。牠在其餘分布區域也都處於瀕危狀態。就如同墨西哥的墨西哥鈍口螈，現在全世界生活在人類家中的太陽錐尾鸚鵡比在野外生活與繁殖的還要多。

然而，克亞出現在展場的原因，並不是為了讓人們注意到牠野生兄弟所面臨的困境；牠是以藝術家的身分參展的。飼主吉娜·凱勒（Gina Keller）自豪地表示，克亞因為繪畫作品的創作與銷售而「聞名國際」。值得注意的是，這似乎是真的：有些作品被放在小畫架上展示。作品看起來隱約像是蒙著眼睛的書法家孤注一擲畫下的記號。一小幅畫要價五元加幣，有些甚至賣到一百元加幣。人們是會買帳的：這些作品畢竟能讓人一窺鳥類天才罕見的創造力表達。而且的克亞的風格，嗯，很與眾不同（即使是傑克遜・波洛克〔Jackson Pollock〕也曾受到作品單調的批評）。無論如何，創作讓牠出了名，凱勒愉快地說道，「牠的ＩＧ帳號有數萬追隨者。」

名聲、賞識、金錢回饋，人類畫家追求的大概也就是這些了。畢竟，藝術只有在建立聯繫時才能成功。畫家渴望克服自己的孤獨，以一種他人能認可的方式分享自己表達的情感。克亞與凱勒的藝術事業也是如此。克亞的畫作只是一隻鳥兒試圖連接人類與動物之間的鴻溝，跨越我們生物（創造性？）上不同世界之間的障礙。何不呢？將我們自己和寵物連結起來（試圖滿足我們的親生命性），就是價值數十億美元的龐大寵物產業的主要推動力。這當然是這個多倫多大型寵物展大部分銷售產品的根源：一個購買有形商品與點心的機會，以此傳達我們對寵物的感情，承認並加強我們之間的聯繫。克羅斯曼告訴我，這裡數百名賣主最初的出發點都是一樣的。

「可以說，這裡的任何一個企業主都是以對寵物的熱情為出發點開始的，」他邊說邊忙著打手機簡訊。他頓了一下，抬起頭來說：「對吧？」

沒有人像梅根・維克爾那樣與寵物有直接的聯繫。她說：「就目的而言，寵物溝通確實是將動物王國與人類聯繫起來，幫助縮小兩者之間的距離。……但是，我在這裡想釐清一點（這也是它真正美麗之處），我在最後都會給寵物一個公開討論的機會。我會問牠們，你們有什麼想說的嗎？……通常，牠們會想談談牠們的感受。這往往是個讓人意想不到的轉折。這個人來這裡是為了談談他們的寵物，結果到最後，人類受到的幫助反而更多。」

當然，寵物們很樂意告訴牠們的主人自己想要什麼——「牠們想要更多點心，或是牠們想要這個或那個」——但維克爾表示，動物們往往也想給主人提出建議。在靜靜地看著主人與其他人類互動後，寵物有時會對所見提出尖銳的意見。維克爾回憶道，有一次，有位女士的狗向溝通師透露，牠們的主人應該離她的媳婦遠一點。狗兒向維克爾說，這個年輕的女人是「負面能量」，讓她告訴主人「別去找她」。

與其他生物的聯繫可以揭露意想不到的事情，或者更有說服力的說法是，這表示花錢很容易，獲得價值卻很難。也許我們就是不可能透過花錢來更加了解動物，也許給寵物送很多禮物並不是增進相互欣賞與親密關係的途徑。其他非人類生物居住在比我們「更古老、更完整的世界」，博物學家亨利・貝斯頓（Henry Beston）曾寫道：「牠們擁有我們已經失去或從未得到的感官延伸，靠著我們永遠無法聽到的聲音為生。」生物用來衡量喜愛與理解力的方式不太可能像我們的錢與禮物。雖然我們可能很想，但我們無法藉由花錢來與其他生命建立更緊密的聯繫。

然而，錢能做到的是幫助保育工作。投入更多經費拯救生物多樣性是可行的；對物種的投資可以幫助牠們抵禦總體威脅。金錢可以改變我們與動物的關係，但這種改變不必然發生在家裡。讓野生動物獲得一個更有希望的未來，就是珍視生命存在的價值，重視我們周遭的奇蹟。金錢買不到愛，但金錢可以幫我們遠離一個沒有生物多樣性的孤獨世界。[14]

然而對維克爾來說，關鍵的財務問題可能沒那麼複雜：我問她，動物溝通師的工作（作為連接兩個生命領域的通道）是否能讓一位年輕的都會專業人士過上好日子。「我相信它可以，絕對可以。」她告訴我，笑得很燦爛。「我的導師，每節十五分鐘，大概就能進帳四百元加幣。」

第九章

守護犬與動物使者

斑馬貽貝
Dreissena polymorpha

彼特．柯波利洛（Pete Coppolillo）是名熱心的保育人士，他很喜歡狗。事實上，狗兒幾乎無時無刻不讓他感到讚嘆。「這些狗太不可思議了。」他笑容滿面地說道。柯波利洛坐在蒙大拿州雪爾比市 Motel 6 汽車旅館的一張桌子對面，舒舒服服地靠在一張金屬椅上。他的外型粗獷，身材健壯，剃了個光頭，花白的鬍子修剪地整整齊齊，濃密眉毛下那雙明亮的褐色眼睛特別會說話。此時此刻，他的臉上洋溢著溫暖——這是因為狗，因為這些寵物。他啜了一口啤酒，笑著說：「我的意思是，牠們真的很棒。」

柯波利洛踏入保育界已經有很長一段時間，也去過很多地方。他在非洲、亞洲與南美洲都曾與總部位於紐約的國際野生動物保育學會（Wildlife Conservation Society）合作，他對家犬對野生動物的危害並不陌生。坦白說，家犬是恐怖份子，我們可以說，只有貓和嚙齒動物對地球上的野生動物造成比狗還更持久的破壞。至今，因為狗兒導致滅絕的鳥類、爬蟲類與哺乳動物共有十一種，另外還有將近兩百種動物受到狗的威脅。柯波利洛近距離看過這些危險，他曾研究過坦尚尼亞塞倫蓋蒂平原的野生動物，知道那裡的獅群受到狗傳播的犬瘟熱蹂躪而面臨的悲劇。他也曾在非洲其他地區工作，那兒的非洲野犬因為寵物傳播的疾病與其他疾病如狂犬病而消失無蹤。家犬雖然在村莊與家庭裡被人類餵養，但牠們仍然成群結隊地遊蕩，牠們會追逐野生動物，散播疾病。這些受到悉心照顧的動物伴侶看似天真爛漫，實則在這片土地上橫行霸道。牠們是我們的寵物，可能也是野生世界的噩夢。[1]

這些事情柯波利洛當然都知道，很少人能比他更了解，然而他也知道故事的另一面。他表示，如果要正確地保護自然，了解故事的另一面是非常重要的一點。寵物不必然就會像是四隻腳的人類一樣表現出最糟糕的劣根性；相反，牠們可以展現出良善的一面。作為動物，我們的這些動物伴侶具有獨特的條件，可以做為通往野生世界的特使，真正將我們與自然連結起來，並幫助我們保護自然。柯波利洛就曾親眼目睹這種烏托邦式的關係，他曾在蒙大拿州的一個組織擔任執行董事，該組織訓練並使用狗來嗅出線索，藉此幫助保育人士拯救陷入困境的野生動物。該組織名為「保育工作犬」（Working Dogs for Conservation），它也許是全球少數用狗協助野生動物保護的團體中規模最大的一個。

「所以，我想我們的故事應該是個例外狀況，」柯波利洛表示，「因為在很多情況下，狗兒追趕野生動物，拿下許多野生動物之類的。這是不一樣的，這些狗是探測犬。」他抬起頭來，「牠們提供幫助，這是牠們的工作。」

雪爾比是個小地方，但蒙大拿州占地廣大，像是個廣大但未開發的堡壘。放眼可及的寬闊與崎嶇險峻顯而易見，讓人印象深刻。在東邊，芳草青翠的平原穿過低矮山丘與古老河床，綿延到地平線的盡頭，上方是廣闊明亮的天空。在西邊，巍峨的洛磯山脈觸及高掛遠處天邊的雲朵。這裡大自然的宏偉彷彿來自過去，它是未開發的偏遠地帶，或許也是美國最後的一片原野地。它就好比華勒斯・史達格納（Wallace Stegner）所想像的「荒野理念」，這位極受歡迎的作家擅長以美國西部為題書寫，小時候曾在蒙大拿州生活；他曾寫道，這些地方不受約束的野性是「希望之地理」。蒙大拿驕傲地堅守著這個形象，即使它愈來愈難阻止更廣闊世界的入侵。

「到目前為止，我們一直很幸運。」我們早上見面時札克・克里特（Zach Crete）這麼告訴我。克里特是蒙大拿州魚類、野生動物暨公園部（Montana Department of Fish, Wildlife, and Parks）的入侵種計畫協調員。他看起來是個典型的田野生物學家，態度誠摯，衣服有點皺，戴著棒球帽，留著鬍子。他很健談，也很開朗；我們一邊交談一邊在雪爾比一間旅館的大廳等待我們小組的其他成員，包括柯波利洛的同事艾梅・赫特（Aimee Hurt）。赫特是保育工作犬的共同創始人，也是首席訓練師與馴獸師。

克里特邀請赫特和她的保育犬去追捕入侵的水生斑馬貽貝*，入侵物種可能會破壞本土的野生動物與生態系統，但是到目前為止，蒙大拿州因為相對偏遠而能避免一些最糟糕的狀況。然而，斑馬貽貝似乎一直在逼近，例如在二〇一六年，位於雪爾比東方一小時車程的蒂博爾水庫（Tibor Reservoir，又名埃爾韋爾湖〔Lake Elwell〕）的定期採檢中，一個樣本敲響了警鐘：湖水裡漂著幾乎只能在顯微鏡底下看到的貽貝幼蟲（稱為緣膜幼蟲）。同年，來自鄰近峽谷渡輪水庫（Canyon Ferry Reservoir）的另一個樣本也顯示這種軟體動物存在的可能，但非決定性證據。蒙大拿州的官員對此不寒而慄；據估計，全面入侵每年可能為該州帶來超過兩億三千萬美元的旅遊損失與破壞。此後，反覆搜尋並沒有發現更多斑馬貽貝到來的跡象，但克里特的職責是要確保這件事沒有發生，這就是狗兒可以發揮的地方。「讓我們看看是否能找到什麼，」他在我們把東西都放上

---

* *Dreissena polymorpha*。

車並往東開了一個小時，抵達蒂博爾水庫時如是說。「希望不會。」[2]

我的目的就是要來看看這些狗兒怎麼工作。「這些狗兒讓我們的工作簡單且快速多了，」克里特站在水邊說道。「我們可以採水樣，我們可以檢查縧膜幼蟲與其他跡象，然而這個湖很大，需要很多時間，而且還包含在湖邊採樣的時間，以及在實驗室裡檢查樣本的時間。」

一開始，貽貝的存在可能是很隱蔽的，不容易遇到，直到牠們突然間變得到處都是、非常普遍。到了那個時候，牠們不但顯而易見，同樣也無法阻止。斑馬貽貝（以及牠們的近親斑驢貽貝）是小型軟體動物，幾十年前從東歐的原生地來到北美洲。在很短的時間內，這個物種就在大湖區建立起自己的勢力，並迅速改變了大湖區水域與北美洲大半地區其他水域的生態系統。牠們會在水管裡形成厚實密集的聚居層，堵塞公共供水與水力發電廠的進水口；牠們還會過濾大量浮游生物與營養物質，基本上就是從水裡吸走生命，也讓以這些浮游生物為食的本地生物沒東西可吃。蒙大拿州迄今仍未受貽貝侵入，但二〇一六年的檢測結果是一個警鐘，克里特說：「貽貝現在是我們非常關注的一個重要部分。」

狗的靈敏嗅覺有助於平衡這個方程式：及早發現就更可能根除。「在有狗之前，我們採用的方法是用人力搜尋，用看的。」在車上整理裝備的赫特表示。她打開車門，一隻名叫莉莉的金色拉布拉多獵犬第一個衝了出來，另外兩隻名叫亞特拉斯與維基特，笨拙地跟在後面。沒過幾秒，這幾隻狗已經開始到處聞來聞去，汽車、草地、人與所有東西，牠們表現出來的急切是狂熱的。牠們擠了過去，赫特繼續說：「突然間，你改變模式，用氣味來尋找牠，這帶來了令人難以置信的差異。」

今天出任務的是莉莉，其他狗兒只是跟著兜風玩的。亞特拉斯是一隻年輕的公狗，於二〇一五年加入團隊，嗅覺靈敏但眼睛不行，還在尋找自己的方式。維基特是一隻母狗，在二〇一七年退休之前已為該組織工作了十二年，牠可以說是該組織的明星，在這十二年間是有史以來最成功的保育探測犬。有些狗很難藉由再訓練而從一個目標氣味切換到另一個目標氣味，不過維基特天生就很能理解搜尋目標，輕鬆鎖定新的氣味。牠在七個國家和十八個州獵取了從植物到動物、再到動物糞便的一切。牠就如赫特吹噓的那樣，為了尋找野生動物，旅行了十六萬一千多公里（十萬英里），其中有些是乘坐越野飛機、皮艇與大象。這些天來，牠只是個值得信賴的老夥伴，她和赫特一起生活，仍舊很喜歡坐卡車出門。幾分鐘後，維基特與亞特拉斯被送回車上，莉莉今天將單獨工作。

當赫特替莉莉穿上紅色狗背心時，莉莉似乎就安定了下來。這個制服是一個換擋信號；她仍然忙著聞地上的氣味，但是已經進入一個不一樣的、更專注的模式：工作模式。赫特把牠帶到水邊，一人一狗開始在湖濱散步。莉莉走在訓練師前面，興奮地幾乎要發抖，但努力克制著想要衝進去的衝動，牠忙著左聞聞右聞聞，梳理著湖水拍打的粗砂。附近的草長得很高，朝著各個方向延伸到遠方，被寒風吹彎了腰，幾隻身披秋羽的潛鳥，在遠處漂著。克里特、我和來自鄰近華盛頓州魚類暨野生動物管理局的官員帕姆．泰勒（Pam Taylor）一起在岸邊觀看，泰勒也是來了解這些狗的。這是個讓人印象深刻的景象，莉莉先前的表現並不讓人覺得牠能自我約束，但在這裡工作時，牠著實讓人驚喜：牠很緊張，似乎很小心，狂熱卻也有條不紊。狗和訓練員在岸邊一段狹長地帶走著，不到五分鐘，莉莉突然在水邊坐了下來，焦躁不安又充滿期待，牠向四周看了看。

「哦。」克里特有點嚴肅地對我說，一隻坐下來的狗就是信號：就像波音達獵犬與其他獵犬學會凍結，呈停格狀態，將鼻子對準被發現的氣味一樣，這些保育探測犬也學會在可疑氣味來源的旁邊坐穩。克里特嘆道：「已經有動作出現了。」

利用寵物來進行野生動物保育工作，並不是什麼新鮮事，也沒什麼諷刺意味可言。這種作法與連帶的明顯矛盾，已經存在一個多世紀了。例如早在一八九〇年代，同伴犬就被用來尋找不會飛的紐西蘭鷸鴕與該國地棲型鴞鸚鵡*（當地人稱為卡卡波「kakapo」），以努力保護這些快速消失的鳥類不被……嗯，潛行捕食的狗給咬死，這些鳥類的數量正在迅速下降（鴞鸚鵡至今仍然處於極度瀕危狀態）。紐西蘭的五種夜行性鷸鴕與夜行性的鴞鸚鵡，在其演化史的大部分時間都沒有任何在地面活動的掠食者。然後約在八百年前，人類帶著他們的寵物和害蟲來到這裡。家犬（以及老鼠、貓和其他一起和人類踏上旅途的夥伴）很快就在鄉野之間遊蕩劫掠，毀了許多生活在島上不會飛的小型鳥類。在十九世紀之交，生物學家終於在大受刺激下採取行動，他們求助於肇事者，也就是狗兒

* *Strigops habroptila*。

本身，讓牠們幫忙嗅出正在掙扎的動物，以便努力拯救之。時至今日，鷸鴕的保育仍然會用到狗，即使紐西蘭熱門度假區仍然有超過四分之三的成年鷸鴕死亡是由不栓繩的狗所造成。[3]

在接下來的世紀，拯救鳥類仍然是保育工作犬的重點，許多狗都是為了捕鳥而繁殖，因此牠們自然很適合用來尋找有羽毛的保育目標。然而在其他脈絡下，嗅探犬的潛能也在擴大之中，例如自第二次世界大戰開始以來，狗成為偵測炸彈與地雷或尋找失蹤人員的專家。後來，牠們的聞嗅技能成為發現毒品與其他違禁品的工具，最近，狗和牠們的鼻子已經成為潛在的早期癌症偵測系統，能從病人身上辨識出洩漏疾病蹤跡的氣味。然而，探測犬在野生動物保育的運用，一直到一九八〇年代與一九九〇年代才開始擴大角色，逐漸興起。正如赫特所言，一隻懷俄明州的牧場犬可能在其中發揮效果。[4]

一九八一年九月的某一天，懷俄明州米蒂齊這個草原小鎮的附近，露西爾（Lucille）與約翰．霍格（John Hogg）發現他們的狗薛波嘴裡有著一隻狀似黃鼠狼的奇怪動物。薛波似乎殺了這隻動物，因為牠大膽接近薛波的飼料碗。當露西爾．霍格將這隻看似戴了面罩的美麗動物拿去做成剝製標本的時候，困惑的標本師打了電話給野生動物管理單位的官員。事實證明，這是一隻黑足鼬，在過去七年間，沒有人在野外看過這種動物。大多數生物學家認為黑足鼬在美國平原的自然棲地早已滅絕，這主要是牧場主對草原犬鼠的控制所造成，黑足鼬以草原犬鼠為食；保育人士對此感到驚喜，馬上採取行動拯救這種動物。[5]

「所以他們誘捕了他們能在那個牧場上找到的其餘個體，並建立起一個圈養繁殖設施，」杭特表示。「當他們進行誘捕時，就用了狗。」這些狗經過訓練，能夠聞嗅出黑足鼬的蹤跡。

在此後的幾十年間，糞便（而不是鼬）讓探測犬對保育工作的貢獻更加重要。柯波利洛說：「真正有催化效果的是糞便DNA檢測技術的出現或可能性，這讓人能從動物的糞便重新獲得DNA。當分子技術好到足以做到這一點時，它真的打開了許多扇大門，因為它不但能以非侵入性的方式辨識出一個物種（所以你不用捕捉牠們，不用騷擾牠們，甚至不用看到牠們），而且隨著技術發展，我們現在更可以辨識出個體。」

換句話說，這些探測犬僅僅透過聞嗅出稀有瀕危動物的糞便，就能揭露大量的生物資料與行為紀錄。柯波利洛表示，隨著分子技術的發展，保育人士藉由糞便取樣所能瞭解到的訊息，幾乎是倍數成長。「我們現在還能從糞便中檢測出壓力荷爾蒙與生殖激素，還有飲食資訊等諸如此類的東西，」柯波利洛說道。「因此，我總是開玩笑說，糞便的價值一直不停地上升。」

如今，除了尋找野生動物的足跡以外，保育工作犬還能嗅出含有豐富資訊的糞便、尋找風力發電機周圍的死鳥與蝙蝠、並在水中與整個地景中發現疾病的跡象或其他具有提示性的生物線索。研究顯示，在許多情況下，就測量職務與其他野生動物的存在與相對數量而言，保育工作犬遠遠優於其他調查方法，僅就尋找糞便而言，狗的效率至少是人的五倍。除了田野調查，狗在攔截走私野生動物方面也扮演著非常重要且是全球性的角色，能聞出非法象牙、犀牛角、老虎器官與寵物交易的活體動物，並檢查可能在無意間把非原生動植物帶到不屬於它們的地方的船隻、貨機與其他設備。[6]

柯波利洛表示，在過去二十年左右，業務一直在蓬勃發展，保育工作犬這個非營利慈善組織是該領域最成熟的機構之一，自二〇〇〇年就開始運作。華盛頓大學（University of Washington）保育生物學中心（Center for Conservation Biology）的保育犬

（Conservation Canines）是一個更以研究為中心的團體，也是該領域的早期先鋒，自一九九七年開始運作（兩個組織的創始人都是在華盛頓州懲教署〔Washington State Department of Corrections〕的主要緝毒犬訓練員芭芭拉·達文波特〔Barbara Davenport〕的幫助下，開始發展他們的技術）。其他組織也陸陸續續在全球各地出現，如威斯康辛州的中西保育犬（Midwest Conservation Dogs）、英國的保育K９顧問公司（Conservation K9 Consultancy）、澳洲的保育偵測犬（Detection Dogs for Conservation）與南非的綠色保育犬（Green Dogs Conservation）。

柯波利洛的八名員工與三十隻狗，現與十九國的政府、大學與非政府保育組織合作，其中有狗在六個國家常駐。例如，在尚比亞盧安瓜河谷這個野生動物熱點地區，保育工作犬已經訓練出一隊探測追蹤犬，以打擊盜獵和野生動物產品走私，包括象牙、犀牛角與獸皮的非法交易；該組織的寵物在坦尚尼亞著名的塞倫蓋蒂平原以及中亞的哈薩克共和國與吉爾吉斯共和國都做了類似的工作。一個新的試驗性計畫正在福克蘭群島展開，利用這些狗來防止隨船而來的鼠輩接近那裡的海鳥群。在離家較近的地方，保育犬協助揭露了蒙大拿州與愛達荷州百年山脈範圍內灰熊、黑熊、山獅與狼等動物的蹤跡，並密切監視著加州地區瀕危的敏狐*。除了探測貽貝的工作以外（牠們會在高速公路檢查站嗅聞船隻與船艇用拖車），該機構的狗也證明是尋找外來植物菘藍†的寶貴助力，菘藍這種植物正對草原牧場造成莫大的威脅。最近，這些狗兒在流動水體中尋找與辨別氣味的卓越能力，意味著牠們可能很快就能追蹤侵入西部山區溪流中的河鱒。

當然，這些保育犬都是寵物，牠們有拉布拉多犬、邊境牧羊犬，也有混種牧羊犬。牠們就像世世代代與人相伴的米克斯，就像數以百萬計討喜的狗兒一樣，蜷縮在爐火旁或在地毯上打鼾，不過柯波利洛卻說，其實不是那樣的，不真的是那樣。「最酷的是，我們需要的是不適合做寵物的狗，」他解釋道。「這些是非常有幹勁、精力十足且非常專注的個體，牠們對玩玩具有非常高的興趣。」

這是保育犬故事的另一個轉折：壞狗狗反而是最適合的，這些執著、忙碌的寵物夥伴來自全國各地的動物收容所，全都是救援動物。在九一一事件與伊拉克和阿富汗戰爭後，首選的探測犬，即比利時牧羊犬，變得難得一見，這個保育組織開始在人道協會的狗舍和其他寵物救援設施中尋找。他們發現（毫不令人驚訝），這些收容沒有人要的狗的地方，有許多活動力超強、一點都不討喜的狗。「這些就是我們要找的狗。」柯波利洛解釋道。

看來，最棒的保育冠軍可能是最不適合當成動物伴侶的個體，但這並不表示牠們就沒有吸引力。柯波利洛表示，該組織的狗經常吸引人們的注意力，一般民眾似乎很喜歡看這些狗兒工作。這是另一個優點：保育犬獲得關注，不但提高牠們所做工作的知名度，同時也更廣泛地為保育工作進行宣傳，牧羊犬怪咖（Oddball）的故事就是個很好的例子。

怪咖是隻熱情且堅定的馬雷馬牧羊犬，牠生活在澳洲南部，和後來的其他馬雷馬牧羊犬一起，擴大了保育犬的角色，納入直接保護野生動物的工作。用「守護犬」防止野生掠食者靠近牲畜的概念，從有牲畜以來就一直存在，但是用守護犬來保護脆弱的野生動物，則是相當新的概念。在澳洲的沿海城鎮華南埠，當地農民艾倫．馬許（Allan

---

* *Vulpes macrotis*。

† *Isatis tinctoria*。

“Swampy” Marsh）用農場裡的狗來保護他的土雞免受掠食者的侵害。二〇〇五年，狐狸攻擊了在鄰近的中島上生活的小企鵝群，使得這些鳥兒的數量減少到不到十隻（幾年前有五百多隻），馬許相信狗兒可以幫忙。二〇〇六年，怪咖成了島上的第一隻護衛犬，而這些企鵝的數量也因此恢復到一百多隻，自此以後，每到繁殖季節，島上的企鵝群就由馬雷馬牧羊犬來守護。這樣的成就成了二〇一五年一部家庭電影《靈犬出任務》（*Oddball*）的靈感，也讓這隻狗和牠開創性的保育故事聞名於世。[7]

在怪咖之後，其他保育組織也注意到了守護犬的概念。維多利亞保育動物園（Zoos Victoria）是一個位於澳洲的動物園保育組織，它也用類似的守護犬計畫，保護被國際自然保護聯盟認定為「易危」的加氏袋狸*族群。曾廣泛存在於澳洲南部的加氏袋狸，由於狐狸和野化家貓造成的影響，實際上已經在澳洲大陸滅絕；現在，只有四百隻生活在兩個被重新引入的地點（另一個加氏袋狸亞種生活在塔斯馬尼亞，數量稍微多一點）。用圍欄來保護繁殖中的加氏袋狸的成效有限，保育人士希望這些守護犬會更有效地重複牠們保護企鵝的工作成果。[8]

另一個作法則是稍微扭轉了這個守護者的概念，將一些狗或貓釋放到島嶼上，讓牠們自由活動，與其說是作為保護者，不如說是作為侵略者。保育人士發現，將這些寵物釋放到島嶼上，可以有效清除其他入侵種，例如老鼠和兔子。科學家表示，該計畫已證明能有效提高部分本土動物的繁殖成功率，包括被外來嚙齒類動物吃掉蛋的海鳥。用入侵者來對抗入侵有其明顯問題，隨後需要清除這些地方可能造成生態問題的野化寵物，這件事本身也是需要創造性解決方案的挑戰。例如在紐西蘭，保育探測犬被用來尋找野貓，幫助將野貓從鄉間移走。[9]

與此同時，在南非，讓該國最擔憂的保育問題是有關當地一些魅力十足的野生貓科動物所面臨的困境。在南非以及許多其他撒哈拉以南的非洲國家，牛場主與其他牧民往往會殺死獵豹、花豹、獅子與其他貓科動物來保護牲畜。對這些人來說，羊群與牛群是他們的收入來源，是唯一的生計希望，保護農場動物是非常重要的。同時，在非洲與世界其他地方，大型食肉動物卻也是地球上最瀕危的野生動物：根據國際自然保育聯盟的

---

* *Perameles gunnii*。

資訊，全球三十一種大型食肉動物（包括大型貓科動物、狼與胡狼、狼獾、熊、鬣狗等）中有將近三分之二面臨滅絕的威脅。其中超過四分之三的物種的族群數量正在減少（有些正在劇減），而且一半以上物種的分布範圍比過去縮小了百分之九十九。科學家表示，許多這些大型動物似乎注定要從野外徹底消失。[10]

保育份子希望守護犬能扭轉這一趨勢，在非洲地區（與其他地方），這些守護犬的工作不同於怪咖和牠的同伴對野生動物的直接保護，而是單純被鼓勵去實踐牠們幾千年來被培育的目的，即保護牲畜不受包括大型貓科動物在內的掠食者所傷害。研究人員表示，藉由鼓勵農民更經常地使用守護犬而非槍枝、陷阱或毒藥，他們能同時保護牲畜與瀕危食肉動物的安全。這些領域性很強的狗與牠們守護的畜群一起長大並建立起連結，在發現任何冒險靠近的動物時，會大聲吠叫並進行威脅，最終將牠們嚇跑。對於狗的有效性的研究發現，當犬類保護者出現時，南非地區牧場因食肉動物造成的牲畜死亡減少了百分之九十一。這也就意味著，牧場主由於動物損失降低，每年每個農場可以省下超過三千美元。研究人員還發現，牧場主對於在牧場周圍徘徊的食肉動物，也顯得更加放心，他們對大型貓科動物變得更加寬容，這可能是因為他們相信狗兒能保護牛群與羊群。在這些有守護犬保護的牧場上看到的獵豹與其他食肉動物，比在沒有守護犬的地方來得更多。[11]

總部設在納米比亞的獵豹保育基金會（Cheetah Conservation Fund）在過去二十五年間一直支持著這種以寵物提供保護的方式。一九九四年，該組織開始向納米比亞的牧場主提供安那托利亞牧羊犬（當時由一間美國犬舍捐贈），牧場主用牠們來阻止獵豹、獅子與花豹靠近，而不會殺害這些大型貓科掠食者。該組織表示，自此以後，這個計畫已經在納米比亞、南非與坦尚尼亞培訓並安置了超過六百五十隻牲畜守護犬（包括安那托利亞牧羊犬與坎高犬）。據說，計畫改變了當地人對獵豹與其他食肉動物數量下降的態度，這對獵豹來說是一個重要的里程碑，為數不多的獵豹族群（目前族群數量低於七千隻，分布範圍是從前範圍的百分之十左右）數量急劇下降，有些科學家認為牠們已經瀕臨滅絕。[12]

小葵花鳳頭鸚鵡*的族群數量（野生的，非籠養寵物）已經下降到瀕危狀態，而且

---

* *Cacatua sulphurea*。

狀況還在繼續惡化，正在走向滅絕邊緣：這種知名鸚鵡的故鄉是印尼蘇拉維西島與小巽他群島，在那裡已被認為是「極度瀕危」。雖然寵物鸚鵡交易被認為是小葵花鳳頭鸚鵡的自然野生族群數量不到三千隻的主要原因，但是這種鳥的故事卻有了奇異的轉折，作為寵物反而有助於保育：由於偶然與無心之舉，飼養小葵花鳳頭鸚鵡的後果最終反而有助於反轉牠滅絕的命運。

小葵花鳳頭鸚鵡外觀美麗、性情友善且非常聰明。雖然受到國際與印尼法律的保護，但是這種鸚鵡非常受歡迎，以至於獵捕者往往因為有利可圖而無視法規；一隻小葵花鳳頭鸚鵡的價格，可以高達一般印尼人四個月的工資。野生鸚鵡幾乎沒有能力減緩族群數量下降的問題：牠們的繁殖速度很慢，每年只產下兩三個蛋，幾乎沒什麼能力讓數量反彈。然而，在香港，小葵花鳳頭鸚鵡的野生族群卻發展得相當好。雖然這個巨大的商業島嶼城市並非這種鳥類的自然棲息地，但是現在有多達兩百隻在當地算是入侵者的小葵花鳳頭鸚鵡在那裡生活，牠們是逃亡寵物的後代，其歷史可能可以回溯到十九世紀，有些鸚鵡的祖先可能是在第二次世界大戰期間故意從一間大型鳥舍釋放的。不管是什麼情況，這些小葵花鳳頭鸚鵡的親屬全都是作為籠鳥和寵物鳥進入香港的。現在，牠們在香港的樹上*過著相當快樂的野生生活，無論覓食或繁殖都相當成功，讓試圖在其原生棲息地復育族群的印尼官員感到羨慕。[13]

越南與中國的保育份子對山瑞鱉†可能也有類似的感受，在這兩個亞洲國家的原棲地，這種瀕臨滅絕的爬蟲類幾乎被獵殺殆盡，當地人將山瑞鱉視為傳統美味，也將牠拿來入藥。龜類保育基金會（Turtle Conservation Fund）將這種動物列為地球上四十八種最瀕臨滅絕的龜類動物。然而，在本土族群繼續萎縮的同時，在夏威夷作為入侵種的山瑞鱉似乎發展得很不錯。一般認為，山瑞鱉在十九世紀由中國勞工引進夏威夷群島，自此以後就在可愛島定居下來（鄰近的歐胡島與茂宜島也都曾發現山瑞鱉的蹤跡）。[14]

二〇一七年，香港大學（University of Hong Kong）生物學家吉陸森（Luke Gibson）與澳洲國立大學（Australian National University）楊鼎立（Ding Li Yong）評估了世界上有多少動物與香港的小葵花鳳頭鸚鵡或夏威夷的山瑞鱉一樣有著奇怪的顛倒狀況。兩人

---

* 主要聚集在香港的香港公園。

† *Palea steindachneri*。

比較了已確定入侵物種的紀錄，以及被認為在原生地處於危險狀態的動物名錄（例如國際自然保護聯盟的瀕危物種紅皮書）。他們發現全世界有四十九種鳥類、哺乳動物與爬蟲類，同時有在原棲地面臨滅絕危機，但在其他地方作為入侵者成功生存的情形。其中有在菲律賓正在逐漸消失，卻在關島與馬利安納群島定居的菲律賓鹿*，以及在原生地東南亞幾乎完全被獵殺殆盡，卻在被引進的澳洲蓬勃發展的爪哇野牛†。甚至是現在因為逃脫寵物在野外繁殖而常見於佛羅里達大沼澤地的緬甸蟒，也被國際保育機構列為可能從亞洲原棲地消失的物種（牠們的蛇皮在亞洲被當作傳統藥物）。[15]

對吉陸森與楊鼎立來說，這些怪異、顛倒的場景在保育上是潛在的意外收穫：逃脫的外來寵物與牠們的後代，在新的環境中野化，遠離了在家鄉讓牠們陷於危險的壓力，可能成為牠們物種的救星。碰巧也幾乎可以肯定的是，在不負責任的人類的幫助下，牠們成為另一種例子，說明寵物實際上可以幫助陷入困境的野生動物。在他們的論文中，作者建議，引入的外來族群可以成為重新引入的個體來源，將之遷回原生地以強化那裡瀕危的族群。在某些情況下，入侵種可以作為「替代品」，抵消對自然野生捕獲個體的需求。研究人員還可以研究外來種的野生個體，以了解該物種，同時又不會破壞原生棲地中殘存個體的微妙平衡。作者寫道：「這種創造性的保育策略可以幫助阻止全世界生物多樣性的持續下降。」[16]

其他人則抱持著更冷靜的看法，例如，香港的小葵花鳳頭鸚鵡正對該城的本地鳥類與野生動物造成影響，儘管到目前為止似乎是相對良性的。同時，入侵的山瑞鱉正在改變可愛島的淡水湖與溪流，因為島上沒有本地龜或其他大型的水生掠食者；這種在家鄉瀕危但在夏威夷過得很快樂的鱉，被認為是造成島上夏威夷本地魚類減少的罪魁禍首，而且還會吃掉另一個瀕危物種紐康錐實螺‡——一種只在可愛島的六條山澗中發現、會呼吸空氣的淡水螺。緬甸蟒在佛羅里達州的成功是另一個很好的例子，這種大蛇在亞洲苟延殘喘，卻在陽光之州蓬勃發展，即使牠們被認為是佛羅里達大沼澤地的保育頭號公敵。[17]

---

* *Rusa marianna*。

† *Bos javanicus*。

‡ *Erinna newcombi*。

這有好也有壞，這些入侵寵物的後代，正示範了令一些科學家不安的所謂「保育悖論」。表面上看來，一種動物在遠離原生地的地方作為入侵物種延續下去，比完全滅絕來得好，畢竟，完全滅絕是沒有回頭路的。然而，如果被移居的動物造成破壞，讓其他原生物種面臨危機，這個問題很快就會在倫理學與哲學的層面變得複雜起來。研究人員在二〇一六年學術期刊《保育生物學》中的一篇文章中提出，保育對策可能突然需要平衡一個物種與其他物種的價值。換句話說，這是一個平衡的行為，似乎對保育理念本身是個詛咒。研究人員表示，更糟糕的是，這種悖論總是不容易發現；入侵物種造成的影響需要一段時間才會顯現出來。他們寫道：「魔鬼，隱藏在細節中……。」[18]

當然，外來寵物不一定非得作為具有潛在破壞力的野生入侵物種而活著，才能幫助牠們家鄉的野生兄弟；即使是在人類的照護下，在籠子裡懶著或在水族箱裡漂著，牠們也能對保育工作有所貢獻。至少，一些寵物飼主、科學家、甚至保育份子都是這麼認為的，這種想法的理論基礎屬於一種「諾亞方舟」的思維方式。這也常常被用作是動物園背後的科學與保育理由：除了單純娛樂以外，圈養的外來動物可以幫助保存那些即將在自然界消失的物種；人們可以看到牠們並與之互動，藉此激發和培養互動者對野生動物的興趣；牠們可以成為研究動物的來源；牠們還可以鼓勵飼主發展技術與專業知識，而這些技術與專業知識可以被保育份子實際運用。當然，現實狀況也許並不總是這樣，但是科學家弗蘭克·帕斯曼斯（Frank Pasmans）與安·馬特爾（An Martel）認為飼養寵物的好處，至少就爬蟲類與兩棲類而言，總體來說是值得的。[19]

帕斯曼斯與馬特爾是比利時根特大學的獸醫病理學家，他們與博士生安妮瑪瑞克·斯皮岑·范德斯呂伊斯一起，最早描述了會殺死蠑螈的蠑螈壺菌。多年來，他們也研究了會造成蛙類大量死亡的蛙壺菌。這兩種疾病都被認為是造成世界各地兩棲類減少與滅絕的原因，它們實際上就是隨著寵物而散播到世界各地，而且這兩位研究人員對飼養外來寵物造成的保育後果也不陌生。然而不久前，這兩位研究人員與其他科學家一起在《獸醫紀錄》（*Veterinary Record*）期刊上撰文呼籲，主張飼養爬蟲類與兩棲類寵物。[20]

作者聲稱，儘管有風險，外來寵物是科學靈感的來源。他們列舉了幾位著名的歐洲爬蟲學家（研究爬蟲類與兩棲類的科學家），都是從小就開始喜歡這些動物，把這些有鱗片或黏滑的動物當作童年伴侶。飼養與繁殖外來寵物的人，經常成為專業知識的寶庫，當保育工作需要深入了解一種動物的行為與生物學時，寵物飼主可以提供非常大的幫助。同時，對於重要的保育相關研究，圈養的外來動物往往是寶貴的對象，就如帕斯曼斯與馬特爾的蛙壺菌與蠑螈壺菌研究所示。雖然同一期刊在幾週後刊登了另一篇抱持反對論點的撰文，這個案例仍然非常重要，即使並不如評論所吹捧的那樣，飼養寵物的保育價值絕對不能被完全忽略。[21]

當然，莉莉與保護犬是一個不同的故事，這些反應靈敏的毛孩，因為數千年的依賴與馴化和我們聯繫在一起，就保育而言，牠們也許是更實際的圈內動物夥伴。在蒙大拿州蒂博爾水庫的岸邊，在莉莉發現疑似斑馬貽貝的氣味後不久，這隻狗和牠的訓練員正開心地玩著一個玩具（他們不是在慶祝加拿大水道可能出現的壞消息，玩玩具是莉莉完成工作所獲得的獎勵）。克里特和我到了那裡，在沙地上發現一小塊被沖上岸的水草，克里特把它拉開，仔細檢查了一下。「那裏，」他終於說道，在這位生物學家的指尖上，有一塊不比小扁豆大的破爛貝殼碎片，他仔細地檢查，似乎馬上鬆了一口氣。「豌豆蛤。」

儘管這塊碎片很小，但已足以讓克里特有理由相信，它的前主人不太可能是一種入侵的貽貝，而是一種無害且常見於該州的物種（後來在現場進行的測試與採集水樣證實，該水庫仍未受貽貝侵入）。豌豆蛤是一個小型淡水蛤的科，其中有好幾種是蒙大拿州的本地物種。克里特告訴我，豌豆蛤在某些方面與牠們的貽貝表親相似，氣味特徵很容易就能騙過狗。對我來說，更值得注意的是，藏在水邊一小塊水草裡這麼小的一粒東西，居然能引起莉莉的注意。

「牠得很靠近，到幾英吋的距離，」赫特在加入我們時解釋道。「這麼小的東西，氣味不會飄到幾英尺外的地方，往往得倚賴風。……不過牠能找到微小的貝殼、緣膜幼蟲、以及人類看不到的小東西。」要做到這一點，必須要近距離涵蓋許多地方，這也就意味著在工作時要有系統、要徹底、而且運氣好的話還得有效率。同時，赫特也表示，對這些狗兒進行任何過多的控制，都有可能扼殺牠們的旺盛精力與狂熱熱情；後面這些特質若出現在典型家庭寵物身上，可能會令人討厭，但是對於這些保育犬所需的動力而言，卻是不可或缺的。平衡是訣竅所在，在某種程度上，這需要在寵物與訓練員之間建立一種新的聯繫。赫特表示，這些狗必須被允許做狗，追求牠們天生喧鬧的好奇心與對遊戲的熱情，同時在內心深處又能了解與人類飼主交流固有的樂趣。

「牠們被訓練成『聽這個人類發號施令』，這肯定會讓牠們更有反應，」當莉莉在她身邊繼續拉扯著玩具的時候，她如是說道。「但是，我們並不是要讓牠們非常專注在我們身上。……這項工作還需要一定程度的智能違抗*。」

這件事的魅力來自重新思考寵物與寵物飼主之間的關係，重新思考同伴動物與被陪伴對象之間的關係。被允許做狗的狗，而不是時尚的道具或順從的苦工，似乎在這個本質上為牠們設計的世界中茁壯成長。這裡跨越了野生世界自然且不受控制的強度，以及人類世界經常對控制與驚異這兩種概念自相矛盾的迷戀。一種新的聯繫出現了，它可能根本也不是新的；它可能更接近人類以前與動物的聯繫，那時的人類睡在地上，以荒野為家。我們與寵物的關係並不總是要把我們的條件強加上去，我們可以像以前與其他動物的關係一樣親密，反之亦然。赫特解釋道，保育犬首先是一種動物，同時也是我們人類與所有生命的多元關係的使者。與狗兒親近的感覺，就像是向自然界邁進了一步。

＊意思是，服務性動物直接違背主人的指示以做出更好的決定。

第十章

鏟屎保育人士

短鬚變色蜥
Anolis chamaeleonides

愛德華・威爾森（Edward O. Wilson）在古巴南部海岸附近的千里達山脈遇見瑪士撒拉時，還不是生物學家眼中的保育英雄與巨人。那是一九五三年，這位未來親生命性概念的作者還是哈佛大學的研究生。那次的古巴之行，是威爾森初次前往熱帶地區，他回憶道，那是童年夢想成真。威爾森小時候曾待過好幾個阿拉巴馬州城鎮，在當地蔥鬱的沼澤地裡追蹤著昆蟲、蛇與蛙。不過自童年以來，他一直渴望親眼見證熱帶生命的多樣性，在那裡，無數動植物預示著一場由新物種、複雜性與魅力構成的盛宴。探險家暨博物學家威廉・畢比（William Beebe）等赤道生物學家撰寫了許多令人振奮的記述，激起了威爾森的渴望。他在回憶錄《大自然的獵人》（*Naturalist*）一書中寫道：「我內心孕育的熱帶地區，是未被馴服的創世中心。」此次古巴行（這是威爾森初次前往地球上富饒而悶熱的中緯度地區）讓他為自己的研究論文找到非常棒的蟻種作為研究對象，此外還看到了許多其他奇異的生物，瑪士撒拉就是其中之一。[1]

瑪士撒拉是威爾森在偏僻山區跋涉時注意到的一隻蜥蜴，牠是由與他同行的植物科學家捕獲的。這隻動物體長將近一英尺，遠遠大於大多數當地的變色蜥，有著粗糙且滿是皺褶的灰色皮膚，以及狡獪且會旋轉的眼睛，牠的後腦勺有一個月牙形的脊隆起。這位年輕的生物學家從未看過這樣的東西，他認為，這隻蜥蜴與非洲的變色龍很像。他後來了解到，這種蜥蜴只存在於古巴，實際上也是蜥蜴類的超大成員（現在通常被稱為短鬚變色蜥*），但令人驚訝的是，牠與遙遠的變色龍親戚有著許多共同的特徵與習性。「我給這隻蜥蜴取名為瑪土撒拉，因為牠外觀粗糙，有著滿是皺褶的灰色表皮，」威爾森回憶道，「我把牠當寵物養著，牠伴著我直到那年夏天的旅行結束。」[2]

瑪土撒拉是《聖經》中的人物，是《聖經》中最年長的人物（書中表示他死的時候是九百六十九歲），他是諾亞的祖父，諾亞是另一個著名的生物多樣性拯救者。寵物瑪土撒拉陪著威爾森從古巴來到墨西哥的猶加敦半島，威爾森繼續前往墨西哥城，以及周圍高原的松樹林中。他越過這裡，來到維拉克魯斯州附近蒼鬱的熱帶雨林，又登上奧里薩巴市附近奧里薩巴火山的山坡。瑪土撒拉在威爾森長達一整季的熱帶探險中，一直陪伴著他，在這位科學家初次讓人振奮的異國熱帶多樣性體驗中，這隻蜥蜴可以說是共同冒險者；最後，這一對一起飛回了在哈佛的家（威爾森帶著狂喜的敬畏，蜥蜴可能只是

---

* *Anolis chamaeleonides*。

感到茫然）。瑪士撒拉在這名生物學家於麻薩諸塞州東部求學期間，一直和他待在一起。當常春藤爬上他們莊嚴的宿舍時，他們從窗口看到了秋天的到來，楓樹的葉子先變成緋紅色，再轉成金黃色，早晨的涼意也愈來愈濃。

很久以前，威爾森在孩提時期就已經在蒐集蛇、蜥蜴與昆蟲，將牠們裝滿一個又一個的籠子與瓶子。他以七歲在海邊的一段回憶，開始了他對生物學長期狂熱的長篇敘述，他回想起自己在佛羅里達州天堂海灘發現了水母和魟魚，還曾抓到過一隻蟾魚，把牠養在罐子裡。這些經歷的背景，是他家庭的解體，威爾森是獨生子，在他的父母親處理離婚問題時，他被送到海岸邊，與一些他連名字都記不起來的人住在一起。威爾森後來承認，他轉向自然史是為了尋求慰藉。「流浪的生活讓大自然成為我選擇的同伴，」他解釋道，「因為在我認知的世界中，戶外是最穩定的部分。動物和植物是我可以倚靠的；人際關係則比較困難。」[3]

這種方法顯然是有效的，儘管一直到成年早期，他歷經了許多苦難與悲劇，如因為棘鰭魚而瞎了一隻眼睛、少年時期部分聽力喪失、持續的貧困、輾轉不停地換住所換學校、經常的孤獨與殘酷的霸凌、父親長期酗酒與最終在路邊開槍自殺等，威爾森仍然以一種幾乎難以理解的輕鬆態度，持續不斷地寫作。心碎是一回事，但是在佛羅里達州海岸或阿拉巴馬州池塘邊的奇妙昆蟲、蛇與兩棲動物中發現的快樂又是另一回事，你不必然就得熟悉自然界的生命，才能在它的陪伴下找到救贖。威爾森表示：「在關鍵時刻的親身體驗，而不是系統知識，才是造就博物學家的關鍵。」

儘管威爾森從前曾在家裡養過野生動物，瑪士撒拉是他在回憶錄中第一隻被稱為「寵物」的動物。在養瑪士撒拉的時候，他已經是個年輕人了，他宣稱自己非常喜愛這隻蜥蜴，這完全是人類的情感。不過他身為生物學家的特質也表現了出來；他和瑪士撒拉在一起時，這種動物類似變色龍的行為激起了他的好奇心，後來也在學術期刊上發表了一篇有關這種動物的科學論文（他還略帶自責地反思，表示古巴的短鬚變色蜥可能面臨滅絕的威脅，從野外帶走一隻可能不是什麼聰明之舉）。

然而，威爾森與作為寵物的瑪士撒拉之間的關係，在我看來很重要。我小時候也養過從大自然抓來的動物，多年來，我養過烏龜、蠑螈、還有一隻名叫魯德亞德的美國蟾蜍。我下課回家時，會跟牠們打招呼，我用麵包蟲和其他幼蟲餵牠們，著迷地看著牠們在我書架上的玻璃容器裡悄悄靠近那些會爬的食物。我想要以一種我在野外做不到的方式（至少我是這麼想像的）來熟悉牠們，從這個意義來說，牠們是寵物；我之所以參與其中，是為了增加我和牠們的聯繫，更親密地了解牠們。我的父親在年輕時也以同樣的方式養過蛇和其他動物，他後來成了漁業生態學家。幾世紀前，其他嶄露頭角的生物學家也是這麼做的；對一些人來說，只要抓到動物，把牠抓在手裡，然後放掉。目標是在那一刻拉近彼此的距離（儘管這很可怕），讓我們瞥見一個將我們物種連接在一起的網絡，一個除此以外可能看不見的網絡。這裡面有一種大自然愛好者的儀式感，即使其動機可能看來自相矛盾且難以理解。

「我曾回想，試圖找回我的情緒，以了解我為什麼如此執著且魯莽地在沼澤地探險與獵蛇，」威爾森在描述了自己十五歲時曾試圖捕捉（沒有成功）一條體長五英尺、致命的食魚蝮*而險些喪命的故事後如此寫道。「這些活動並沒有提高我在同齡人中的地位；我從未告訴任何人我做了什麼。珍珠（威爾森的繼母）和我父親對我很寬容，不過並不特別感興趣或鼓勵；無論如何，我也沒對他們說太多，因為我擔心他們會讓我待在離家較近的地方。」

「我的理由很複雜，一部分是因為進入這個美麗複雜的新世界讓我感到興奮，一部分是占有欲，我有一個別人都不知道的地方，還有虛榮心，因為我相信無論在哪裡，沒有人比我更擅長探索森林和找蛇；另外也有野心，因為我夢想著有一天能成為專業的野外生物學家，最後還有一種未被解讀的殘餘情緒，一種來自內心深處、我未曾理解也不希望理解的渴望，因為我很怕一說出來它就會消失。」[4]

保育人士往往想親身接觸動物，出於某種原因，他們想接近動物，他們想養寵物。不是所有人都這樣，不過很多人是這樣，那股衝動是存在的。威爾森養了瑪士撒拉作為寵物，而多年後，當他把有關親生命性的概念寫進一九八四年的書中時，他有一隻可愛活潑的可卡獵犬可以娛樂他（這隻狗在第一百二十七頁左右打斷了他，當時有一名慢跑者經過，狗兒因為領域性而對路人吠叫）。毫無疑問，在他九十多年的生命裡，這位開創性的生物學家也有過其他的寵物。許多保育人士都有寵物，也愛他們的寵物；不過反過來看，也許就不一定是這樣：沒有多少寵物飼主會有意識地思考保育問題。對許多人

---

* *Agkistrodon piscivorus*。

來說，正如本書描述的研究所示，地球上日益減少的生物多樣性往往並不如動物伴侶那樣值得考慮。然而，當這些寵物飼主有機會接觸到野生動物時，很少有人不被那景象與聲音所感動。欣賞其他有感情的生命（也許是對人類意義與精神非常重要的東西），是寵物飼主與大自然忠實捍衛者的共同點，他們並不是分屬兩個群體，而是屬於同一個部落。

在某種程度上，科學證實了這一點，幾年前，挪威心理學家托爾．比耶克（Tore Bjerke）和他的同事發現了他們認為養寵物與對野生動物有更普遍的興趣之間的關聯。他們對挪威特隆赫母的六百八十位居民進行調查，發現飼主比一般人更「喜歡」當地二十四種常見野生動物，例如刺蝟、松鼠、小鳥、獾、蝙蝠與熊蜂等（蚊子、老鼠、蝸牛與昆蟲通常是例外；兩組人都不太喜歡有害生物）。研究人員還發現特隆赫母寵物飼主的另一個特質，就是他們更可能接近大自然，無論是以餵養野生動物、賞鳥、或是在電視上觀賞自然主題節目的方式。作者寫道：「這些結果顯示，飼養寵物與人們對野生動物的**總體**態度有關，不僅僅是他們對**特定**寵物物種的態度。」[5]

其他科學家對此印象深刻，例如，對安大略省溫莎市將近四百名加拿大大學生進行調查的結果顯示，就對所有生物的積極態度而言，寵物飼主的得分高於一般人。另一項研究發現，英國的寵物飼主以及對寵物有好感的人，更有可能反對將人類需求置於野生動需求之上的計畫，並支持阻止物種滅絕的作為。有趣的是，他們也更傾向於抵制為了整體生物多樣性而損害單一物種的保育策略。也就是說，寵物飼主似乎認為個別動物本身具有內在的道德價值；抽象的、大局觀的概念如生物多樣性，無論多有價值，都難以與之競爭。[6]

這種差異微妙到幾乎不能說是差異，在同一個英國的寵物飼主研究中，研究人員卡梅倫・沙特伍德（Cameron Shuttlewood）與他的同事認為，就許多層面而言，寵物主人這種以動物為中心的自然傾向，在組成上與保育人士是一樣的：寵物飼主就像那些關心自然的人一樣，喜歡把保護動物與更大的經濟利益相提並論，甚至認為保護動物更加重要。已經養寵物的人，似乎更會在其他方面去考慮其他動物的福利，這是有道理的，就像威爾森這樣的保育人士也可以成為寵物愛好者一樣，寵物飼主對動物的同理心也可以是培養保育的沃土。有針對性地幫助寵物愛好者了解野生動物面臨的問題，而不只是那些與寵物或寵物產業直接相關的問題，能幫助從這數百萬人中募集新的倡議者，為生命多樣性不停地奮鬥。「一個實際的應用是，」沙特伍德與其協同作者寫道，「讓保育規劃者在野生動物管理的規劃早期就與以寵物為基礎的團體連上線，以期在更廣泛的社群內獲得更多支持。」[7]

當然，還有更多的原因，對許多寵物愛好者來說，這種快樂的、野生動物也很棒的感覺是有限度的，例如當保育問題與他們所珍愛的動物伴侶生活方式不一致時，他們就不為所動。在澳洲，大多數人（八到九成）在海灘上遛狗時都不用牽繩，儘管狗兒會自由奔跑踩踏繁殖中的水鳥的鳥巢、鳥蛋與幼鳥（澳洲南部的翎鴴就是深受其害的其中一種，在澳洲南部的整個分布範圍已經被認定為易危物種）。墨爾本大學（University of Melbourne）環境心理學教授凱瑟琳．威廉斯（Kathryn Williams）和她的同事針對這種作法訪問了將近四百位在海灘遛狗的飼主，大約有三分之一的人強烈同意，海灘遛狗應該牽繩（這個數字很奇異地與實際被拴住的狗的數量非常不一致），而另外三分之一則認為狗應該自由奔跑（其餘對此不表意見，這很可能意味著……）。有趣的是，雖然超過一半的遛狗人士同意，一般來說，狗會傷害海灘上的鳥類，但大多數人認為自家的狗是無辜的、對野生動物友好的例外。[8]

貓飼主的說法往往更不一致，英國的研究人員統計了英國兩個村莊的貓兒帶回家的野生獵物，並將這些數字與主人認為寵物對本地動物的影響進行了比較，結果令人費解。在四個月的研究中，被追蹤的八十六隻貓總共帶回三百二十五隻小型哺乳動物、鳥類與爬蟲類。貓飼主正確預測到他們的寵物很可能在這段期間帶回家一些野生獵物，然而，大多數人事前並不知道最終的統計數字會有多大。更重要的是，在研究中發現他們的貓實際上殺害許多野生動物的飼主，和那些很少帶獵物回家的貓的飼主一樣，都不認為貓是野生動物的問題。事實上，三分之二的貓飼主並不認為貓對野生動物有害，無論他們的貓是不是可怕的獵手，他們認為，這些寵物只是隨天性而為，幾乎所有人（百分之九十八）都說，把貓關在屋裡並無法解決任何問題。「這些結果……強調出保育人士與貓飼主之間在目標上的巨大差異，」作者總結道，強調著已經成為根深柢固、也許無益於事的陳腔濫調。「研究結果近一步顯示，有些貓飼主對他們的貓在環境中的地位，看法可能是扭曲的。」[9]

簡單來說，貓飼主可能更愛他們的寵物，而不是野生動物，或者也許更愛他們**作為**野生動物的寵物。正如他們所言，愛是盲目的，這是個問題，但喜愛動物就是喜愛動物

（也許是以親生命性來表現），即使它是首先落在身邊的動物上。當然，這也是問題的關鍵所在：只看到飼養寵物的危害而忽略背後對動物的基本善意，有可能疏遠那些情感上反映出保育核心的人。沙特伍德等人在研究中指出，英國的寵物飼主強烈反對限制寵物在外遊蕩的自由，同樣也堅持認為野生動物應自由活動，在大自然中不受限制、不受打擾，他們對寵物與對野生動物的態度是平行的。這些對寵物保持肯定態度的人，同樣也支持尋找新方法來掌握野生動物的動態與生態系的健康，換句話說，他們的精神是對的，在某些方面的利益競爭不必然會削弱寵物飼主與保育人士的共同點——與其他生物共享地球生命的共同希望。[10]

「寵物飼主愈來愈關注環境問題，」克里斯．賓特里（Chris Bentley）在科羅拉加州博爾德家中與我通電話時表示。「這就是為什麼很多寵物企業希望被寵物飼主視為環境友善企業的緣故。」

思維周到、說話溫和的賓特里，是一名在寵物企業已有幾十年非凡經歷的企業家，一九七〇年代末，他被一位富有的客戶招聘至小型家庭旅館的牧場工作，幫忙創建了阿斯彭寵物用品公司（Aspen Pet Products）——現在這家公司已是全球寵物玩具、牽繩、項圈與其他寵物用品的頂級供應商。後來，他也協助創辦了一間名為「我與愛與你」（I and Love and You）的天然寵物食品公司，但是他說，無論在過去或現在，他一直是個熱切的環境保護論者，這是關鍵，也是他最初前去科羅拉多州的原因；在一九七〇年代與一九八〇年代早期，科羅拉多州可以說是環保溫床。「約翰・丹佛（John Denver）在那裡，還有『永續能源先驅』埃默里・羅文斯（Amory Lovins）和亨特・羅文斯（Hunter Lovins），」賓特里表示。「我真的很想成為環保運動的一部分，而自此以後我也一直參與其中。」

「我曾去巴黎參加氣候會議，我在全國各地參加遊行，我也帶過許許多多的學生，我還在科羅拉多大學（University of Colorado）以永續發展、企業家精神和綠色工作為題做過客座演講。所以，我不會說我是專家，但是我已經在前線很長一段時間了。」

二〇一〇年，賓特里決定花更多時間來關心這個麻煩不斷的星球，他暫時離開業務發展的前線，決定將時間投注在自己所愛。他開始邀請其他寵物企業領導人一起尋找改善產業環境與社會影響的方法，幾年後，他成立了寵物永續發展聯盟（Pet Sustainability

Coalition）。在聯繫三至四十家公司邀請加入後，賓特里從八家公司獲得最早的支持，其中包括北美第二大的寵物零售商沛可公司（Petco）。在著名環保份子、作家暨非營利組織自然資本主義解決方案（Natural Capitalism Solutions）主席亨特・羅文斯的幫助下，這個團體開始運作。

寵物永續發展聯盟鼓勵成員公司（現在在北美有超過八十五個會員，近期更有歐洲公司加入）在加入時回答一份有關該公司當前永續發展與工作實踐的問卷，這個測試是聯盟與B Lab合作設計的，B Lab是一家核發社會與環境責任認證的非營利組織，這個測試可以說是寵物公司衡量其進展的基準。寵物永續發展聯盟的工作人員提供指導、工具並舉辦研討會，幫助成員公司改進。「最重要的是，人們需要一張路線圖，」賓特里解釋道。「他們知道自己該做什麼，但並不確定要怎麼做。」

當成員公司作出積極改變時，寵物永續發展聯盟會給予肯定，但是它並沒有實施嚴格的環境認證計畫，例如，它並沒有提供寵物產品的生態標籤，以提醒消費者那些成員公司的環保與社會態度（然而，成員會得到聯盟的「傳達工具組」，並被鼓勵將該機構的標誌貼在成員公司的網站上）。賓特里表示，成立不到十年且仍在發展中的聯盟根本沒有資源來跟上更嚴格的評估計畫，不斷更新標準並追蹤個別成員表現的任務讓人無力承受，也太難監管。他說：「你需要知道誰在漂綠，誰沒有。」他描述了企業利用表面和裝飾性的環保作法來掩蓋一產業更有害的影響。

對於賓特里與寵物永續發展聯盟來說，永續發展真正意味的是敦促企業盡其所能地因應氣候變遷，全球暖化是問題所在。賓特里的目標是說服寵物產業的參與者減少能源使用，減少一些廢物，並盡可能降低產業的溫室氣體排放。他說，在許多情況下，聯盟提供的建議實際上可以幫助成員公司改善效率並提高利潤，通常沒有什麼負面影響。許多企業都很樂意聽取建議，儘管賓特里認為，寵物產品公司通常比寵物食品公司更願意接受新的思維方式。

唯一的問題是，野生動物保育並不是寵物永續發展聯盟策略的真正組成，至少，現在不是。雖然該組織有時會在研討會或材料中觸及氣候與能源以外的環保議題，例如討論寵物食品的蛋白質來源或水族館魚類的野外捕獲等，其首要目標仍然是這個正在變暖的世界，例如，該聯盟的「永續發展」評估測試將重點放在廢棄物與碳排放。賓特里表示，原因很簡單：「氣候變遷是全球危機。如果我們現在不覺醒，它將會殺死我們所有人。所以，是的，建立一個永續發展聯盟只是我和博爾德市與其他地方一群志同道合的同志試圖盡己之力的一種方式。……我可以向你詳細描述我們為生物多樣性所做的事，但是這多少就會誤導你了，如果你知道我的意思，」賓特里想了一下。「這樣說好了，這個世界有更緊迫的議題要處理。我們所面對的，以及我正在做的，是處理全球變暖的問題。」

氣候變遷是一場危機，但在考慮到寵物產業對環境的影響時，它可能並不如全球生物多樣性的流失來得迫切。事實上，到目前為止，寵物產業對自然界造成的更持久性的損害並不是來自溫室氣體的排放，而是來自它對豐富生物多樣性的破壞。寵物已經造成一百六十多種已知和推測的野生動物滅絕，以及造成世界各地數百種野生動物數量減少與分布範圍縮減（相形之下，氣候變遷雖然預計在未來會對生物多樣性產生深遠的影響，但是至今尚未與全球許多物種的滅絕有直接關聯）。作為入侵者的寵物尤其是特別可怕的殺手，同時，寵物產業的需求直接從野外帶走了其他珍稀瀕危的生物，直到牠們面臨完全消失的風險。動物貿易觸及世界各地的情形起了極壞的作用，將新的野生動物疾病傳播給對這種疾病毫無防備的生物。而且寵物食品產業對蛋白質的獵取，更是衝擊著飼料魚，也對物種與雨林持續不斷的犧牲有助長之效，以換取牧場來養殖牲畜，取得肉類。[11]

寵物永續發展聯盟的方法可能針對兩個重要綠色目標中較次要的那個，但其中也有值得借鏡之處，該組織利用一小部分寵物企業的意願，至少在他們的商業模式中加入一些環保層面的考量，這些公司的數量雖然不多，但數量正在不斷增加。這是一個開始，即使提高效率與減少一間公司的碳足跡，可能比保護野生動物所需要的系統性改變更容易當成賣點。賓特里說，他的團隊有意先瞄準「容易實現的目標」，保育議題在業界並不廣為人知，他說：「我認為，一般人對生物多樣性願意花的心力是很低的。」

在過去幾十年間，非營利性質的環保認證或評估計畫（有些有嚴格的規範，有些如寵物永續發展聯盟則有更溫和的指導基準）已經改變了環境法規的世界。標準制定曾經是政府專屬的領域，時至今日，促使企業關心產品來源與製造方法的標準制定往往是消費者（與關心的公民）和產業的共同工作。隨著愈來愈多買家對環保產品的需求，愈來愈多公司開始傾聽買家的意見，甚至與買家合作以在永續發展的新領域中尋找競爭優勢。如今，環境標準與產品標章適用於咖啡、茶、可可、花卉、香料、大豆、魚、木材、糖、牛肉與其他幾十種產品。其中有許多系統是眾所週知的，如森林管理委員會（Forest Stewardship Council）的全球森林管理認證或UTZ認證的永續生產咖啡，而其他系統則較不為人所知。許多系統被認為是環境保護與社會公平的絕對核心，能夠保護森林、改善氣候、並改善數百萬農民與生產者的生活。當這些標準能發揮作用時，都相當有效果；市場會發生變化，例如，環境影響與其他考量如價格和品質，會驅策買家行為，影響公司的實踐方式。然而，事情通常都不會那麼簡單。[12]

洛恩．強森（Lorne Johnson）非常清楚這樣的挑戰，強森是加拿大保育份子，在他的職業生涯中，大部分時間都在領導或與各組織合作，協助建立產業的自願性永續發展標準。他曾領導加拿大森林管理委員會（Forest Stewardship Council Canada）的加拿大分會，後來領導基石標準委員會（Cornerstone Standards Council），一個為水泥與砂石公司的挖掘工作提供環境準則的組織。有一個短暫但瘋狂的時期，他幫助領導了加拿大北方森林協議（Canadian Boreal Forest Agreement），這是一個主要林業公司與頂級環保團體之間的大規模合作協議。目前，他是加拿大兩間大型環保慈善基金會的顧問，幫助支持生物多樣性與永續能源的計畫，他也是我的老朋友。

「這很有趣，」強森在電話中告訴我。「起初，我想的是『他到底在說什麼，寵物產業的認證。』後來，我愈想愈覺得這是個完美的產業，時機成熟了。」

所謂成熟，指的是改變的時機到了，關鍵則是消費者與公民的挫折感。大多數產業並不會主動承認自己對環境損害的責任，寧可逃避著手處理的責任與成本。強森解釋道，大多數產業都必須受到敦促，他們被沮喪的消費者與關心的公民所勸誘，這些人首先意識到市場上嚴重的環境問題或道德問題。這些人驚訝地發現，政府在這方面沒什麼作為，於是他們利用抗議與購買力，把整個事情掌握在自己手中。他說：「他們並沒有得到解決方案。」

這種煩惱意識的浪潮就成了火花，盧卡斯．西蒙斯（Lucas Simons）曾寫過《改變食物遊戲》（*Changing the Food Game*，描述永續發展的轉變如何改變市場的著作），書中表示對問題的持續關注形成了變革的壓力，當關心的人說服其他人去關心時，關注就會到來。西蒙斯用可可產業的永續發展努力和其他在棕櫚油、木材與甘蔗生產的類似例子來說明他的觀點，他認為，「變革者」與倡議者必須保持壓力，直到公司作出反應以保護他們的品牌和聲譽。這些公司一開始可能動作不快，只是象徵性地、示範性地做出一些努力，但最終會發生有意義的轉變。強森表示，「世界各地相當多認證系統都是在挫折與機會主義中誕生的。」[13]

當然，產業界必須要注意到，也必須要感受到，為了讓寵物公司對保育後果做出反應，關心動物的寵物人（這個產業的消費者）必須用他們的錢包來投票，他們必須獎勵那些負責任的公司，對落後者施加壓力以讓他們加入。這些身為寵物飼主的保育人士也是愛貓人士與愛狗人士，以及其餘與這場遊戲的每一個權益關係人。寵物飼主在一些保育議題上可能有所分歧，例如是否放養的問題，但對動物愛好者來說，堅持認為寵物產業必須為自己對野生動物造成的影響承擔更多責任，是毫無疑問的。我們對所有生物的共同情感，應足以要求一個產業認證系統，藉此追蹤每間寵物公司從供應鏈的起點（森林或海洋）到商店之間對生物多樣性保育的承諾（例如動物園水族館聯合會〔Association of Zoos and Aquariums〕的認證系統已經採用的標準），團結起來是非常重要的。

「這很大程度上與人際關係有關，人們開始以不同的方式來思考自己，以及由此而來的轉變，」強森解釋道。「而當你在不同的領域與陣營，當你討論『我們很棒』與『其他人都很糟』時，情況並沒有改變，對吧？」

貓與鳥的戰爭無濟於事，挑戰養寵物的親生命性合理與否的保育訊息，也是沒有用的，我們的共同目標更為重要。提高對大自然困境的意識並促成寵物市場的補救性改造，都是所有動物愛好者可以認同的目標。了解問題並分享訊息非常重要：在瑞典的醫生暨生物學家卡爾・林奈（Carl Linnaeus）發明了他的地球生命命名系統將近三百年後，只有一百七十萬種動物、植物、真菌與微小的原生生物被賦予學名。地球上的實際物種數至少是這個數字的四到五倍——包括估計約八百一十萬種大多尚未被發現的動物與植物，其中只有非常小的部分是我們熟悉的寵物。同時，在已命名的物種中，只有十萬五千種得到了充分的研究，以評估它們在這個擁擠且不斷變化的世界中有著什麼樣的應對能力，而在這些物種中，約有百分之二十七已知有滅絕的危險。二〇一九年，生物多樣性和生態系統服務政府間科學政策平台利用這些估計得出結論，目前面臨消失風險的已知和未知物種可能超過一百萬種——其中大多數物種我們根本不知道它們的存在，破壞規模之大令人警醒，但我們無知的程度可能更讓人擔憂。[14]

了解是非常重要的，寵物飼主與保育人士藉由了解情況來加強他們的集體影響力，有些需要我們關注的目標是明確的，例如結合消費者力量讓寵物產業加進來，寵物飼主與其他人就能推動政府對野生動物進行比目前往往不充分的國際寵物貿易規範如《瀕危野生動植物種國際貿易公約》（Convention on International Trade in Endangered Species of Wild Fauna and Flora，簡稱CITES）更多的保護。尤其重要的一點，是要努力彌補動物從原產國非法出口到美國或歐洲市場之間存在的監管缺口。研究人員表示，幾乎沒有法規能用於保護這些無國籍的動物；同樣地，一些國家寬鬆的審查與監督也導致野生動物被「洗白」，成了人工飼養的動物，對許多外來珍奇動物來說，圈養繁殖的成本與難度都比單純從野外捕捉高了許多。對一些外來寵物物種的研究，例如印尼的綠樹蟒*，將合法繁殖設施的能力與市場上的動物數量進行比較，結果顯示，在世界各地出售的所謂人工飼養的寵物數量是不可信的。[15]

另一個焦點則是寵物與寵物貿易作為外來物種入侵主要原因的作用，在此，寵物飼主的故意釋放與動物的意外逃逸都要承擔責任，但是缺乏意識可能才是真正的罪魁禍首。在許多情況下，寵物飼主相信自己的所作所為是為了這隻他們不再願意或無法照顧的動物好；外來的野生生物似乎應該屬於野外，任何野外都行。寵物愛好者可能不了解這個動作的危害，或是在某些情況下，可能被某些組織誤導，認為這些野生寵物是自然景觀的一部分。以提高意識為目的的宣傳活動，特別是在寵物與寵物食品公司的參與下，可以抵消這些令人不安的運動，並力勸以避免這類情況發生。外來寵物賣家可以要求買家完成小型培訓，讓他們具備照護與處理的技能，並接受保育教育；寵物食品銷售商可以在包裝上貼上標籤，提醒人們逃逸、被釋放與無人監管的寵物可能造成的保育危險；寵物產業也可以鼓勵更好的衛生措施（檢疫協定或入境控制）以阻止陌生的、由寵物傳播的疾病從遙遠的地方來到這裡，傷害當地的野生動物。[16]

提高寵物飼主與其他人的意識也有其他好處：當更多飼主了解到寵物相關保育問題

---

* *Morelia viridis*。

的規模與嚴重性時，更多熱愛動物的寵物愛好者盡力提供幫助改善現況的機會就會增加。例如，他們可能會更堅持要知道寵物動物的來源。他們在把活寵物放生到不屬於牠的棲息地之前，可能會猶豫，或是可能對在戶外傾倒水族箱的水、可能汙染當地環境造成疾病感染之前三思。他們甚至可能對放養的貓狗與其他寵物對鄉間野生動物造成的影響更加警醒。

然而，保育人士需要考慮到，挑戰寵物飼主的特定做法，可能不如鼓勵人們關心家裡以外的動物來得重要。許多人已經把他們的寵物養在室內或是嚴格控制之，也就是用牽繩，或是在戶外活動時小心看顧。促使人們更加意識到寵物對其他動物的影響，可能會讓更多飼主相信這種看法，同時，鼓勵飼主對不牽繩的動物可能對野生動物造成的後果多加注意，也是很重要的。激勵飼主以自己的方式盡可能減少傷害，是一個重要的步驟，例如，寵物即使是在不捕食野生動物的情況下也會對野生動物造成傷害，這一點並不廣為人知，被視為掠食者的寵物可以讓野生動物因為恐懼而癱瘓，擾亂野生動物繁殖與養育幼崽的努力；例如，後院的貓會引起鳥兒驚叫，進而吸引其他巢捕食者，像是烏鴉。英國的研究模式顯示，即使因為更多貓的存在而使鳥兒的「恐懼」略微增加，也會造成鳥類數量急劇下降。眾所周知，狗叫會影響美洲白冠雞*這種溼地鳥類的築巢行為，以及一種受威脅鹿種的行蹤。有些時候，寵物的糞便就足夠了：貓糞與貓尿甚至與山河狸及美洲家朱雀†進食減少以及囓齒動物的焦慮跡象有關，有了這些資訊，寵物飼主可以做很多事來約束這些意想不到的影響。[17]

提升意識還有其他好處，例如，異國寵物收藏家可能忍住，不去收藏愈來愈難取得的物種。在鳥類與外來寵物交易中，當有些動物被認定為不常見或面臨滅絕威脅時，就會被更廣泛地追捧與交易，稀有就是吸引力所在。有些物種是如此鮮為人知，以至於有關其自然族群數量的可靠資訊或估計根本不存在。有些物種甚至在進行科學描述之前就已經出現在寵物市場上（例如各種巨蜥）。更詳盡的資訊也能促成寵物飼養習慣的其他小變化，例如讓任何戶外時間成為飯後儀式，研究顯示，如果貓狗在被允許外出前先吃飽了，殺戮也會減少（然而有些貓即使吃飽了也會繼續捕獵）；研究也顯示，晚上把寵

* *Fulica americana*。

† *Haemorhous mexicanus*。

物關在室內，至少可以減少他們捕捉老鼠、田鼠與其他小型哺乳動物的數量（但似乎會增加牠們殺死爬蟲類與兩棲類的數量）；包括修剪爪子在內的動物美容，可以幫助削弱寵物的狩獵能力，減少牠們對野生動物的捕獲；確保寵物接種疫苗，並在牠們排泄後即時清理，也可以減少疾病爆發的機會。[18]

掌握更多資訊的寵物飼主可能會考慮在被允許自由外出活動的寵物的項圈上使用鈴鐺、圍兜或聲納裝置。在紐西蘭，研究人員追蹤了帶鈴鐺與不帶鈴鐺的貓，發現這種會發出叮噹聲響的簡單裝置能使成功殺死鳥類的次數減少一半，殺死嚙齒動物的次數減少將近三分之二，在英國也有類似減少野生動物死亡的報告（鈴鐺在拯救爬蟲類、兩棲類與昆蟲方面的效果可能比較差）。另一個裝置是為貓的項圈套上一塊顏色鮮豔的布套，造成突出的視覺效果，這在澳洲也被證明能讓那些彩色視覺靈敏的動物如鳥類與爬蟲類，被貓殺死的數量減少大約一半（老鼠與嚙齒動物的彩色視覺差，效果就沒那麼好）。一種名為「CatBib」（貓圍兜）的新產品可能更有效，這種布圍兜鬆鬆地掛在貓的胸部，其設計的目的在於干擾動物撲向獵物的能力（但不會影響攀爬、跳躍或奔跑的技能），研究人員發現，使用貓圍兜的寵物飼主將貓兒捕鳥的成功率降低了八成以上。[19]

顯而易見的是，生命多樣性需要寵物飼主的支持——無論代價是什麼，如果有那些相信地球上其他生物對我們的生活非常重要的人的祝福，我們的野生動物就更可能存活下去。這些受親生命性啟發的保育人士有數十億人，而且重要的是，他們能對一個龐大的產業施加影響力，能改變世界各地野生動物的命運。

超過三十五年前，當威爾森在撰寫《親生命性》一書，並將他認為其他生物對人類成就至關重要的觀點具體化時，這位生物學家可能對寵物與寵物產業對野生動物造成的損害只有模糊的概念。當時，與寵物有關的物種滅絕和野生動物數量下降的統計數字還沒有出現，這個問題的規模還沒有那麼大，例如美國貓狗的數量約為現在的一半。當然，有些生物學家在那時已經意識到了這個問題，不過它的規模與嚴重性在多年後才在科學家與一般民眾之間引起廣泛關注。當威爾森提出親生命性的論點時，他相信保育真正的敵人潛伏在其他地方，在他眼中，棲息地流失是罪魁禍首（例如，他在書中指責古巴政府清除了他在一九五三年初次熱帶之旅中造訪過的不可替代的荒野。他寫道：「歸結起來，在這段微不足道的演化時間間隔之中，在斐代爾・卡斯楚〔Fidel Castro〕在世與一位年齡相仿、不怎麼英勇的昆蟲學家訪問該島一個非戰略地區時，大部分林地與古巴歷史很大的一部分已經消失了。」）。

寵物是站在好人那一邊的，威爾森深情地將動物伴侶描述為人類與其他生物的親緣關係的重要反映——是我們更深層親生命性的一種特別充滿情感的化身。「狗特別受歡迎，因為牠們有類似人類的問候與從屬儀式，」他寫道。「牠們所屬的家庭是牠們群體的一部分，牠們把我們當大型狗來看待，在等級上自動視人類為領袖，吵著要靠近我們。我們反過來回應牠們歡快的問候、搖尾巴、淌著口水的笑、耷拉著耳朵、匍匐姿態、炸毛、與在領域受到侵犯時的憤怒吠叫。」[20]

威爾森對寵物的反應（反映出他早期對自己的動物伴侶瑪土撒拉的感覺）就如他對動物生命更普遍的好奇，他描述了與喬治亞州立大學語言研究中心（Language Research Center of Georgia State University）研究人員所飼養的一隻「寵物」倭黑猩猩*的相遇。倭黑猩猩是黑猩猩的表親，體型較小，在剛果民主共和國境內有限的野生分布範圍中，被列為瀕危物種。這隻倭黑猩猩名叫坎茲，因為出色的語言能力而小有名氣，牠進入房間時，向威爾森走了過去，稍作沉默之後，爬到了威爾森的腿上，當這位生物學家拿葡萄汁給坎茲時，坎茲心滿意足地喝了下去，然後抱了抱他。「這一幕讓人緊張不安。……我意識到，我對他的反應幾乎與我對一個兩歲幼兒的反應一模一樣，同樣在最初有些焦慮，同樣想溝通與取悅的衝動，同樣的手勢與食物分享儀式。」[21]

威爾森意識到，一隻在人類身邊長大的高級靈長動物可能誇大了寵物飼養對人類與動物之間情感連結的承諾，不過一般來說，威爾森在描述同伴動物時，仍然會採用正面且感人的詞語。寵物與我們對牠們的親密反應揭示了一種生物聯繫，對威爾森來說，這只會加強他對親生命性的論證。反過來，這種情況也讓保育其他關係更遙遠的野生動物變得顯而易見，「我們與其他生物體基本上就是親戚，」他解釋道。「生命與人類在親緣關係上的連續性，本身似乎是容忍猿類與其他生物的繼續存在的充分理由。」[22]

作為動物愛好者，大多數寵物飼主都很樂意登上這輛邏輯列車，大多數保育人士也會很樂意加入他們的行列。生物，無論是在我們的家中或是在我們的森林裡，都不僅僅是同樣生活在這個疾速旋轉的星球上的同胞，牠們／它們還是我們同一個古老家族的親

---

* *Pan paniscus*。

屬後代，從某種意義上來說，我們有血緣關係。長久以來，寵物飼主是最可能憑直覺感受到這種關係的人，與寵物打交道的經驗，為保育的種子打下了基礎。飼養寵物對野生動物造成的威脅不可否認，但人與寵物的關聯促使人們有意願糾正這些錯誤，也非常重要。將動物當成我們的親戚（如果不是室友的話）去愛，可能是牠們的救贖。「因此，」威爾森在談到寵物時寫到，「我們喜歡某些動物，因為牠們扮演著代理親屬的表面角色。在養育其他生命形式的時候，這是最令人放鬆警戒的理由，只有不明事理的野蠻人才會找碴。」[23]

後記

一場滅絕危機正在發生，它正從這個有生物存在的星球掠奪著我們太陽系有史以來最龐大的生物多樣性。我們對寵物的愛（親生命性這古老衝動的現代化身）是極其諷刺的幫兇：隨著野生動物數量的下降，一百萬種野生物種面臨永遠消失的風險，人類寵物的數量在過去半個世紀裡增加了一倍以上的同時，也加速了這些損失。美國與加拿大境內的寵物已超過四億隻，比人還多，全球各地的貓狗數量甚是可能多達十七**億**隻，我們讓牠們自由遊蕩，牠們在大自然掠食，每年可能殺死了數百億隻的野生動物；我們直接從野外帶走寵物，導致自然數量的減少；我們不小心把牠們放到不屬於牠們的地方；我們把牠們的疾病傳播到世界各地，將致命的傳染病傳播到每一個原野地的角落；我們清理牠們的棲息地來養牛，或是從海裡打撈成噸的魚兒做成狗食與寵物食品。雖然我們花在寵物產業上的錢比大多數國家一年的歲入還要多，但我們付出的代價遠不足以阻止野生物種消失的趨勢。[1]

生物多樣性付出的代價非常高，而且這筆帳似乎沒有引起人們的注意：貓狗（現在數量最豐富的食肉動物）是造成至少七十四種野生鳥類、鼠類、蜥蜴和其他動物滅絕的罪魁禍首，讓這些動物永遠無法再出現在地球上。另外有六百種野生動物正受到這些寵物（與其他入侵的掠食者）所威脅，面臨著同樣慘淡的命運。為寵物貿易供貨的獵人至少已經從野外抹去了三種鳥類，另外還有十三種受人追捧的鸚科鳥類非常接近滅絕邊緣。被寵物產業鎖定的蛇、蜥蜴與龜類，所面臨的滅絕威脅比未被鎖定的爬蟲類高了五倍。地球上每四種鸚鵡之中就有一種可能很快就只能作為寵物繼續存活，在野外再也沒有其他同類。水族貿易也在打擊異國魚類的數量，但沒有人知道確切數字。寵物傳播的疾病可能導致九十種蛙類的滅絕，還對其他動物如獅子、野犬與海洋哺乳動物等帶來破壞性的後果。此外，以寵物食品為食的美國寵物所吞下去的肉量（即來自動物的卡路里）是人類對應的食肉量的三分之一，這成了畜牧業夷平棲息地的推手，也助長了現代所有滅絕案例的六分之一。同時，科學家保守估計，在過去一個多世紀中，將近五百種鳥類、哺乳動物、魚類、爬蟲類與兩棲類可能已經在野外消失了。[2]

你可以怪親生命性，也可以歸咎於人類想與我們自己以外的生命相聯繫的那種無法解釋的渴望，以及幾萬年前促使我們將狼帶回家又使之變成狗的因素，不管它是什麼。無可避免地，也許甚至有遺傳因素在內，我們被驅使與地球上的其他住民連結起來，然而，我們並沒有跨出去，而是把牠們其中一些帶進我們的圈子裡。我們堅持在自己的軌道上與動物夥伴建立關係，而不是在牠們的軌道上與之相遇，這種行為的後果是：寵物動物的行為和我們一樣，牠們不受控制，不受約束，和我們一樣魯莽；牠們自然不知道自己在做什麼，牠們已經成為我們，或至少是我們的忠實追隨者，不經意地持續傷害大自然。

生物學家愛德華．威爾森滿懷希望地認為，我們的親生命性應該讓我們團結起來拯救這些生物同胞與我們天生依戀的其他生命，然而，寵物似乎正在取代我們需要的所有「其他生命」。我們的親生命性不會歧視，寵物和野生動物一樣，都會吸引著我們希望牠們在身邊的演化傾向，寵物與野生動物的差別在於寵物具有優勢：牠們比野生表親更接近我們——在距離和（通常在）性情上，在安慰與健康的承諾上（通常被誇大），以及在（真實或想像的）情感聯繫上。寵物不需要做出任何努力，就顛覆了我們對所有生物天生的好感，並將它轉化為自己的特殊優勢。

而我們這些寵物飼主則欣然接受了這樣的情形：寵物滿足了我們對親生命性的強烈願望，而且我們不需要離開家就能被滿足，我們贏了，我們的寵物也贏了。另一方面，野生動物就沒那麼幸運，隨著同伴動物數量的激增，野生動物不僅被邊緣化，更是被寵物打得落花流水。我們的家庭動物與支持著牠們的產業，正在把許多不那麼容易相處的野生動物趕到被遺忘的懸崖邊，我們對寵物的喜愛與對野生動物的吸引力，愈來愈像一場零和遊戲：客廳裡的動物愈多，野外的動物和物種就愈少。這些生物多樣性的喪失反過來又削弱了自然生態系統的力量；它們從包括人類在內的所有動物所賴以生存的同一個生命世界中抽走了力量。這裡的悖論是很明顯的：最傾向於與其他生物分享我們星球的人，也是我們之中養著那些危及我們共同未來的寵物的人。

他們也是在我們當中能扭轉局面的人，在少數但愈來愈多的情況下，寵物被招募成為保育的盟友，而不是野生動物的敵人；牠們幫助保育研究，保護著幾乎遍及每一個大陸的野生動物。同時，寵物飼主最有可能成為保育份子，他們對自然界最感興趣，也傾向於將野生動物的需求置於我們以人類為中心的計畫之上。最重要的是，在阻止物種滅絕的戰爭之中，寵物飼主（而不是非飼主）最有可能加以支持。[3]

世上的寵物飼主多達數十億，三分之二的美國家庭就屬於這個群體，如果這些動物愛好者中有一小部分人能夠更加意識到寵物飼養對野生動物的危害，哪怕只有這一小部分人的支持，也能讓一大批新的保育人士改變我們的野生世界。憑著相當於一個中等國家的購買力，這些寵物飼主保育人士可以在價值數十億美元的寵物產業中促成亟需的改變，並為保育事業帶來支持。推動以野生動物需求為優先的環境認證，可以勸誘寵物公司資助面臨危險的物種與荒野保護計畫，鼓勵更好的寵物飼養實踐，並確保他們的寵物與寵物產品來自永續自然資源，這種意識可能會改變更多寵物飼主的習慣與態度，讓他們警惕到自己對動物的愛可能會傷害大自然。這裡的訣竅是要把所有人（寵物飼主、保育人士與其他受親生命性影響的人）聚集在一起，為一個共同、肯定生命的事業而努力，到目前為止，證據顯示保育工作是有效的。人們與組織的共同努力已經讓生物多樣性損失的速度減緩了五分之一，但這還不夠：我們星球上群體數量龐大但不斷萎縮的野生動物需要所有能得到的幫助。

我的狗瑪姬回來了，牠從另一個房間過來，讓我從寫作的隔離中解脫出來，牠的細膩是不可思議的：牠溜進房間，在無人注意的情況下躺下，然後經常抬頭看著我，直到我跟牠打招呼。牠可以等很久，牠對我很有耐心，當我向牠點頭時，牠會很高興，搖著尾巴。在這本書的寫作過程中，瑪姬生病了。可能是吃錯了東西，或是其他原因，讓牠變得無精打采、沒有食慾還血便。出色的獸醫照護讓牠很快地恢復健康，但我也因此有了點時間來思考這隻小狗的重要性；獸醫的巨額帳單很快把我拉回現實，這筆錢遠遠超過我一年中捐給保育事業的金額。我意識到，這樣的比較是無意義的，照顧我的寵物的費用從來就不是問題，瑪姬是我生活的一部分，沒有牠，我與這個世界就少了一種聯繫。

我們與其他動物的聯繫也制約著我們，即使我們可能與這些動物不熟悉。在幾年前為《經濟學人》（*Economist*）雜誌撰寫的一篇文章中，愛德華．威爾森反思了生命閃耀的多樣性中逐漸暗淡的光芒。他想知道，當大多數物種對我們來說仍為未知且大量物種在科學發現牠們／它們之前就已經消失時，該怎麼處理這個問題。答案就在謎底中，威爾森早前曾解釋，親生命性並不是我們與動物的聯繫，而是我們對聯繫的**渴望**，它是與生命連結的衝動。有了聯繫以後，我們還會尋求更深層的聯繫，我們所追求的是努力去理解，這可能是演化過程中一種重要、內建的要求；幸福在於有所渴望的好奇心，而不是我們已經知道的東西。我們對動物與其他生命的好奇與迷戀來自這種持續不斷的誘哄（親生命性的邊緣拉扯），它讓我們從伴隨著人類的獨特性而來的孤獨中解脫。[4]

我們喜歡與寵物分享生活，這可能與此有關，我們喜歡想像我們與寵物之間深不可測的連結有朝一日可能會被揭露出來。（大部分仍屬未知的）野生世界為這種令人欣慰的神祕提供了更加無限的泉源；動物伴侶是好夥伴，也許甚至是必要的夥伴，然而，一個神祕的物種群也非常重要，它能預示著數十億種奇妙、出人意料的非人類存在方式。為了一個而犧牲另一個（為野生動物犧牲寵物，或是為寵物犧牲野生動物），就是將我們自己置於一種或另一種乏味的孤獨之中，寵物愛好者和保育份子都非常清楚知道這一點。

威爾森在文章中對「人類世」一詞的問題表示感嘆，這個詞是地球歷史上當前以人類為中心的時代愈來愈普遍的標籤。這個詞反映出當代是地球基本上為我們這個物種改造重塑的時期，它反映出人類的影響無處不在。然而對威爾森來說，「人類世」這個詞聽起來太像是一場充滿希望的勝利，把自然與所有動物永遠放在背景中，這種給自然界留下極少空間的世界並不令人鼓舞。對於這樣貧瘠的狀態來說，「人類世」的標籤太過興高采烈了。「我寧願將之稱為『邊緣世』。」這位生物學家建議道，他對這個詞的解釋帶有一種憂鬱的決斷，「孤獨的時代。」他寫道。我們現在做的選擇就是如此嚴峻，我們非自然夥伴的可預知的存在是不夠的。如果我們失去與其他有知覺的生命間宏偉且多樣性的聯繫，如果我們的親生命性愈來愈無法找到它所渴望的生命神祕性，我們自己這個尋求慰藉的物種，可能會發現這個最新的時代是最荒涼，也是最令人痛苦的。[5]

謝詞

善於思考、好奇心源源不斷的人似乎有一個共同點，就是慷慨；腦筋動得很快的人似乎喜歡分享他們的發現。在撰寫本書的計畫中，許多知識淵博的熱心人士不吝提供他們的時間、專業知識與耐心。當我去拜訪或跟隨去實地考察時，他們都很和善，而且也很樂意回答我追根究底不斷提出的問題，直到我思緒明晰為止。他們對工作的熱忱與對動物的熱情，非常具有感染力。

那些為了本書而慷慨與我交談、同意訪問或採訪、或是以其他方式帶著我一起兜風的人包括：墨西哥城的亞歷杭德羅·馬丁內茲；墨西哥國立自治大學生物學家路易斯·贊布拉諾與傑拉多·塞巴洛斯；渥太華媒體關係顧問派蒂·摩爾（Paddy Moore）；安·蘭伯特（與查拉）、兒童生活專家米歇爾·塔榭、以及渥太華東安大略兒童醫院的瑞秋與薩維爾；普渡大學獸醫學院人畜互動中心主任艾倫·貝克；密西根大學教授布拉德利．卡迪納爾；康沃爾市議會候選人瑪麗．珍．普露；馬騰．麥克杜格；羅伯特．普羅斯；康沃爾市的克里斯．羅傑斯；史密森學會候鳥中心的彼特．馬拉；沼澤猿人組織創辦人湯姆．拉希爾（我感謝他帶我進入佛羅里達大沼澤地，更重要的是，他巧妙利用突然壞掉的離合器，終於把我們帶出那裡）；《沼澤人》節目執行製作布萊恩．卡塔利納、特洛伊．蘭德里與節目團隊；南佛羅里達州水資源管理區的麥可．柯克蘭；倫敦大學學院教授提姆．布萊克本；科羅拉多州大學榮譽教授馬克．貝科夫；生物學家約翰．厄克哈特（他最初因為《論自然》雜誌和我交談過）；安妮瑪瑞克．斯皮岑．范德斯呂伊斯；加拿大野生動物健康合作組織的克雷格．史蒂芬；加拿大環境暨氣候變遷部的薩謬爾．艾弗森；全球異國寵物店的老闆羅布．康拉德；蒙特婁大學教授史蒂芬．羅伊（他的評論出現在我早先為《麥克林》雜誌撰寫的報導中）；美國魚類及野生動物管理局南佛州總部的大衛．法羅與伊娃．勞拉；生物學家伯特．哈里斯；加拿大野生動物執法局的謝爾頓．喬丹；以及拯救受虐動物組織的提姆．哈里森。

感謝華盛頓特區媒體通訊策略公司的史考特．索貝爾安排我參觀位於加拿大艾伯塔省莫林維爾的冠軍寵物食品公司工廠，並感謝該公司研發創新與產品開發部門的資深副總傑夫．強斯頓，以及業務開發經理雷．牛頓為參訪提供協助。我也非常感謝以下人員同意接受採訪或回答我的問題：冠軍寵物食品公司董事長暨總裁法蘭克．勃茲；紐約大學的瑪麗昂．內斯特爾；加州大學洛杉磯分校的葛雷格里．奧金；華盛頓大學生物學家提姆．埃辛頓；潔淨標章計畫的執行主任傑基．鮑文；寵物溝通師梅根．維克爾；多倫多聖誕寵物展主辦人格蘭特．克羅斯曼；生物學家安東尼．瓦爾德隆；吉娜．凱勒；保育工作犬的彼特．柯波利洛與艾梅．赫特；蒙大拿州魚類、野生動物暨公園部的札克．克里特；寵物永續發展聯盟創始人克里斯．賓特里；以及洛恩．強森。

在此我要特別讚揚與感激艾琳．強森。她是個熱誠且耐心的編輯，意識到這個故事的重要性，忍受我經常性的中斷並耐心處理手稿，完成最後定稿。同時也非常感謝克里斯．布齊與我的友人伊恩．馬爾科姆在這件工作的前端提供了非常大的幫助與指導。

最後，我要感謝我的家人，普莉希拉－費拉齊、我們的女兒漢娜與勞拉、以及（當然還有）瑪姬，謝謝他們不懈的支持與鼓勵。這本書是為我的孩子們寫的。

注釋

前言

1. Rebecca Kessler, “Talon Hunt,” *Natural History* 118 (2009): 34–39.
2. Skoglund et al., “Ancient Wolf Genome” (see Selected Bibliography); Ed Yong, “A New Origin Story for Dogs,” *Atlantic,* 2016, https://www.theatlantic.com/science/archive/2016/06/the-origin-of-dogs/484976/ ; Tim Flannery,“Raised by Wolves,” *New York Review of Books,* April 5, 2018, https://www.nybooks.com/articles/2018/04/05/raised-by-wolves/.
3. Yong, “A New Origin Story”; American Pet Products Association (APPA),*Pet Industry Market Size & Ownership Statistics* (APPA, 2018), https://www.americanpetproducts.org/press_industrytrends.asp.
4. Wilson, *Biophilia*, 1 (see Selected Bibliography); Wilson, *Biophilia*, 2.

第一章　親生命性的悖論

1. Vance, “Axolotl Paradox” (see Selected Bibliography); “Day of the SalamanderProposed by Senator,” *Mexico News Daily,* March 1 2018, https://mexiconewsdaily.com/news/senator-urges-feb-1-be-day-of-

the-salamander/.

2. Voss, Woodcock, and Zambrano, "A Tale" (see Selected Bibliography).
3. Voss, Woodcock, and Zambrano, "A Tale."
4. Vance, "Axolotl Paradox."
5. Ambystoma Genetic Stock Center, *History of the Ambystoma Genetic StockCenter*, 2019, https://ambystoma.uky.edu/genetic-stock-center/history.php.
6. Philip Hoare, "More Tigers Live in US Back Yards than in the Wild. Is This a Catastrophe?" *Guardian*, June 20, 2018, https://www.theguardian.com/environment/shortcuts/2018/jun/20/more-tigers-live-in-us-back-yards-than-in-the-wild-is-this-a-catastrophe ; Nijman et al., "Wildlife Trade" (see Selected Bibliography).
7. APPA, *Pet Industry Market Size*; Canadian Animal Health Institute, *Latest Canadian Pet Population Figures Released*, 2017, https://www.canadianveterinarians.net/documents/canadian-pet-population-figures-cahi-2017 ; "Estimated Pet Population in the United Kingdom (UK) from 2009 to 2018 (in Millions)," Statistica, 2019, https://www.statista.com/statistics/308229/estimated-pet-population-in-the-united-kingdom-uk/ ; "A Guide to Worldwide Pet Ownership," Petsecure, 2017, https://www.petsecure.com.au/pet-care/a-guide-to-worldwide-pet-ownership/.
8. All monetary amounts are in US dollars unless otherwise specified. The Harris Poll, *Pets Really Are Members of the Family*, June 2011, https://theharrispoll.com/americans-have-always-had-interesting-relationships-with-their-pets-whether-that-pet-is-a-cat-dog-parakeet-or-something-else-the-pet-industry-

is-thriving-and-for-good-reason-more-than-three-in-f/ ;APPA, *Pet Industry Market Size*; Coate and Knight, "Pet Overpopulation" (see Selected Bibliography); "Pet Owner Survey," American Animal Hospital Association, 2004, https://faunalytics.org/wp-content/uploads/2015/05/Citation1058.pdf 2004; Bradshaw, *The Animals among Us*, 128 (see Selected Bibliography).

9. Cavanaugh, Leonard, and Scammon, "Tail of Two Personalities" (see Selected Bibliography).
10. Wilson, "Biophilia and the Conservation Ethic" (see Selected Bibliography).
11. Wilson, *Biophilia,* 1.
12. "Venomous Snakes," Centers for Disease Control and Prevention, 2018, https://www.cdc.gov/niosh/topics/snakes/default.html.
13. Cook and Mineka, "Selective Associations" (see Selected Bibliography); Hoehl et al., "Itsy Bitsy Spider" (see Selected Bibliography).
14. Wilson, *Biophilia,* 2.
15. Ulrich, "Biophilia, Biophobia, and Natural Landscapes" (see Selected Bibliography); Beatley, *Biophilic Cities* (see Selected Bibliography).
16. Wilson, *Biophilia*, 115.
17. Wilson, *Biophilia*, 145.
18. Ceballos, Ehrlich, and Dirzo, "Biological Annihilation" (see Selected Bibliography); Rosenberg et al., "Decline of the North American Avifauna" (see Selected Bibliography).
19. Ceballos et al., "Accelerated Modern Human-Induced Species Losses" (see Selected Bibliography).

20. Intergovernmental Science-Policy Platform on Biodiversity and Ecosystem Services (IPBES), *The Global Assessment Report* (see Selected Bibliography); Hoffmann et al., "Impact of Conservation" (see Selected Bibliography); Larsen et al., "Inordinate Fondness Multiplied and Redistributed" (see Selected Bibliography); Stork, "How Many Species of Insects" (see Selected Bibliography).
21. Brodie et al., "Secondary Extinctions of Biodiversity" (see Selected Bibliography); Barnosky et al., "Has the Earth's Sixth Mass Extinction Already Arrived?" (see Selected Bibliography).
22. Smil, "Harvesting the Biosphere" (see Selected Bibliography).
23. Watson et al., "Protect the Last of the Wild" (see Selected Bibliography); Maxwell et al., "Ravages of Guns, Nets and Bulldozers" (see Selected Bibliography); Davidson et al., "Geography of Current and Future Global Mammal Extinction Risk" (see Selected Bibliography).
24. World Wildlife Fund (WWF), *Living Planet Report* (see Selected Bibliography), 75; Rowan, "Companion Animal Statistics" (see Selected Bibliography); Gillett, "Pet Overpopulation" (see Selected Bibliography).
25. United Nations, *World's Population Increasingly Urban* (see Selected Bibliography).
26. Waldron et al., "Reductions in Global Biodiversity Loss" (see Selected Bibliography).
27. Doherty et al., "Invasive Predators" (see Selected Bibliography).
28. Hooper et al., "A Global Synthesis" (see Selected Bibliography); Duffy, Godwin, and Cardinale, "Biodiversity Effects in the Wild Are Common" (see Selected Bibliography); Bjerke, Ostdahl, and Kleiven, "Attitudes and Activities Related to Urban Wildlife" (see Selected Bibliography); Daly and

Morton, "Empathic Differences" (see Selected Bibliography).

第11章　動物療癒

1. Benjamin Zhang, "Emotional-Support Animals Are Becoming a Big Problem on Planes, and Airlines Want Them to Go Away," *Business Insider,* June 29, 2018, https://www.businessinsider.com/emotional-support-animals-big-problem-airlines-want-to-stop-them-2018-6.
2. Farah Stockman, "People Are Taking Emotional Support Animals Everywhere. States Are Cracking Down.," *New York Times,* June 18, 2019, https://www.nytimes.com/2019/06/18/us/emotional-support-animal.html ; "Family Physician Survey: Pets and Health," The Human–Animal Bond Research Institute (HABRI), 2014, https://habri.org/2014-physician-survey.
3. Bradshaw, *Animals among Us*, 76.
4. Friedmann and Thomas, "Animal Companions" (see Selected Bibliography).
5. Bradshaw, *Animals among Us*, 79; Friedmann and Thomas, "Animal Companions."
6. Parker et al., "Survival Following an Acute Coronary Syndrome" (see Selected Bibliography).
7. Jones, "Early Drug Discovery" (see Selected Bibliography); Miller and Tran, "More Mysteries of Opium Reveal'd" (see Selected Bibliography); Sneader, *Drug Discovery*, 1 (see Selected Bibliography).
8. Pierotti and Fogg, *The First Domestication*, 326 (see Selected Bibliography); Tim Flannery, "Raised by Wolves," *New York Review of Books*, April 5, 2018, https://www.nybooks.com/articles/2018/04/05/raised-by-wolves/.

9. Bradshaw, *Animals among Us*, 41; Holland Cotter, "Its Reign Was Long, with Nine Lives to Start," *New York Times*, July 25, 2013, https://www.nytimes.com/2013/07/26/arts/design/divine-felines-cats-of-ancient-egypt-at-the-brooklyn-museum.html.
10. Bradshaw, *Animals among Us*, 48.
11. Carter and Porges, "Neural Mechanisms" (see Selected Bibliography); Nagasawa et al., "Oxytocin-Gaze Positive Loop" (see Selected Bibliography).
12. Stoeckel et al., "Patterns of Brain Activation" (see Selected Bibliography); Kurdek, "Pet Dogs as Attachment Figures" (see Selected Bibliography); Bradshaw, *Animals among Us*, 127–150.
13. Bradshaw, *Animals among Us*, 124; Saunders et al., "Exploring the Differences" (see Selected Bibliography); Bradshaw, *Animals among Us*, 86.
14. Batty et al., "Associations of Pet Ownership" (see Selected Bibliography); Batty and Bell, "Animal Companionship and Risk of Suicide" (see Selected Bibliography).
15. Louv, *Last Child in the Woods,* 323 (see Selected Bibliography); Palomino et al., "Online Dissemination of Nature–Health Concepts" (see Selected Bibliography); Kuo, "Nature-Deficit Disorder" (see Selected Bibliography); Tomita et al., "Green Environment and Incident Depression" (see Selected Bibliography).
16. United Nations, *The World's Cities* (see Selected Bibliography); Bradshaw, *Animals among Us*.
17. Cardinale, Palmer, and Collins, "Species Diversity Enhances Ecosystem Functioning" (see Selected Bibliography).
18. Worm et al., "Impacts of Biodiversity Loss" (see Selected Bibliography).

19. Hooper et al., "A Global Synthesis"; Hoffmann et al., "Impact of Conservation."
20. Bradshaw, *Animals among Us,* 225.
21. Bradshaw, *Animals among Us,* 159–164.

第三章　貓咪戰爭

1. Chris Rogers, *A New Cat Control By-Law as Part of a City/Community Cat Population Control Partnership Strategy (Interim Report)* (City of Cornwall, Planning Development and Recreation, May 2018), 6.
2. Loss, Will, and Marra, "Impact of Free-Ranging Domestic Cats" (see Selected Bibliography); Marra and Santella, *Cat Wars*, 212 (see Selected Bibliography).
3. Loss, Will, and Marra, "Impact of Free-Ranging Domestic Cats"; Rosenberg et al., "Decline of the North American Avifauna."
4. Coleman and Temple, "Effects of Free-Ranging Cats" (see Selected Bibliography); Coleman and Temple, "Rural Residents' Free-Ranging Domestic Cats" (see Selected Bibliography); Blancher, "Estimated Number of Birds Killed" (see Selected Bibliography); Woinarski, Burbidge, and Harrison, "Ongoing Unraveling of a Continental Fauna" (see Selected Bibliography); Lowe et al., *100 of the World's Worst Invasive Alien Species*, 11 (see Selected Bibliography).
5. Tim Doherty et al., "The Bark Side: Domestic Dogs Threaten Endangered Species Worldwide," Conversation, 2017, https://theconversation.com/the-bark-side-domestic-dogs-threaten-endangered-

species-worldwide-76782 ; Doherty et al., "Global Impacts of Domestic Dogs" (see Selected Bibliography).

6. Doherty et al., "Global Impacts of Domestic Dogs"; Terrence McCoy, "The Dog Is One of the World's Most Destructive Mammals. Brazil Proves It.," *Washington Post*, August 20, 2019, https://www.washingtonpost.com/world/the_americas/the-dog-is-one-of-the-worlds-most-destructive-mammals-brazil-proves-it/2019/08/19/c37a1250-a8da-11e9-8733-48c87235f396_story.html.
7. Ruiz-Izaguirre et al., "Roaming Characteristics" (see Selected Bibliography).
8. Doherty et al., "The Bark Side."
9. Doherty et al., "Invasive Predators"; Twardek et al., "Fido, Fluffy, and Wildlife Conservation" (see Selected Bibliography).
10. Marra and Santella, *Cat Wars*, 152–153.
11. Natalie Angier, "That Cuddly Kitty Is Deadlier Than You Think," *New York Times*, January 29, 2013; "About Alley Cat Allies," Alley Cat Allies, https://www.alleycat.org/about/.
12. Jessica Gall Myrick, "Study Shows the Paw-sitive Effects of Watching Cat Videos," Conversation, August 7, 2018, https://theconversation.com/study-shows-the-paw-sitive-effects-of-watching-cat-videos-43454.
13. Driscoll et al., "Taming of the Cat" (see Selected Bibliography); Hu et al., "Earliest Evidence" (see Selected Bibliography).
14. Driscoll et al., "Taming of the Cat."

15. Driscoll et al., "Taming of the Cat."
16. Loss and Marra, "Merchants of Doubt" (see Selected Bibliography).
17. Alley Cat Allies, https://www.alleycat.org ; Jessica Pressler, "Must Cats Die So Birds Can Live?" *New York Magazine*, June 9, 2013.
18. Alley Cat Allies, https://www.alleycat.org.
19. Elizabeth Holtz, *Trap-Neuter-Return Ordinances and Policies in the United States: The Future of Animal Control, Law & Policy Brief* (Bethesda, MD: Alley Cat Allies, January 2013), 14; Loss et al., "Responding to Misinformation" (see Selected Bibliography).
20. IPBES, *Global Assessment Report*; Riesen, "Pet Overpopulation Crisis" (see Selected Bibliography); Stephanie Fellenstein, "New York City Veterinarian Takes on Pet Overpopulation," *DVM360 magazine* (2011), https://veterinarynews.dvm360.com/new-york-city-veterinarian-takes-pet-overpopulation?pageID=1.
21. "Pet Statistics" American Society for the Prevention of Cruelty to Animals (ASPCA), https://www.aspca.org/animal-homelessness/shelter-intake-and-surrender/pet-statistics ; "Why You Should Spay/Neuter Your Pet," Humane Society of the United States (HSUS), https://www.humanesociety.org/resources/why-you-should-spayneuter-your-pet ; Canadian Federationof Humane Societies, *Cats in Canada: A Report on the Cat Overpopulation Crisis*, 2017, https://d3n8a8pro7vhmx.cloudfront.net/cfhs/pages/1782/attachments/original/1524169616/Cats_In_Canada_2017-FINAL-EN-LRs.pdf?1524169616 ; Kay et al., "A Scoping Review" (see Selected Bibliography).

22. Weiss et al., "Goodbye to a Good Friend" (see Selected Bibliography); see, e.g., Flockhart, Norris, and Coe, "Predicting Free-Roaming Cat Population Densities" (see Selected Bibliography); Gunther, Raz, and Klement, "Association of Neutering with Health" (see Selected Bibliography).
23. Carver, *Birding in the United States,* (see Selected Bibliography).
24. GCat Rescue, https://www.gcatrescue.com/ ; David Streitfield, "As Google Feeds Cats Owl Lovers Cry Foul," *New York Times*, May 26, 2018, "The Plight of Burrowing Owls at Shoreline Park," Santa Clara Valley Audubon Society, http://www.scvas.org/page.php?page_id=6810.
25. American Bird Conservancy, "Feral Cats Relocated from Jones Beach State Park," YubaNet.com, January 8, 2019, https://yubanet.com/life/feral-cats-relocated-from-jones-beach-state-park/.
26. Lisa Gray, "The Nine Lives of Jim Stevenson," *Houston Chronicle*, December 12, 2007, https://www.chron.com/entertainment/article/The-nine-lives-of-Jim-Stevenson-1800994.php.
27. John Carey, "Cat Fight," *Conservation*, March 9, 2012, https://www.conservationmagazine.org/2012/03/cat-fight/ ; Cat Defender, "Nico Dauphine Is Let Off with an Insultingly Lenient $100 Fine in a Show Trial That Was Fixed from the Very Beginning," *Cat Defender* (blog), 2012, http://catdefender.blogspot.com/2012/01/.
28. Hall et al., "Community Attitudes and Practices" (see Selected Bibliography).
29. Royal Society for the Protection of Birds (RSPB), "Are Cats Causing Bird Declines?" RSPB, 2019, https://www.rspb.org.uk/birds-and-wildlife/advice/gardening-for-wildlife/animal-deterrents/cats-and-garden-birds/are-cats-causing-bird-declines/#P47LfUfb9J1FrS5m.99 ; Hall et al., "Community

Attitudes."

30. Julie Power, "War on Feral Cats: Australia Aims to Cull 2 Million," *Sydney Morning Herald*, February 17, 2017, https://www.smh.com.au/national/war-on-feral-cats-australia-aims-to-cull-2-million-20170214-gucp4o.html.
31. Kelly-Leigh Cooper, "Why a Village in New Zealand Is Trying to Ban All Cats," *BBC News*, August 29, 2018, https://www.bbc.com/news/world-asia-45347136.

第四章　伊甸園的外來者

1. Pimentel, Zuniga, and Morrison, "Update" (see Selected Bibliography).
2. Lance Richardson, "Python Wars: The Snake Epidemic Eating Away at Florida," *Guardian*, August 22, 2019, https://www.theguardian.com/environment/2019/aug/22/florida-python-action-team-snake-epidemic ; Seeterama, Engel, and Mozumder, "Implications of a Valuation Study" (see Selected Bibliography).
3. Card et al., "Novel Ecological and Climatic Conditions" (see Selected Bibliography).
4. IPBES, *Global Assessment Report*.
5. Bellard, Cassey, and Blackburn, "Alien Species as a Driver of Recent Extinctions" (see Selected Bibliography); Blackburn, Bellard, and Ricciardi, "Alien Versus Native Species" (see Selected Bibliography).
6. Wodzicki and Wright, "Introduced Birds and Mammals" (see Selected Bibliography); International

Union for Conservation of Nature (IUCN), "Threatened Species in Each Country (Totals by Taxonomic Group)," IUCN, 2018, file:///C:/Users/User/Downloads/2018_2_RL_Stats_Table_5.pdf; Robertson et al., *Conservation Status of New Zealand Birds*, 23 (see Selected Bibliography).

7. Wodzicki and Wright, "Introduced Birds and Mammals"; Robertson et al., *Conservation Status of New Zealand Birds*; Bellard, Cassey, and Blackburn,"Alien Species as a Driver."

8. Evans, Kumschick, and Blackburn, "Application of the Environmental Impact Classification for Alien Taxa" (see Selected Bibliography); Bellard, Cassey, and Blackburn, "Alien Species as a Driver."

9. Holmes et al., "Globally Important Islands" (see Selected Bibliography); Blackburn, Bellard, and Ricciardi, "Alien Versus Native Species."

10. Dyer et al., "Global Distribution and Drivers" (see Selected Bibliography); Sarah Zielinski, "The Invasive Species We Can Blame on Shakespeare," Smithsonian.com, 2011, https://www.smithsonianmag.com/science-nature/the-invasive-species-we-can-blame-on-shakespeare-95506437/#mXI16kRHzJi0GdVX.99.

11. Jerry Dennis, "A History of Captive Birds," *Michigan Quarterly Review* 53 (Summer 2014): http://hdl.handle.net/2027/spo.act2080.0053.301.

12. Dennis, "A History of Captive Birds"; Rachel Nuwer, "A Buddhist Ritual Gets an Ecologically Correct Update," *Audubon,* January–February 2014, https://www.audubon.org/magazine/january-february-2014/a-buddhist-ritual-gets-ecologically.

13. Saul et al., "Assessing Patterns in Introduction Pathways" (see Selected Bibliography); Stringham and

Lockwood, "Pet Problems" (see Selected Bibliography); Bomford et al., "Predicting Establishment Success" (see Selected Bibliography).
14. Holmes et al., "Globally Important Islands"; Owens, "Big Cull" (see Selected Bibliography); "Strategic Plan 2016–2022," Australia Invasive Species Council, 2016, https://invasives.org.au/wp-content/uploads/2015/02/Strategic-Plan-2016-2022-summary.pdf.
15. Wallach et al., "Summoning Compassion" (see Selected Bibliography).
16. Ted Williams, "Recovery: The Salvation of Desecheo National Wildlife Refuge," *Nature Conservancy* (blog), November 2017, https://blog.nature.org/science/2017/11/06/recovery-the-salvation-of-desecheo-national-wildlife-refuge/.
17. Pearce, *The New Wild* (see Selected Bibliography); Ricciardi and Ryan, "Exponential Growth of Invasive Species Denialism" (see Selected Bibliography); Russell and Blackburn, "Rise of Invasive Species Denialism" (see Selected Bibliography).

第五章　蠑螈與疫病犬

1. AmphibiaWeb (Web site), 2019, https://amphibiaweb.org.
2. "Summary Statistics," IUCN, 2019, https://www.iucnredlist.org/resources/summary-statistics#Summary%20Tables ; Scheele et al., "Amphibian Fungal Panzootic" (see Selected Bibliography).
3. Yap et al., "Averting a North American Biodiversity Crisis" (see Selected Bibliography).

4. US Fish and Wildlife Service (USFWS), *Injurious Wildlife Species; Listing Salamanders Due to Risk of Salamander Chytrid Fungus* (USFWS, 2014), https://www.fws.gov/injuriouswildlife/pdf_files/Econ-RFA-Draft_12-28-15.pdf.
5. Scheele et al., "Amphibian Fungal Panzootic."
6. O'Hanlon et al., "Recent Asian Origin of Chytrid Fungi" (see Selected Bibliography); Scheele et al., "Amphibian Fungal Panzootic."
7. Scheele et al., "Amphibian Fungal Panzootic."
8. Spitzen-van der Sluijs et al., "Rapid Enigmatic Decline" (see Selected Bibliography); Martel et al., "*Batrachochytrium salamandrivorans*" (see Selected Bibliography).
9. Martel et al., "Recent Introduction of a Chytrid Fungus" (see Selected Bibliography).
10. Martel et al., "Recent Introduction of a Chytrid Fungus."
11. Feldmeier et al., "Exploring the Distribution" (see Selected Bibliography).
12. Normile, "Driven to Extinction" (see Selected Bibliography).
13. Chomel, Belotto, and Meslin, "Wildlife, Exotic Pets, and Emerging Zoonoses" (see Selected Bibliography).
14. Tompkins et al., "Emerging Infectious Diseases of Wildlife" (see Selected Bibliography); MacPhee and Greenwood, "Infectious Disease, Endangerment, and Extinction" (see Selected Bibliography); Daszak, Cunningham, and Hyatt, "Emerging Infectious Diseases of Wildlife" (see Selected Bibliography).
15. Daszak et al., "Emerging Infectious Diseases."

16. Roelke-Parker et al., "Canine Distemper Virus Epidemic" (see Selected Bibliography).
17. Vianaa et al., "Dynamics of a Morbillivirus" (see Selected Bibliography); Almberg et al., "Parasite Invasion Following Host Reintroduction" (see Selected Bibliography).
18. Macdonald, "Dangerous Liaisons and Disease" (see Selected Bibliography).
19. Meli et al., "Feline Leukemia Virus and Other Pathogens" (see Selected Bibliography); Chiu et al., "Multiple Introductions" (see Selected Bibliography)
20. "Hawaii: Paradise for Some—But an Ongoing Extinction Crisis for Birds," American Bird Conservancy, 2019, https://abcbirds.org/program/hawaii/.
21. Scott, Conant, and Van Riper, eds., "Evolution, Ecology, Conservation, and Management of Hawaiian Birds" (see Selected Bibliography).
22. LaPointe, Atkinson, and Samuel, "Ecology and Conservation Biology of Avian Malaria" (see Selected Bibliography); Foster and Robinson, "Introduced Birds and the Fate of Hawaiian Rainforests" (see Selected Bibliography).
23. Daszak et al., "Emerging Infectious Diseases."
24. Shapiro et al., "Type X Strains of *Toxoplasma gondii* " (see Selected Bibliography).
25. MacPhee and Greenwood, "Infectious Disease, Endangerment, and Extinction" (see Selected Bibliography).
26. Carl Zimmer, "U.S. Restricts Movement of Salamanders, for Their Own Good," *New York Times*, January 12, 2016, https://www.nytimes.com/2016/01/13/science/us-restricts-movement-of-salamanders-

for-their-own-good.html.

27. Douglas Main, "Salamander Trade Ban Draws Praise and Frustration," *Newsweek*, January 26, 2016, http://www.newsweek.com/salamander-trade-ban-draws-praise-and-frustration-419853 ; USFWS, *Injurious Wildlife Species; Listing Salamanders Due to Risk of Salamander Chytrid Fungus* (USFWS, 2015), https://www.fws.gov/injuriouswildlife/pdf_files/Econ-RFA-Draft_12-28-15.pdf.
28. Richgels et al., "Spatial Variation in Risk and Consequence" (see Selected Bibliography).

第六章　愈形蕭條的叢林

1. Rene Ebersole, "Meet the Undercover Crime Unit Battling Miami's Black Market of Birds," *Audubon*, Fall 2018, https://www.audubon.org/magazine/fall-2018/meet-undercover-crime-unit-battling-miamis-black.
2. Harris et al., "Measuring the Impact" (see Selected Bibliography); Eaton et al., "Trade-Driven Extinctions" (see Selected Bibliography); "Summary Statistics," IUCN, 2019, https://www.iucnredlist.org/resources/summary-statistics#Summary%20Tables.
3. Eaton et al., "Trade-Driven Extinctions"; Nijman et al., "Wildlife Trade."
4. Harris et al., "Measuring the Impact of the Pet Trade."
5. Nijman et al., "Wildlife Trade."
6. Nijman et al., "Wildlife Trade."
7. Nijman and Nekaris, "Harry Potter Effect" (see Selected Bibliography).

8. Frank and Wilcove, "Long Delays in Banning Trade" (see Selected Bibliography); Smith et al., "Summarizing US Wildlife Trade" (see SelectedBibliography); Ashley et al., "Morbidity and Mortality" (see Selected Bibliography).
9. Bush, Baker, and Macdonald, "Global Trade in Exotic Pets" (see Selected Bibliography); Commission for Environmental Cooperation (CEC), *Sustainable Trade in Parrots*, 52 (see Selected Bibliography).
10. TRAFFIC, *Reducing Demand for Illegal Wildlife Products* (TRAFFIC, 2018), https://www.traffic.org/site/assets/files/11081/demand_reduction_research_report.pdf.
11. Tejeda, "Science and Sleuthing" (see Selected Bibliography); Bush, Baker, and Macdonald, "Global Trade in Exotic Pets"; Frank and Wilcove "Long Delays in Banning Trade"; Auliya et al., "Trade in Live Reptiles" (see Selected Bibliography).
12. Defenders of Wildlife, *Combating Wildlife Trafficking from Latin America to the United States* (Defenders of Wildlife, 2015), https://defenders.org/publication/combating-wildlife-trafficking-latin-america-united-states.
13. Wright et al., "Nest Poaching in Neotropical Parrots" (see Selected Bibliography);Olah et al., "Ecological and Socio-Economic Factors" (see Selected Bibliography); David Shukman and Sam Piranty, "The Secret Trade in Baby Chimps," BBC News, January 30, 2017, https://www.bbc.co.uk/news/resources/idt-5e8c4bac-c236-4cd9-bacc-db96d733f6cf ; Brian Hare,"The Science behind Why Chimpanzees Are Not Pets," *ScienceBlogs*, 2009, https://scienceblogs.com/intersection/2009/03/04/the-science-behind-why-chimpan.

14. Bush, Baker, and Macdonald, "Global Trade in Exotic Pets"; Anvar Ali, Rajeev Raghavan, and Neelesh Dahanukar, "*Sahyadria denisonii*. The IUCN Red List of Threatened Species," IUCN, 2015, http://dx.doi.org/10.2305/IUCN.UK.2015-1.RLTS.T169662A70082469.en.
15. Raghavan et al., "Effect of Unmanaged Harvests" (see Selected Bibliography); Dee et al., "Assessing Vulnerability of Fish" (see Selected Bibliography); Rhyne et al., "Expanding Our Understanding" (see Selected Bibliography).
16. Rhyne et al., "Expanding Our Understanding"; Bush, Baker, and Macdonald, "Global Trade in Exotic Pets."
17. "Birds Involved in Trafficking Scheme Released by Officials," NBC Miami News, April 14, 2018, https://www.nbcmiami.com/news/local/Birds-Involved-in-Trafficking-Scheme-Released-by-Officials-479790403.html.
18. Defenders of Wildlife, *Combating Wildlife Trafficking*.

第七章　貓抓了你的魚

1. Agriculture and Agri-Food Canada, *Pathfinder —Global Dog and Cat Food Trends* (Ottawa: Government of Canada, September 2018), http://www.agr.gc.ca/eng/industry-markets-and-trade/international-agri-food-market-intelligence/reports/pathfinder-global-dog-and-cat-food-trends/?id=1535032183174#i ; Ben Dummett, Dana Mattioli, and Dana Cimilluca, "Nestle in Talks to Buy Pet-Food Maker for $2 Billion," *Wall Street Journal*, July 2, 2018, https://www.wsj.com/articles/

nestle-in-talks-to-buy-pet-food-maker-for-2-billion-1530531553.

2. Kim et al., "Evaluation of Arsenic" (see Selected Bibliography).
3. Tim Wall, "US Natural Pet Food Market Sales Top US$8.2 Billion," Pet foodIndustry.com, March 17, 2017, https://www.petfoodindustry.com/articles/6299-us-natural-pet-food-market-sales-top-us82-billion?v=preview.
4. Okin, "Environmental Impacts" (see Selected Bibliography).
5. Stoll-Kleemann and O'Riordan, "Sustainability Challenges" (see Selected Bibliography); Machovina, Feeley, and Ripple, "Biodiversity Conservation" (see Selected Bibliography).
6. Stoll-Kleemann and O'Riordan, "Sustainability Challenges"; Maxwell et al., "Ravages of Guns, Nets and Bulldozers."
7. Maxwell et al., "Ravages of Guns, Nets and Bulldozers"; Machovina, Feeley, and Ripple, "Biodiversity Conservation"; Stoll-Kleemann and O'Riordan, "Sustainability Challenges"; IPBES, *Global Assessment Report*.
8. Vale and Vale, *Time to Eat the Dog* (see Selected Bibliography).
9. Okin, "Environmental Impacts."
10. Stoll-Kleemann and O'Riordan, "Sustainability Challenges."
11. Essington et al., "Fishing Amplifies Forage Fish Population Collapses" (see Selected Bibliography).
12. DeSilva and Turchini, "Towards Understanding the Impacts" (see Selected Bibliography); Twardek et al., "Fido, Fluffy, and Wildlife Conservation."

13. Essington et al., "Fishing Amplifies Forage Fish Population Collapses."
14. Pauly and Zeller, eds., *Global Atlas of Marine Fisheries* (see Selected Bibliography); Sarah Zielinski, "Seven Endangered Seabirds Around the World," Smithsonian.com, June 1, 2010, https://www.smithsonianmag.com/science-nature/seven-endangered-seabirds-around-the-world-29320343/ ; Gremillet et al., "Persisting Worldwide Seabird-Fishery Competition" (see Selected Bibliography).
15. Gremillet et al., "Persisting Worldwide Seabird-Fishery Competition"; Pikitch et al., *Little Fish, Big Impact,* 108 (see Selected Bibliography); Sydemana et al., "Best Practices for Assessing" (see Selected Bibliography).
16. Cury et al., "Global Seabird Response" (see Selected Bibliography).
17. Worm and Branch, "Future of Fish" (see Selected Bibliography); Worm et al., "Impacts of Biodiversity Loss"; Worm et al., "Rebuilding Global Fisheries" (see Selected Bibliography); Costello et al., "Global Fishery Prospects" (see Selected Bibliography); UN Food and Agricultural Organization (FAO), "Oceans Crucial for Our Climate, Food and Nutrition," FAO, 2014, http://www.fao.org/news/story/en/item/248479/icode/.
18. Kim et al., "Evaluation of Arsenic"; Sara Chodosh, "Freaking Out about Heavy Metals in Your Food? Here's What You Should Know," *Popular Science*, August 17, 2018, https://www.popsci.com/heavy-metals-baby-food#page-2.

第八章　最親近也最親愛的

1. APPA, *Pet Industry Market Size* ; Euromonitor International, *State of Global Pet Care: Trends and Growth Opportunities*, Euromonitor International, 2017, https://go.euromonitor.com/EV-NA2017-PIJAC-LP.html?utm_campaign=EV-NA2017-PIJAC&utm_medium=Blog&utm_source=Blog&utm_content=PIJAC&utm_term= ; World Population in Review (2019), http://worldpopulationreview.com/countries/countries-by-gdp/.
2. US Bureau of Labor Statistics (USBLS), *Spending on Pets: 'Tails' from the Consumer Expenditure Survey* (USBLS, 2013), https://www.bls.gov/opub/btn/volume-2/pdf/spending-on-pets.pdf ; "How Much Is That Doggy?" Ontario Veterinary Medical Association (OVMA), 2018, https://www.ovma.org/assets/1/6/Cost_of_Care_2018_DOG.pdf ; "How Much Is That Kitty?" OVMA, 2018, https://www.ovma.org/assets/1/6/Cost_of_Care_2018_CAT.pdf.
3. Richard Kestenbaum, "The Biggest Trends in the Pet Industry," *Forbes,* 2018, https://www.forbes.com/sites/richardkestenbaum/2018/11/27/the-biggest-trends-in-the-pet-industry/#6635ba1df099.
4. USBLS, "Spending on Pets."
5. USFWS, *Federal and State Endangered and Threatened Species Expenditures* (Washington, DC: USFWS, 2014), 415; Compares APPA 2014 pet spending ($58.04 billion) to USFWS 2014 spending ($1.3 billion) for total species; Statistics Canada, *Detailed Household Final Consumption Expenditure* (Statistics Canada, 2019), https://www150.statcan.gc.ca/t1/tbl1/en/tv.action?pid=3610022501 ; Environment and Climate Change Canada, *Horizontal Evaluation of the Species at Risk Program*

(Environment and Climate Change Canada, 2018), http://publications.gc.ca/collections/collection_2018/eccc/En4-345-2018-eng.pdf ; Euromonitor International, *State of Global Pet Care: Trends and Growth Opportunities,* pet industry spending figure for 2017 $116.6 billion (corrected to $92.9 billion in 2005 dollars) compared with global conservation spending estimates of $21.5 billion (in corrected 2005 dollars): 4.3 times more; IPBES, *Global Assessment Report.*

6. IPBES, *Global Assessment Report.*
7. Waldron et al., "Targeting Global Conservation Funding" (see Selected Bibliography).
8. Waldron et al., "Targeting Global Conservation Funding."
9. Waldron et al., "Targeting Global Conservation Funding."
10. McCarthy et al., "Financial Costs" (see Selected Bibliography).
11. Convention on Biological Diversity (CBD) High-Level Panel, *Resourcing the Aichi Biodiversity Targets: An Assessment of Benefits, Investments and Resource Needs for Implementing the Strategic Plan for Biodiversity 2011–2020,* (Montreal, Canada: UN CBD, 2014): 122.
12. Waldron et al., "Reductions in Global Biodiversity Loss."
13. Greenwald et al., *Shortchanged*, 11 (see Selected Bibliography).
14. Beston, *The Outermost House* (see Selected Bibliography).

第九章　守護犬與動物使者

1. Doherty et al., "Global Impacts of Domestic Dogs."

2. "Mussel Infestation Could Cost Montana $234 Million Annually," Montana Department of Natural Resources and Conservation, 2019, http://dnrc.mt.gov/mussel-infestation-could-cost-montana-234-million-annually.
3. Beebe, Howell, and Bennett, "Using Scent Detection Dogs" (see Selected Bibliography).
4. Fischer-Tenhagen et al., "Odor Perception by Dogs" (see Selected Bibliography).
5. David Weinberg, "Decline and Fall of the Black-Footed Ferret," *Natural History* 95 (1986): 63–77.
6. Beebe, Howell, and Bennett, "Using Scent Detection Dogs"; Wasser et al., "Scent-Matching Dogs" (see Selected Bibliography).
7. Austin Ramzy, "Australia Deploys Sheepdogs to Save a Penguin Colony," *New York Times*, November 3, 2015, https://www.nytimes.com/2015/11/05/world/australia/australia-penguins-sheepdogs-foxes-swampy-marsh-farmer-middle-island.html.
8. Oliver Milman, "Victoria Zoos Train Maremma Bodyguards in Bid to Save Bandicoots," *Guardian*, August 8, 2014, https://www.theguardian.com/world/2014/aug/08/zoos-victoria-trains-maremma-bodyguards-save-bandicoots.
9. Twardek et al., "Fido, Fluffy, and Wildlife Conservation"; Glen et al., "Wildlife Detector Dogs and Camera Traps" (see Selected Bibliography).
10. Ripple et al., "Status and Ecological Effects" (see Selected Bibliography).
11. Rust, Whitehouse-Tedd, and Macmillan, "Perceived Efficacy of Livestock-Guarding Dogs, (see Selected Bibliography).

12. Laurie Marker, "The Year of the Livestock Guarding Dog," CheetahConservation Fund, 2019, https://cheetah.org/ccf-blog/livestock-guarding-dogs/the-year-of-the-livestock-guarding-dog/ ; Weise et al., "Distributionand Numbers of Cheetah" (see Selected Bibliography).
13. John R. Platt, "Illegal Pet Trade Wiping Out Yellow-Crested Cockatoos," *Scientific American*, 2003, https://blogs.scientificamerican.com/extinction-countdown/illegal-pet-trade-yellow-crested-cockatoos/ ; Wang, Ho, and Chu, "Diet and Feeding Behavior" (see Selected Bibliography).
14. Marchetti and Engstrom, "Conservation Paradox" (see Selected Bibliography
15. Gibson and Yong, "Saving Two Birds with One Stone" (see Selected Bibliography).
16. Gibson and Yong, "Saving Two Birds with One Stone."
17. Wang, Ho, and Chu, "Diet and Feeding Behavior."
18. Marchetti and Engstrom, "Conservation Paradox," 437.
19. Pasmans et al., "Future of Keeping Pet Reptiles and Amphibians" (see Selected Bibliography).
20. Pasmans et al., "Future of Keeping Pet Reptiles and Amphibians."
21. Pasmans et al., "Future of Keeping Pet Reptiles and Amphibians"; Warwick et al., "Future of Keeping Pet Reptiles and Amphibians" (see Selected Bibliography).

第十章　鏟屎保育人士

1. Wilson, *Naturalist,* 416 (see Selected Bibliography).
2. Wilson, *Naturalist,* 151.

3. Wilson, *Naturalist,* 52.
4. Wilson, *Naturalist,* 91.
5. Bjerke, Ostdahl, and Kleiven, "Attitudes and Activities Related to Urban Wildlife."
6. Daly and Morton, "Empathic Differences"; Shuttlewood, Greenwell, and Montrose, "Pet Ownership" (see Selected Bibliography).
7. Shuttlewood, Greenwell, and Montrose, "Pet Ownership."
8. Williams et al., "Birds and Beaches, Dogs and Leashes" (see Selected Bibliography).
9. McDonald et al., "Reconciling" (see Selected Bibliography).
10. Shuttlewood, Greenwell, and Montrose, "Pet Ownership."
11. Sixty-three extinctions attributed to cats, 11 to dogs, and 90 to the petborne spread of Bsal; Doherty et al., "Global Impacts of Domestic Dogs"; IPBES, *Global Assessment Report.*
12. Simons, *Changing the Food Game*, 268 (see Selected Bibliography).
13. Simons, *Changing the Food Game.*
14. The IUCN Red List of Threatened Species (Web site), 2019, https://www.iucnredlist.org/ ; IPBES, *Global Assessment Report.*
15. Bush, Baker, and Macdonald, "Global Trade in Exotic Pets"; Lyons and Natusch, "Wildlife Laundering through Breeding Farms" (see Selected Bibliography); Nijman and Shepherd, *Wildlife Trade from ASEAN to the EU* (see Selected Bibliography).
16. Pasmans et al., "Future of Keeping Pet Reptiles and Amphibians"; Loss and Marra, "Merchants of

Doubt"; Twardek et al., "Fido, Fluffy, and Wildlife Conservation."

17. Twardek et al., "Fido, Fluffy, and Wildlife Conservation."
18. Bush, Baker, and Macdonald, "Global Trade in Exotic Pets"; Pasmans et al., "Future of Keeping Pet Reptiles and Amphibians."
19. Twardek et al., "Fido, Fluffy, and Wildlife Conservation"; Gordon, Matthaei, and Van Heezik, "Belled Collars Reduce Catch" (see Selected Bibliography).
20. Wilson, *Biophilia,* 126.
21. Wilson, *Biophilia,* 129.
22. Wilson, *Biophilia,* 130.
23. Wilson, *Biophilia,* 126.

後記

1. IPBES, *Global Assessment Report*; APPA, *Pet Industry Market Size*; Twardek et al., "Fido, Fluffy, and Wildlife Conservation."
2. Doherty et al., "Invasive Predators and Global Biodiversity Loss"; Eaton et al., "Trade-Driven Extinctions"; CEC, *Sustainable Trade in Parrots*; Bush, Baker, and Macdonald, "Global Trade in Exotic Pets"; Dee et al., "Assessing Vulnerability of Fish"; Scheele et al., "Amphibian Fungal Panzootic"; Stoll-Kleemann and O'Riordan, "Sustainability Challenges"; Ceballos, Ehrlich, and Dirzo, "Biological Annihilation."

3. Shuttlewood, Greenwell, and Montrose, "Pet Ownership"; Bjerke, Ostdahl, and Kleiven, "Attitudes and Activities Related to Urban Wildlife."
4. Edward O. Wilson, "Beware the Age of Loneliness," *Economist*, November 18, 2013, https://www.economist.com/news/2013/11/18/beware-the-age-of-loneliness.
5. Wilson, "Beware the Age of Loneliness."

參考書目

Almberg, Emily S., Paul C. Cross, Andrew P. Dobson, Douglas W. Smith, and Peter J. Hudson. "Parasite Invasion Following Host Reintroduction: A Case Study of Yellowstone's Wolves." *Philosophic Transactions of the Royal Society B* 367 (2012): 2840–2851.

Ashley, Shawn, Susan Brown, Joel Ledford, Janet Martin, Ann-Elizabeth Nash, et al. "Morbidity and Mortality of Invertebrates, Amphibians, Reptiles, and Mammals at a Major Exotic Companion Animal Wholesaler." *Journal of Applied Animal Welfare Science* 17 (2014): 308–321.

Auliya, Mark, Sandra Altherr, Daniel Ariano-Sanchez, Ernst H. Baard, Carl Brown, et al. "Trade in Live Reptiles, Its Impact on Wild Populations, and the Role of the European Market." *Biological Conservation* 204 (2016):103–119.

Barnosky, Anthony D., Nicholas Matzke, Susumu Tomiya, Guinevere O. U. Wogan, Brian Swartz, et al. "Has the Earth's Sixth Mass Extinction Already Arrived?" *Nature* 471 (March 2011): 51–57.

Batty, G. David, and Steven Bell. "Animal Companionship and Risk of Suicide." *Epidemiology* 29, no. 4 (July 2018): e25–e26.

Batty, G. David, Paola Zaninotto, Richard G. Watt, and Steven Bell. "Associations of Pet Ownership with Biomarkers of Ageing: Population Based Cohort Study." *BMJ* 359 (2017): https://doi.org/10.1136/bmj.j5558.

Beatley, Timothy. *Biophilic Cities: Integrating Nature into Urban Design and Planning* (Washington, DC: Island Press, 2011): 208.

Beebe, Sarah C., Tiffani J. Howell, and Pauleen C. Bennett. "Using Scent Detection Dogs in Conservation Settings: A Review of Scientific Literature Regarding Their Selection." *Frontiers of Veterinary Science* 3 (2016): https://doi.org/10.3389/fvets.2016.00096.

Bellard, Celine, Phillip Cassey, and Tim M. Blackburn. "Alien Species as a Driver of Recent Extinctions." *Biology Letters* 12 (2016): https://doi.org/10.1098/rsbl.2015.0623.

Beston, Henry. *The Outermost House: A Year of Life on the Great Beach of Cape Cod.* New York: Holt Paperbacks, reprint edition, 2003.

Bjerke, Tore, Torbjorn Ostdahl, and Jo Kleiven. "Attitudes and Activities Related to Urban Wildlife: Pet Owners and Non-Owners." *Anthrozoos* 16 (2003): 252–262.

Blackburn, Tim M., Celine Bellard, and Anthony Ricciardi. "Alien Versus Native Species as Drivers of Recent Extinctions." *Frontiers in Ecology and the Environment* (2019): https://doi.org/10.1002/fee.2020.

Blancher, Peter P. "Estimated Number of Birds Killed by House Cats (*Felis catus*) in Canada." *Avian Conservation and Ecology* 8 (2013): 3.

Bomford, Mary, Fred Kraus, Simon C. Barry, and Emma Lawrence. "Predicting Establishment Success for

Alien Reptiles and Amphibians: A Role for Climate Matching." *Biological Invasions* (2009) 11: 713. https://doi.org/10.1007/s10530-008-9285-3.

Bradshaw, John. *The Animals among Us: The New Science of Anthrozoology.* London: Penguin Random House, 2017.

Brodie, Jedediah F., Clare E. Aslan, Haldre S. Rogers, Kent H. Redford, John L. Maron, et al. "Secondary Extinctions of Biodiversity." *Trends in Ecology & Evolution* 29 (2014): 664–671.

Bush, Emma R., Sandra E. Baker, and David W. Macdonald. "Global Trade in Exotic Pets 2006–2012." *Conservation Biology* 28 (2014): 663–676.

Campbell Grant, Evan H., Erin Muths, Rachel A. Katz, Stefano Canessa, Michael J. Adams, et al. "Using Decision Analysis to Support Proactive Management of Emerging Infectious Wildlife Diseases." *Frontiers in Ecology and the Environment* (2017): https://doi.org/10.1002/fee.1481.

Card, Daren C., Blair W. Perry, Richard H. Adams, Drew R. Schield, Acacia S. Young, et al. "Novel Ecological and Climatic Conditions Drive Rapid Adaptation in Invasive Florida Burmese Pythons." *Molecular Ecolog y* 27 (2018): 4744–4757.

Cardinale, Bradley J., Margaret A. Palmer, and Scott L. Collins. "Species Diversity Enhances Ecosystem Functioning through Interspecific Facilitation." *Nature* 415 (January 2002): 426–429.

Carter, C. Sue, and Stephen W. Porges. "Neural Mechanisms Underlying Human–Animal Interaction: An Evolutionary Perspective." In *The Social Neuroscience of Human–Animal Interaction*, edited by L. S. Freund, S. McCune, L. Esposito, N. R. Gee, and P. McCardle, 89–105. Washington, DC: American

Psychological Association, 2016.

Carver, Erin. *Birding in the United States: A Demographic and Economic Analysis.* Washington, DC: US Fish and Wildlife Service, 2013.

Cavanaugh, Lisa A., Hillary Leonard, and Debra Scammon. "A Tail of Two Personalities: How Canine Companions Shape Relationships and Well-Being." *Journal of Business Research* 61 (2008): 469–479.

Ceballos, Gerardo, Paul R. Ehrlich, Anthony D. Barnosky, Andres Garcia, Robert M. Pringle, et al. "Accelerated Modern Human–Induced Species Losses: Entering the Sixth Mass Extinction." *Science Advances* 1 (2015): https://doi.org/10.1126/sciadv.1400253.

Ceballos, Gerardo, Paul R. Ehrlich, and Rodolfo Dirzo. "Biological Annihilation via the Ongoing Sixth Mass Extinction Signaled by Vertebrate Population Losses and Declines." *PNAS* 114 (2017): https://doi.org/10.1073/pnas.1704949114.

Chiu, Elliott S., Simona Kraberger, Mark Cunningham, Lara Cusack, Melody Roelke, et al. "Multiple Introductions of Domestic Cat Feline Leukemia Virus in Endangered Florida Panthers." *Emerging Infectious Diseases* 25 (2019): 92–101.

Chomel, Bruno B., Albino Belotto, and Francois-Xavier Meslin. "Wildlife, Exotic Pets, and Emerging Zoonoses." *Emerging Infectious Diseases* 13 (2007): 6–11.

Coate, Stephen, and Brian Knight. "Pet Overpopulation: An Economic Analysis." *B.E. Journal of Economic Analysis & Policy* 10 (2010): https://doi.org/10.2202/1935-1682.2574.

Coleman, John S., and Stanley A. Temple. "Effects of Free-Ranging Cats on Wildlife: A Progress Report."

In *Proceedings of the Fourth Eastern Wildlife Damage Control Conference*, edited by Scott R. Craven, 7, 1989, http://digitalcommons.unl.edu/ewdcc4/7.

Coleman, John S., and Stanley A. Temple. "Rural Residents' Free-Ranging Domestic Cats: A Survey." *Wildlife Society Bulletin* 21 (1993): 381–390.

Commission for Environmental Cooperation (CEC). *Sustainable Trade in Parrots: Action Plan for North America.* Montreal, Canada: CEC, 2017.

Cook, Michael, and Susan Mineka. "Selective Associations in the Observational Conditioning of Fear in Rhesus Monkeys." *Journal of Experimental Psychology: Animal Behavior Processes* 16 (1990): 72–89.

Costello, Christopher, Daniel Ovando, Tyler Clavelle, C. Kent Strauss, Ray Hilborn, et al. "Global Fishery Prospects under Contrasting Management Regimes." *PNAS* 113, no. 18 (2016): 5124–5129.

Cury, Philippe M., Ian L. Boyd, Sylvain Bonhommeau, Tycho Anker-Nilssen, Robert J. M. Crawford, et al. "Global Seabird Response to Forage Fish Depletion—One-Third for the Birds." *Science* 334 (2011): 1703–1706.

Daly, Beth, and Larry L. Morton. "Empathic Differences in Adults as a Function of Childhood and Adult Pet Ownership and Pet Type." *Anthrozoos* 24 (2009): 371–382.

Daszak, Peter, Andrew Cunningham, and Alex Hyatt. "Emerging Infectious Diseases of Wildlife: Threats to Biodiversity and Human Health." *Science* 287 (2000): 443–449.

Davidson, Ana D., Kevin T. Shoemaker, Ben Weinstein, Gabriel C. Costa, Thomas M. Brooks, et al. "Geography of Current and Future Global Mammal Extinction Risk." *PLOS ONE* 12 (2016): https://doi.

org/10.1371/journal.pone.0186934.

Dee, Laura E., Kendra Anne Karr, Celia J. Landesberg, and Daniel J. Thornhill. "Assessing Vulnerability of Fish in the U.S. Marine Aquarium Trade." *Frontiers in Marine Science* 5 (2019): 527.

Dennis, Jerry. "A History of Captive Birds." *Michigan Quarterly Review* 53 (2014): http://hdl.handle.net/2027/spo.act2080.0053.301.

DeSilva, Sena S., and Giovanni M. Turchini. "Towards Understanding the Impacts of the Pet Food Industry on World Fish and Seafood Supplies." *Journal of Agricultural and Environmental Ethics* 21 (2008): 459–467.

Doherty, Tim S., Chris R. Dickman, Alistair S. Glen, Thomas M. Newsome, Dale G. Nimmo, et al. "The Global Impacts of Domestic Dogs on Threatened Vertebrates." *Biological Conservation* 210 (2017): 56–59.

Doherty, Tim S., Alistair S. Glen, Dale G. Nimmo, Euan G. Ritchie, and Chris R. Dickman. "Invasive Predators and Global Biodiversity Loss." *PNAS* 113 (2016): 11261–11265.

Driscoll, Carlos A., Juliet Clutton-Brock, Andrew C. Kitchener, and Stephen J. O'Brien. "The Taming of the Cat." *Scientific American* 300 (2009): 68–75.

Duffy, J. Emmett, Casey M. Godwin, and Bradley J. Cardinale. "Biodiversity Effects in the Wild Are Common and as Strong as Key Drivers of Productivity." *Nature* 549 (2017): 261–264.

Dyer, Ellie E., Phillip Cassey, David W. Redding, Ben Collen, Victoria Franks, et al. "The Global Distribution and Drivers of Alien Bird Species Richness." *PLOS Biology* 15 (2017): e2000942.

Eaton, James A., Chris R. Shepherd, Frank E. Rheindt, J. Berton C. Harris, S. Bas van Balen, et al. "Trade-Driven Extinctions and Near-Extinctions of Avian Taxa in Sundaic Indonesia." *Forktail* 31 (2015): 1–12.

Essington, Timothy E., Pamela E. Moriarty, Halley E. Froehlich, Emma E. Hodgson, Laura E. Koehn, et al. "Fishing Amplifies Forage Fish Population Collapses." *PNAS* 112 (2015): 6648–6652.

Evans, Thomas, Sabrina Kumschick, and Tim M. Blackburn. "Application of the Environmental Impact Classification for Alien Taxa (EICAT) to a Global Assessment of Alien Bird Impacts." *Diversity and Distributions* (2016): 1–13.

Feldmeier, Stephan, Lukas Schefczyk, Norman Wagner, Gunther Heinemann, Michael Veith, et al. "Exploring the Distribution of the Spreading Lethal Salamander Chytrid Fungus in Its Invasive Range in Europe: A Macroecological Approach." *PLOS ONE* (2016): https://doi.org/10.1371/journal.pone.0165682.

Fischer-Tenhagen, Carola, Dorothea Johnen, Wolfgang Heuwieser, Roland Becker, Kristin Schallschmidt, et al. "Odor Perception by Dogs: Evaluating Two Training Approaches for Odor Learning of Sniffer Dogs." *Chemical Senses* 42 (2017): 435–441.

Flockhart, D. Tyler, D. Ryan Norris, and Jason B. Coe. "Predicting Free-Roaming Cat Population Densities in Urban Areas." *Animal Conservation* 19 (2016): 472.

Foster, Jeffrey T., and Scott K. Robinson. "Introduced Birds and the Fate of Hawaiian Rainforests." *Conservation Biology* 21 (2007): 1248–1257.

Frank, Eyal G., and David S. Wilcove. "Long Delays in Banning Trade in Threatened Species." *Science* 363

(2019): 686–688.

Friedmann, Erika, and Sue A. Thomas. “Animal Companions and One Year Survival after Discharge from a Coronary Care Unit.” *Public Health Reports* 95 (1980): 307–312.

Gibson, Luke, and Ding Li Yong. “Saving Two Birds with One Stone: Solving the Quandary of Introduced, Threatened Species.” *Frontiers in Ecology and the Environment* 15 (2017): 35–41.

Gillett, Tracy. “Pet Overpopulation: A Global Crisis.” *International Animal Health Journal* 1 (2014): 38–42.

Glen, Alistair S., Dean Anderson, Clare J. Veltman, Patrick M. Garvey, and Margaret Nichols. “Wildlife Detector Dogs and Camera Traps: Comparison of Techniques for Detecting Feral Cats.” *New Zealand Journal of Zoology* 43 (2016): 127–137.

Gordon, J. K., C. Matthaei, and Y. Van Heezik. “Belled Collars Reduce Catch of Domestic Cats in New Zealand by Half.” *Wildlife Research* 37 (2010): 372–378.

Greenwald, Noah, Brett Hartl, Loyal Mehrhoff, and Jamie Pang. *Shortchanged: Funding Needed to Save America's Most Endangered Species*. Tucson, AZ: Center for Biological Diversity, 2016.

Gremillet, David, Aurore Ponchon, Michelle Paleczny, Maria-Lourdes D. Palomares, Vasiliki Karpouzi, et al. “Persisting Worldwide Seabird-Fishery Competition Despite Seabird Community Decline.” *Current Biology* 28 (2018): 4009–4013.

Gunther, I., T. Raz, and E. Klement. “Association of Neutering with Health and Welfare of Urban Free-Roaming Cat Population in Israel, during 2012–2014.” *Preventive Veterinary Medicine* 157 (2018): 26–33.

Hall, Catherine M., Nigel A. Adams, J. Stuart Bradley, Kate A. Bryant, Alisa A. Davis, et al. "Community Attitudes and Practices of Urban Residents Regarding Predation by Pet Cats on Wildlife: An International Comparison." *PLOS ONE* 11 (2016): e0151962.

Harris, J. Berton C., Morgan W. Tingley, Fangyuan Hua, Ding Li Yong, J. Marion Adeney, et al. "Measuring the Impact of the Pet Trade on Indonesian Birds." *Conservation Biology* 31 (2017): 394–405.

Hoehl, Stefanie, Kahl Hellmer, Maria Johansson, and Gustaf Gredeback. "Itsy Bitsy Spider... : Infants React with Increased Arousal to Spiders and Snakes." *Frontiers in Psychology* (2017): https://doi.org/10.3389/fpsyg.2017.01710.

Hoffmann, Michael, Craig Hilton-Taylor, Ariadne Angulo, Monika Bohm, Thomas M. Brooks, et al. "The Impact of Conservation on the Status of the World's Vertebrates." *Science* 330 (2010): 1503–1509.

Holmes, Nick D., Dena R. Spatz, Steffen Oppel, Bernie Tershy, Donald A. Croll, et al. "Globally Important Islands Where Eradicating Invasive Mammals Will Benefit Highly Threatened Vertebrates." *PLOS ONE* 14 (2019):e0212128.

Hooper, David U., E. Carol Adair, Bradley J. Cardinale, Jarrett E. K. Byrnes, Bruce A. Hungate, et al. "A Global Synthesis Reveals Biodiversity Loss as a Major Driver of Ecosystem Change." *Nature* 486 (2012): 105–109.

Hu, Yaowu, Songmei Hu, Weilin Wang, Xiaohong Wu, Fiona B. Marshall, et al. "Earliest Evidence for Commensal Processes of Cat Domestication."*PNAS* 111 (2014): 116–120.

Intergovernmental Science-Policy Platform on Biodiversity and Ecosystem Services (IPBES). *The Global*

Assessment Report on Biodiversity and Ecosystem Services of the Intergovernmental Science-Policy Platform on Biodiversity and Ecosystem Services. Bonn, Germany: IPBES secretariat, 2019.

Jones, Alan Wayne. "Early Drug Discovery and the Rise of PharmaceuticalChemistry." *Drug Test and Analysis* 3 (2011): 337–344.

Kay, Aileigh, Jason B. Coe, David Pearl, and Ian Young. "A Scoping Review of Published Research on the Population Dynamics and Control Practices of Companion Animals." *Preventive Veterinary Medicine* 144 (2017): 40–52.

Kellert, Stephen R., and Edward O. Wilson, eds. *The Biophilia Hypothesis.* Washington, DC: Island Press, 1993.

Kim, Hyun-Tae, John P. Loftus, Sabine Mann, and Joseph J. Wakshlag. "Evaluation of Arsenic, Cadmium, Lead and Mercury Contamination in Overthe-Counter Available Dry Dog Foods with Different Animal Ingredients (Red Meat, Poultry, and Fish). *Frontiers in Veterinary Science* 5 (2018):https://doi.org/10.3389/fvets.2018.00264.

Kuo, Ming. "Nature-Deficit Disorder: Evidence, Dosage, and Treatment."*Journal of Policy Research in Tourism, Leisure and Events* 5 (2013) 172–186.

Kurdek, Lawrence A. "Pet Dogs as Attachment Figures for Adult Owners."*Journal of Family Psychology* 23 (2009): 439–446.

LaPointe, Dennis A., Carter T. Atkinson, and Michael D. Samuel. "Ecology and Conservation Biology of Avian Malaria." *Annals of the New York Academy of Sciences* 1249 (2012): 211–226.

Larsen, Brendan B., Elizabeth C. Miller, Matthew K. Rhodes, and John J. Wiens. "Inordinate Fondness Multiplied and Redistributed: The Number of Species on Earth and the New Pie of Life." *The Quarterly Review of Biology* 92 (2017): 229–265.

Loss, Scott R., and Peter P. Marra. "Merchants of Doubt in the Free-Ranging Cat Conflict." *Conservation Biology* 32 (2018): 265–266.

Loss, Scott R., Tom Will, Travis Longcore, and Peter P. Marra. "Responding to Misinformation and Criticisms Regarding United States Cat Predation Estimates." *Biological Invasions* (2018): https://doi.org/10.1007/s10530-018-1796-y.

Loss, Scott R., Tom Will, and Peter P. Marra. "The Impact of Free-RangingDomestic Cats on Wildlife of the United States." *Nature Communications* 4 (2013): 1396–1403.

Louv, Richard. *Last Child in the Woods: Saving Our Children from Nature-Deficit Disorder.* Chapel Hill, North Carolina: Algonquin Books of Chapel Hill, 2005.

Lowe, Sarah, Michael Browne, Souad Boudjelas, and Maj De Poorter. *100 of the World's Worst Invasive Alien Species: A Selection from The Global Invasive Species Database.* Auckland: Invasive Species Specialist Group, International Union for Conservation of Nature, 2000.

Lyons, Jessica A., and Daniel J. D. Natusch. "Wildlife Laundering through Breeding Farms: Illegal Harvest, Population Declines and a Means of Regulating the Trade of Green Pythons (*Morelia viridis*) from Indonesia." *Biological Conservation* 144 (2011): 3073–3081.

Macdonald, David W. "Dangerous Liaisons and Disease." *Nature* 379 (1996): 400–401.

Machovina, Brian, Kenneth J. Feeley, and William J. Ripple. "Biodiversity Conservation: The Key is Reducing Meat Consumption." *Science of the Total Environment* 536 (2015): 419–431.

MacPhee, Ross D. E., and Alex D. Greenwood. "Infectious Disease, Endangerment, and Extinction." *International Journal of Evolutionary Biology*, (2013): https://doi.org/10.1155/2013/571939.

Marchetti, Michael P., and Tag Engstrom. "The Conservation Paradox of Endangered and Invasive Species." *Conservation Biology* 30 (2016): 434–437.

Marra, Peter P., and Chris Santella. *Cat Wars: The Devastating Consequences of a Cuddly Killer.* Princeton, NJ: Princeton University Press, 2016.

Martel, An, Mark Blooi, Connie Adriaensen, Pascale Van Rooij, Wouter Beukema, et al. "Recent Introduction of a Chytrid Fungus Endangers Western Palearctic Salamanders." *Science* 346 (2014): 630–631.

Martel, An, Annemarieke Spitzen-van der Sluijs, Mark Blooi, Wim Bert, Richard Ducatelle, et al. "*Batrachochytrium salamandrivorans* sp. nov. Causes Lethal Chytridiomycosis in Amphibians." *PNAS* 110 (2013): 15325–15329.

Maxwell, Sean L., Richard A. Fuller, Thomas M. Brooks, and James E. M. Watson. "The Ravages of Guns, Nets and Bulldozers." *Nature* 536 (2016):143–145.

McCarthy, Donal P., Paul F. Donald, Jorn P. W. Scharlemann, Graeme M. Buchanan, Andrew Balmford, et al. "Financial Costs of Meeting Global Biodiversity Conservation Targets: Current Spending and Unmet Needs." *Science* 338 (2012): 946–949.

McDonald, Jennifer L., Mairead Maclean, Matthew R. Evans, and Dave J. Hodgson. "Reconciling Actual and Perceived Rates of Predation by Domestic Cats." *Ecology and Evolution* 5 (2015): 2745–2753.

Meli, Marina L., Valentino Cattori, Fernando Martınez, Guillermo Lopez, Astrid Vargas, et al. "Feline Leukemia Virus and Other Pathogens as Important Threats to the Survival of the Critically Endangered Iberian Lynx (*Lynx pardinus*)." *PLOS ONE* 4 (2009): e4744.

Miller, Richard J., and Phuong B. Tran. "More Mysteries of Opium Reveal'd: 300 Years of Opiates." *TiPS* 21 (2000): 299–304.

Nagasawa, Miho, Shouhei Mitsui, Shiori En, Nobuyo Ohtani, Mitsuaki Ohta, et al. "Oxytocin-Gaze Positive Loop and the Coevolution of Human-Dog Bonds." *Science* 348 (2015): 333–336.

Nijman, Vincent, and K. Anne-Isola Nekaris. "The Harry Potter Effect: The Rise in Trade of Owls as Pets in Java and Bali, Indonesia." *Global Ecology and Conservation* 11 (2017): 84e94.

Nijman, Vincent, Abdullah Langgeng, Helene Birot, Muhammad Ali Imron, and K. A. I. Nekaris. "Wildlife Trade, Captive Breeding and the Imminent Extinction of a Songbird." *Global Ecology and Conservation* 15 (2018): https://doi.org/10.1016/j.gecco.2018.e00425.

Nijman, Vincent, and C. Shepherd. *Wildlife Trade from ASEAN to the EU: Issues with the Trade in Captive-Bred Reptiles from Indonesia.* Brussels: TRAFFIC, 2009.

Normile, Dennis. "Driven to Extinction." *Science* 319 (2008): 1606–1609.

O'Hanlon, Simon J., Adrien Rieux, Rhys A. Farrer, Goncalo M. Rosa, Bruce Waldman, et al. "Recent Asian Origin of Chytrid Fungi Causing Global Amphibian Declines." *Science* 360 (2018): 621–627.

Okin, Gregory S. "Environmental Impacts of Food Consumption by Dogs and Cats." *PLOS ONE* 12 (2017): e0181301.

Olah, George, Stuart H. M. Butchart, Andy Symes, Iliana Medina Guzman, Ross Cunningham, et al. "Ecological and Socio-Economic Factors Affecting Extinction Risk in Parrots." *Biodiversity Conservation* 25 (2016): 205–223.

Owens, Brian. "The Big Cull." *Nature* 541 (2017): 148–150.

Palomino, Marco, Tim Taylor, Ayse Goker, John Isaacs, and Sara Warber. "The Online Dissemination of Nature–Health Concepts: Lessons from Sentiment Analysis of Social Media Relating to 'Nature-Deficit Disorder.' " *International Journal Environmental Research and Public Health* 13 (2016): https://doi.org/10.3390/ijerph13010142.

Parker, Gordon B., Aimee Gayed, Catherine A. Owen, Matthew P. Hyett, Therese M. Hilton, et al. "Survival Following an Acute Coronary Syndrome: A Pet Theory Put to the Test." *Acta Psychiatrica Scandinavica* 121(2010): 65–70.

Pasmans, Frank, Serge Bogaerts, Johan Braeckman, Andrew A. Cunningham, Tom Hellebuyck, et al. "Future of Keeping Pet Reptiles and Amphibians: Towards Integrating Animal Welfare, Human Health and Environmental Sustainability." *Veterinary Record* (2017): https://doi.org/10.1136/vr.104296.

Pauly, Daniel, and Dirk Zeller, eds. *Global Atlas of Marine Fisheries: A Critical Appraisal of Catches and Ecosystem Impacts.* Washington, DC: Island Press, 2016.

Pearce, Fred. *The New Wild: Why Invasive Species Will Be Nature's Salvation.* Boston: Beacon Press, 2016.

Pierotti, Raymond, and Brandy R. Fogg. *The First Domestication: How Wolves and Humans Coevolved.* New Haven, CT: Yale University Press, 2017.

Pikitch, Ellen, P. Dee Boersma, Ian L. Boyd, David O. Conover, Philippe Cury, et al. *Little Fish, Big Impact: Managing a Crucial Link in Ocean Food Webs.* Washington, DC: Lenfest Ocean Program, 2012.

Pimentel, David, Rodolfo Zuniga, and Doug Morrison. "Update on the Environmental and Economic Costs Associated with Alien-Invasive Species in the United States." *Ecological Economics* 52 (2005): 273–288.

Raghavan, Rajeev, Anvar Ali, Siby Philip, and Neelesh Dahanukar. "Effect of Unmanaged Harvests for the Aquarium Trade on the Population Status and Dynamics of Redline Torpedo Barb: A Threatened Aquatic Flagship." *Aquatic Conservation: Marine and Freshwater Ecosystems* 28 (2018): 567–574.

Rhyne, Andrew L., Michael F. Tlusty, Joseph T. Szczebak, and Robert J. Holmberg. "Expanding Our Understanding of the Trade in Marine Aquarium Animals." *PeerJ* 5 (2017): https://doi.org/10.7717/peerj.2949.

Ricciardi, Anthony, and Rachael Ryan. "The Exponential Growth of Invasive Species Denialism." *Biological Invasions* 20 (2018): 549–553.

Richgels, Katherine L. D., Robin E. Russell, Michael J. Adams, C. LeAnn White, and Evan H. Campbell. "Spatial Variation in Risk and Consequence of *Batrachochytrium salamandrivorans* Introduction in the USA." *Royal Society Open Science* 3 (2016): https://doi.org/10.1098/rsos.150616.

Riesen, Melissa. "The Pet Overpopulation Crisis: How Training the Public Can Make a Difference."

Journal of Applied Companion Animal Behavior 1 (2007): 22–27.

Ripple, William J., James A. Estes, Robert L. Beschta, Christopher C. Wilmers, Euan G. Ritchie, et al. "Status and Ecological Effects of the World's Largest Carnivores." *Science* 343 (2014): https://doi.org/10.1126/science.1241484.

Robertson, Hugh A., Karen Baird, John E. Dowding, Graeme P. Elliott, Rodney A. Hitchmough, et al. *Conservation Status of New Zealand Birds, 2016.* Wellington: New Zealand Department of Conservation, 2016.

Roelke-Parker, Melody, Linda Munson, Craig Packer, Richard Kock, Sarah Cleaveland, et al. "A Canine Distemper Virus Epidemic in Serengeti Lions (*Panthera leo*)." *Nature* 379 (1996): 441–445.

Rosenberg, Kenneth V., Adriaan M. Dokter, Peter J. Blancher, John R. Sauer, Adam C, Smith, et al. "Decline of the North American Avifauna." *Science* 366 (2019): 120–124.

Rowan, Andrew N. "Companion Animal Statistics in the USA." *Demography and Statistics for Companion Animal Populations* 7 (2018): https://animalstudiesrepository.org/demscapop/7.

Ruiz-Izaguirre, Eliza, Arthur van Woersem, Karen H. A. M. Eilers, Sipke E. van Wieren, Guido Bosch, et al. "Roaming Characteristics and Feeding

Practices of Village Dogs Scavenging Sea-Turtle Nests." *Animal Conservation* 18 (2015): 146–156.

Russell, James C., and Tim M. Blackburn. "The Rise of Invasive Species Denialism." *Trends in Ecolog y & Evolution* 32 (2017): 3–6.

Rust, Nicola A., Katherine M. Whitehouse-Tedd, and Douglas C. Macmillan. "Perceived Efficacy of

Livestock-Guarding Dogs in South Africa: Implications for Cheetah Conservation." *Wildlife Society Bulletin* 37 (2013):690–697.

Saul, Wolf-Christian, Helen E. Ro, Olaf Booy, Lucilla Carnevali, Hsuan-Ju Chen, et al. "Assessing Patterns in Introduction Pathways of Alien Species by Linking Major Invasion Data Bases." *Journal of Applied Ecolog y* 54 (2017): 657–669.

Saunders, Jessica, Layla Parast, Susan H. Babey, and Jeremy V. Miles. "Exploring the Differences between Pet and Non-Pet Owners: Implications for Human Animal Interaction Research and Policy." *PLOS ONE* 12 (2017):e0179494.

Scheele, Ben C., Frank Pasmans, Lee F. Skerratt, Lee Berger, An Martel, et al. "Amphibian Fungal Panzootic Causes Catastrophic and Ongoing Loss of Biodiversity." *Science* 363 (2019): 1459–1463.

Scott, J. Michael, Sheila Conant, and Charles van Riper III, eds. *Evolution, Ecology, Conservation, and Management of Hawaiian Birds: A Vanishing Avifauna.*

Studies in Avian Biology 22. Chicago: Cooper Ornithological Society, 2001.

Seeterama, Nadia A., Victor Engel, and Pallab Mozumder. "Implications of aValuation Study for Ecological and Social Indicators Associated with Everglades Restoration." *Science of the Total Environment* 627 (2018): 792–801.

Shapiro, Karen, Elizabeth VanWormer, Andrea Packham, Erin Dodd, Patricia A. Conrad, et al. "Type X Strains of *Toxoplasma gondii* Are Virulent for Southern Sea Otters (*Enhydra lutris nereis*) and Present in Felids from Nearby Watersheds." *Proceedings of the Royal Society B* 286 (2019): https://doi.org/10.1098/

rspb.2019.1334.

Shuttlewood, Cameron Z., Phillip J. Greenwell, and V. Tamara Montrose. "Pet Ownership, Attitude toward Pets, and Support for Wildlife Management Strategies." *Human Dimensions of Wildlife* 21 (2016): 180–188.

Simons, Lucas. *Changing the Food Game.* London: Routledge, 2015. Skoglund, Pontus, Erik Ersmark, Eleftheria Palkopoulou, and Love Dalen. "Ancient Wolf Genome Reveals an Early Divergence of Domestic Dog Ancestors and Admixture into High-Latitude Breeds." *Current Biology* 25 (2015): 1515–1519.

Smil, Vaclav. "Harvesting the Biosphere: The Human Impact." *Population and Development Review* 37 (2011): 613–636.

Smith, Kristine M., Carlos Zambrana-Torrelio, Allison White, Marianne Asmussen, Catherine Machalaba, et al. "Summarizing US Wildlife Trade with an Eye toward Assessing the Risk of Infectious Disease Introduction." *EcoHealth* 14 (2017): 29–39.

Sneader, Walter. *Drug Discovery: A History.* Hoboken, NJ: John Wiley and Sons, 2005.

Spitzen-van der Sluijs, Annemarieke, Frank Spikmans, Wilbert Bosman, Mamix de Zeeuw, Tom van der Meij, et al. "Rapid Enigmatic Decline Drives the Fire Salamander (*Salamandra salamandra*) to the Edge of Extinction in the Netherlands." *Amphibia-Reptilia* 34 (2013): 233–239.

Stoeckel, Luke E., Lori S. Palley, Randy L. Gollub, Steven M. Niemi, and Anne Eden Evins. "Patterns of Brain Activation When Mothers View Their Own Child and Dog: An f MRI Study." *PLOS ONE* 9 (2014):

e107205.

Stoll-Kleemann, Susan, and Tim O'Riordan. "The Sustainability Challenges." *Environment* 57 (2015): 34–48.

Stork, Nigel E. "How Many Species of Insects and Other Terrestrial Arthropods Are There on Earth?" *Annual Review of Entomology* 63 (2018): 31–45.

Stringham, Oliver C., and Julie L. Lockwood. "Pet Problems: Biological and Economic Factors That Influence the Release of Alien Reptiles and Amphibians by Pet Owners." *Journal of Applied Ecology* 55 (2018): 2632–2640.

Sydeman, William J., Sarah Ann Thompson, Tycho Anker-Nilssen, Mayumi Arimitsu, Ashley Bennison, et al. "Best Practices for Assessing Forage Fish Fisheries–Seabird Resource Competition." *Fisheries Research* 194 (2017) 209–221.

Tejeda, Victoria Bogdan. "Science and Sleuthing: Improving CITES Enforcement through Innovations in Wildlife Forensic Technology." *Environmental Law Reporter* 47 (2017): 10580–10590.

Tomita, Andrew, Alain M. Vandormael, Diego Cuadros, Enrico Di Minin, Vuokko Heikinheimo, et al. "Green Environment and Incident Depression in South Africa: A Geospatial Analysis and Mental Health Implications in a Resource-Limited Setting." *Lancet Planet Health* 1 (July 2017): 152–162.

Tompkins, Daniel M., Scott Carver, Menna E. Jones, Martin Krkosek, and Lee F. Skerratt. "Emerging Infectious Diseases of Wildlife: A Critical Perspective." *Trends in Parasitolog y* 31 (2015): 149–159.

Twardek, William M., Kathryn S. Peiman, Austin J. Gallagher, and Steven J. Cooke. "Fido, Fluffy, and

Wildlife Conservation: The Environmental Consequences of Domesticated Animals." *Environmental Review* 25 (2017): 381–395.

Ulrich, Roger S. "Biophilia, Biophobia, and Natural Landscapes." In *The Biophilia Hypothesis*, edited by Stephen R. Kellert and Edward O. Wilson, 73–137. Washington, DC: Island Press, 1993.

United Nations. *The World's Cities in 2016: Data Booklet.* Geneva: United Nations, Department of Economic and Social Affairs, 2016, http://www.un.org/en/development/desa/population/publications/pdf/urbanization/the_worlds_cities_in_2016_data_booklet.pdf.

United Nations. *World's Population Increasingly Urban with More Than Half Living in Urban Areas.* Geneva: United Nations, Department of Economic and Social Affairs, 2014, http://www.un.org/en/development/desa/news/popula tion/world-urbanization-prospects-2014.html.

Vale, Robert, and Brenda Vale. *Time to Eat the Dog: The Real Guide to Sustainable Living*. London: Thames and Hudson, 2009.

Vance, Erik. "The Axolotl Paradox." *Nature* 551 (2017): 286–289.

Vianaa, Mafalda, Sarah Cleaveland, Jason Matthiopoulos, Jo Halliday, Craig Packer, et al. "Dynamics of a Morbillivirus at the Domestic–Wildlife Interface:

Canine Distemper Virus in Domestic Dogs and Lions." *PNAS* 112 (2015): 1464–1469.

Voss, S. Randal, M. Ryan Woodcock, and Luis Zambrano. "A Tale of Two Axolotls." *BioScience* 65 (2015): 1134–1140.

Waldron, Anthony, Daniel C. Miller, Dave Redding, Arne Mooers, Tyler S. Kuhn, et al. "Reductions in

Global Biodiversity Loss Predicted from Conservation Spending." *Nature* 551 (2017): 364–367.

Waldron, Anthony, Arne O. Mooers, Daniel C. Miller, Nate Nibbelink, David Redding, et al. "Targeting Global Conservation Funding to Limit Immediate Biodiversity Declines." *PNAS* 110 (2013): 12144–12148.

Wallach, Arian D., Marc Bekoff, Chelsea Batavia, Michael Paul Nelson, and Daniel Ramp. "Summoning Compassion to Address the Challenges of Conservation." *Conservation Biology* 32 (2018): 1255–1265.

Wang, Sifeng, Yin Ho, and L. M. Chu. "Diet and Feeding Behavior of the Critically Endangered Yellow-Crested Cockatoo (*Cacatua sulphurea*) in a Nonnative Urban Environment." *Wilson Journal of Ornithology* 130 (2018): 746–754.

Warwick, Clifford, Mike Jessop, Phillip Arena, A. Pliny, Emma Nicholas, et al. "Future of Keeping Pet Reptiles and Amphibians: Animal Welfare and Public Health Perspective." *Veterinary Record* (2017): https://doi.org/10.1136/vr.j4640.

Wasser, Samuel K., Heath Smith, Lindsay Madden, Nathaniel Marks, andCarly Vynne. "Scent-Matching Dogs Determine Number of Unique Individuals from Scat." *Journal of Wildlife Management* 73 (2009): 1233–1240.

Watson, James E. M., Oscar Venter, Jasmine Lee, Kendall R. Jones, John G. Robinson, et al. "Protect the Last of the Wild." *Nature* 563 (2018): 27–30.

Weise, Florian J., Varsha Vijay, Andrew P. Jacobson, Rebecca F. Schoonover, Rosemary J. Groom, et al. "The Distribution and Numbers of Cheetah (*Acinonyx jubatus*) in Southern Africa." *PeerJ* 5 (2017):

https://doi.org/10.7717/peerj.4096.

Weiss, Emily, Shannon Gramann, C. Victor Spain, and Margaret Slater. "Goodbye to a Good Friend: An Exploration of the Re-Homing of Cats and Dogs in the U.S." *Open Journal of Animal Sciences* 5 (2015): 435–456.

Williams, Kathryn J. H., Michael A. Weston, Stacey Henry, and Grainne S. Maguire. "Birds and Beaches, Dogs and Leashes: Dog Owners' Sense of Obligation to Leash Dogs on Beaches in Victoria, Australia." *Human Dimensions of Wildlife* 14 (2009): 89–101.

Wilson, Edward O. *Biophilia*. Cambridge, MA: Harvard University Press, 1984.

Wilson, Edward O. "Biophilia and the Conservation Ethic." In *The Biophilia Hypothesis*, edited by Stephen R. Kellert and Edward O. Wilson, 31–41. Washington, DC: Island Press, 1993.

Wilson, Edward O. *Naturalist,* 2nd ed. Washington, DC: Island Press, 2006. Wodzicki, Kazimierz, and Shelley Wright. "Introduced Birds and Mammalsin New Zealand and Their Effect on the Environment." *Tuatara* 7 (1984): 78–102.

Woinarski, John C. Z., Andrew A. Burbidge, and Peter L. Harrison. "Ongoing Unraveling of a Continental Fauna: Decline and Extinction of Australian Mammals since European Settlement." *PNAS* 112 (2015): 4531–4540.

World Wildlife Fund (WWF). *Living Planet Report—2018: Aiming Higher*. Gland, Switzerland: WWF, 2018.

Worm, Boris, Edward B. Barbier, Nicola Beaumont, Emmett Duffy, Carl Folke, et al. "Impacts of

Biodiversity Loss on Ocean Ecosystem Services." *Science* 314 (2006): 787–790.

Worm, Boris, and Trevor A. Branch. "The Future of Fish." *Trends in Ecology and Evolution* 27 (2012): 594–599.

Worm, Boris, Ray Hilborn, Julia K. Baum, Trevor A. Branch, Jeremy S. Collie, et al. "Rebuilding Global Fisheries." *Science* 325 (2009): 578–585.

Wright, Timothy F., Catherine A. Toft, Ernesto Enkerlin-Hoeflich, Jaime Gonzalez-Elizondo, Mariana Albornoz, et al. "Nest Poaching in Neotropical Parrots." *Conservation Biology* 15 (2001): 710–720.

Yap, Tiffany A., Michelle S. Koo, Richard F. Ambrose, David B. Wake, and Vance T. Vredenburg. "Averting a North American Biodiversity Crisis: A Newly Described Pathogen Poses a Major Threat to Salamanders via Trade." HF*Science* 349 (2015): 481–482.

索引

A-Z

二劃

三劃

四劃

五劃

六劃

七劃

八劃

九劃

十劃

十一劃

十二劃

十三劃

十四劃

十七劃

十八劃

十九劃

二十劃

二十一劃

二十三劃

二十四劃

二十五劃

二十八劃

Unnatural Companions: Rethinking Our Love of Pets in an Age of Wildlife Extinction

貓頭鷹書房 273
愛為何使生物滅絕？在野生動物瀕危的時代，檢視我們對寵物的愛

作　　者　彼得・克里斯蒂（Peter Christie）
譯　　者　林潔盈
選書主編　李季鴻
編輯協力　林欣瑋
審　　定　林大利
校　　對　李季鴻、林欣瑋
版面構成　張靜怡
封面設計　朱疋
繪　　圖　林哲緯
行銷統籌　張瑞芳
行銷專員　段人涵
總 編 輯　謝宜英
出 版 者　貓頭鷹出版

發 行 人　凃玉雲
發　　行　英屬蓋曼群島商家庭傳媒股份有限公司城邦分公司
104 台北市中山區民生東路二段 141 號 11 樓
劃撥帳號：19863813；戶名：書虫股份有限公司
城邦讀書花園：www.cite.com.tw　購書服務信箱：service@readingclub.com.tw
購書服務專線：02-2500-7718~9（周一至周五上午 09:30-12:00；下午 13:30-17:00）
24 小時傳真專線：02-2500-1990~1
香港發行所　城邦（香港）出版集團／電話：852-2877-8606 ／傳真：852-2578-9337
馬新發行所　城邦（馬新）出版集團／電話：603-9056-3833 ／傳真：603-9057-6622
印 製 廠　中原造像股份有限公司
初　　版　2021 年 11 月
定　　價　新台幣 540 元／港幣 180 元（紙本平裝）
新台幣 378（電子書）
I S B N　978-986-262-516-3（紙本平裝）
978-986-262-517-0（電子書 EPUB）

讀者意見信箱　owl@cph.com.tw
投稿信箱　owl.book@gmail.com
貓頭鷹臉書　facebook.com/owlpublishing

國家圖書館出版品預行編目資料

愛為何使生物滅絕？：在野生動物瀕危的時代，檢視我們對寵物的愛／彼得・克里斯蒂（Peter Christie）作；林潔盈譯 . -- 初版 . -- 臺北市：貓頭鷹出版：英屬蓋曼群島商家庭傳媒股份有限公司城邦分公司發行 , 2021.11
面；　公分 . --（貓頭鷹書房；273）
譯自：Unnatural companions: rethinking our love of pets in an age of wildlife extinction
ISBN 978-986-262-516-3（平裝）

1. 野生動物保育　2. 寵物飼養

548.38　　110018108